气候变化
五倍速

重新思考全球变暖的
科学、经济学和外交

[英] 西蒙·夏普 著　　占鹏飞 译　　刘旭 审校
Simon Sharpe

FIVE TIMES FASTER

Rethinking the Science,
Economics, and Diplomacy
of Climate Change

中国科学技术出版社
·北 京·

Five Times Faster: Rethinking the Science, Economics, and Diplomacy of Climate Change by Simon Sharpe

© Simon Sharpe 2023

This publication is in copyright. Subject to statutory exception and to the provisions of relevant collective licensing agreements, no reproduction of any part may take place without the written permission of Cambridge University Press & Assessment.

Simplified Chinese translation copyright © 2024 by China Science and Technology Press Co., Ltd. All rights reserved.

北京市版权局著作权合同登记 图字：01-2024-2270

图书在版编目（CIP）数据

气候变化五倍速：重新思考全球变暖的科学、经济学和外交 / （英）西蒙·夏普（Simon Sharpe）著；占鹏飞译 . — 北京：中国科学技术出版社，2024.7

书名原文：Five Times Faster: Rethinking the Science, Economics, and Diplomacy of Climate Change

ISBN 978-7-5236-0651-3

Ⅰ . ①气… Ⅱ . ①西… ②占… Ⅲ . ①全球变暖—影响—世界经济—研究 Ⅳ . ① F11

中国国家版本馆 CIP 数据核字（2024）第 075228 号

策划编辑	刘　畅　屈昕雨		责任编辑	孙倩倩	
封面设计	东合社·安宁		版式设计	蚂蚁设计	
责任校对	焦　宁		责任印制	李晓霖	

出　　版	中国科学技术出版社
发　　行	中国科学技术出版社有限公司
地　　址	北京市海淀区中关村南大街 16 号
邮　　编	100081
发行电话	010-62173865
传　　真	010-62173081
网　　址	http://www.cspbooks.com.cn

开　　本	880mm×1230mm　1/32
字　　数	303 千字
印　　张	12.75
版　　次	2024 年 7 月第 1 版
印　　次	2024 年 7 月第 1 次印刷
印　　刷	北京盛通印刷股份有限公司
书　　号	ISBN 978-7-5236-0651-3 / F·1241
定　　价	69.00 元

格陵兰岛冰盖融化，澳大利亚爆发火灾，温室气体的排放量在继续上升。我们以为自己知道罪魁祸首是谁：石油公司、消费主义者、软弱的政治领导人。然而，真正阻碍我们前进的，会不会是那些我们原本认为有用的观念和制度呢？在我们努力预防危险的气候变化的过程中，科学似乎并没有使出全力，外交似乎走入了歧途，而经济学更是频繁地站在我们的对立面。

本书为我们揭示了内幕。作者西蒙·夏普近十年来一直活跃在气候变化政策与外交的前沿。本书直言不讳，娓娓道来，井井有条，阐述了我们应当怎样重新思考我们的策略，并且调整我们在科学、外交和经济学领域的行为，从而切实加快行动步伐，躲避未来的危险。

西蒙·夏普是联合国气候变化高级别倡导者团队的经济学主任，也是世界资源研究所的高级研究员。在2020—2021年的联合国气候变化谈判中，他作为主办方英国的成员，引领了国际政策的讨论。他曾担任英国政府能源及气候变化部国务部长的私人办公室主任，也曾作为外交官被派驻中国和印度。

推荐序

说出应对气候变化的真相

西蒙·夏普是少见的熟练使用微信的西方人。

那天收到他的信息，于我是个小小的惊喜。疫情以来许多朋友就没了音信，忽然间来了信息，颇有久别重逢之感。他说他写了一本书，要出中文版，问我可否写几句话，略作推荐。得知他要出书，我的惊喜变成了惊讶。我所认识的西蒙是英国政府的官员。一个政府官员要写一本关于气候变化的书，会是怎样的一本书呢？

我只是好奇，没有半点怀疑之意。毕竟我跟西蒙认识10年有余，从第一次见面听到他操着标准的中文，谈论气候风险评估的那一刻起，我便感到他的才华还有真诚扑面而来，或许还有一点钻牛角尖的执着。

那是2013年秋，当时西蒙在英国政府工作，是剑桥大学的大卫·金教授的助理。我同大卫·金教授相识多年，并有多次项目合作，因此当他的助理说要启动一项新的研究时，我自然表示会积极参加。但是当我在哈佛大学地质学系的会议室听西蒙介绍这个新的项目时，顿觉这个项目了无新意。这个项目是关于气候变化风险评估的。但是气候变化工作者谁不知道气候风险？从IPCC❶的报告到报刊文章、电视节目、互联网新闻和视频、社交媒体，到处都能看到关于全球变暖、冰川消融、海平面上升、极端气候频发、生态系统退化的报道。还需要再多一份关于气候风险评估的报告吗？西蒙执着地解释，此评估非彼评估。严格地说，现有的所谓的气候变化风险评估更多的是预测气候变化的未来，当然也包括对未来可能出现的风险情况的预测。但这种由此及彼、由现状推及未来的外推式预测，并不足以为公众和决策者提供关于人类将面临的气候变化风险的清晰图景。阅读 IPCC 报告可以让人得知未来气温和海平面会在不同温室气体排放情景下升高多少、每种情景出现的概率多大。气候变化科学家或许觉得这已经是他们所能提供的最好的气候风险评估了。但西蒙觉得，这仅仅是气候风险评估的开始，从决策者和公众的角度出发，他们需要知道气候变化可能出现的最糟糕的情形是什么？这种情形出现的可能性多大？影响几何？

劝说政府、企业和公众为应对气候变化积极采取行动，有点像是推销保险。如果在面对一个富裕的房产主时，你只给他一份关于他所珍爱的别墅未来状态的精确预测，这是很难说动他花费巨资购买房产保险的。你需要告诉他这所房产可能面临的最糟糕的情形是什么（比如付之一炬）？最坏的情形出现的可能性有多大？不幸出现这种情形后其生活会受到什么影响？而现在采取行动购买保险会有什么好处？后一种做法才是真正的风险评估和风险应对。

❶ 联合国政府间气候变化专门委员会的英文缩写。——编者注

在西蒙看来，这种与决策相关的关键信息，正是科学家应该告诉决策者的，但在这一点上，科学家所做的远未到位。千千万万的科学家，经过长年累月的努力，花费亿万经费，发表了汗牛充栋的论文；但是他们对于气候变化风险，对于有关人类福祉和生存的重大问题，却关注不足，研究甚少，导致决策支撑薄弱。而科学文化追求严谨的特性，在气候变化的沟通方面，不幸地成为抱残守缺、固步自封、欲言又止的保守行为的理由。读到西蒙对气候变化科学家的批评，想起近来许多因为保守判断耽误最佳时机的社会案例，我不禁感慨科学家在应对重大社会风险时的责任和作用。这些问题的确应当引起科学共同体的高度重视和反思。当追求科学的严谨影响到科学家社会功能的发挥时，有担当的科学家应站出来发声，告诉公众和决策者他们需要了解的实情。

相比科学和科学家，西蒙显然对对经济学和经济学家更严格。对于科学家，他只认为他们没有尽到应尽之责，而对于部分主流经济学家，他则认为在应对气候变化的问题上，他们做了不该做的事，带来的结果"比无用更糟糕"。他在书中挑战了威廉·诺德豪斯，一位因研究气候变化的经济学问题而获得经济学界的最高荣誉——诺贝尔经济学奖的学者。这位博学多才、温文尔雅，年逾古稀，仍坚持一线教学的耶鲁大学经济学家，是许多经济学人的启蒙老师。他与另一位大名鼎鼎的诺贝尔经济学家保罗·萨缪尔森合著的经济学教科书，是一代代经济学人的入门读物。当他把经济学家奉为圭臬的成本收益分析作为气候变化经济分析的基本途径时，得出的结果和结论在普通人看来却难以理解。西蒙谈到诺德豪斯的一项研究，其认为气候变化对美国经济的影响相当于 GDP 的 0.26%。这样的结果在经济学家看来或许合情合理，但在普通的人眼里却与常识相悖：既然影响如此之小，那全球上下因何大动干戈、如临大敌，几十年来仍孜孜以求，积极探索应对气候变化的办法？

如此明显的矛盾难道这些顶级经济学家看不出来？西蒙认为其中的缘由根植于这门学科的观念和传统。从瓦尔拉斯到索罗，经济学家都把经济系统看作一部不停运转的机器，模仿物理学家和数学家建构一种精致有序的一般均衡理论。他们在做政策分析时，钟情于建立在均衡理论之上的成本收益分析。遗憾的是，现实世界是一个远离平衡态的动态复杂系统，是一匹不被一般均衡理论这把鞭子驯服的野马。骄傲的御马人纵有高超的技巧和认真的态度，最终也只能自说自话，自我陶醉，而那自由奔腾的野马与他们无关。不幸的是，这些高贵的御马人往往是决策者的座上宾，他们的成本收益分析结果常常成为政府的决策依据。而他们轻视风险、不顾现实的政策指导和损害公信力的行为，令麻省理工学院的经济学教授罗伯特·平狄克评价称，他们的经济学模型简直"比无用还要糟糕"。

如果把那些脱离现实、偏执于一般均衡理论的经济学家看成政府气候变化决策的谋士。那么，手持白金卡、搭乘商务航班、穿梭于世界各地、出入各种气候变化会场的外交官们，就像是全球气候战场的将士。他们时而慷慨激昂，呼吁各国展现非凡的减排雄心；时而诉说自己国家的牺牲、委屈和无奈，可以说他们为全球气候变化操碎了心，出尽了力。然而，他们可能浑然不知自己正身处早已织就的大网之中，而难以脱身。这张大网便是基于《联合国气候变化框架公约》的全球气候治理体系。

人们丝毫不用怀疑30多年前精心设计的气候治理框架之良苦用心和美好意愿。问题在于这种包罗全球各国、囊括整个经济、拥有长期目标的全球公约从一开始便拥有难以实施、缺乏激励、无法惩戒的缺陷。当联合国官员和各国领导人与谈判代表为达成《巴黎协定》欢呼雀跃、弹冠相庆、喜极而泣时，冷静如西蒙的外交官看到的却是一个"皇帝的新（气候条）约"。他的可爱（和可憎），正如安徒生笔下那个说出真相的小孩。毕竟这个令人激动的国际协定尽管明确了目标，但在各国报告并核查温室气体排放方面只做了程序上的规定，而任由各国自行决定温室气体减排的目标和行动。外交官们是无辜的，不是他们不够努力，而是基本的制度设计从根本上无法奏效。

西蒙绝非悲观派，更没有单纯地批评和抱怨。相反，从本书的名字便可得知，他是一个相信可以以五倍速实现温室气体减排的乐观派。他以亲历者的视角，详细讲述了一个英国版的成功故事，表明在现有的气候治理途径之外，仍充满着想象和行动空间（比如抓住关键部门，包括电力、交通、土地利用），建立支持者联盟，加速观念的转变（思想转型）等。实现五倍速减排要靠"全球相变"，以及政治、经济和自然系统的质的飞跃，只有这样才能实现根本性变革。他与合作者提出"递增连锁反应"的想法，试图通过在特定领域（比如电力、汽车）开始的基于正向反馈的连锁反应，触发系统性、高速的良性循环，促成全方位连锁反应，以实现气候变化的有效治理。西蒙觉得无论是科学、经济学，还是外交中的问题，究其根本，仍在于认识论上的还原主义。现实世界是一个远离平衡态的开放、动态、复杂大系统，秉持复杂系统的视角和方法，才能有效处理复杂的气候变化问题。读到这里，我最初的惊讶变为钦佩——毕竟实践出真知！我想，西蒙用业余时间写出这本书，批评了在气候变化领域，以拯救人类和地球自诩的科学家、经济学家和包括自己在内的外交官及政府决策者，说出应对气候变化的真相，这需要极大的勇气。而他把问题、原因和答案说得如此清晰，把属于学者的工作都做了，这让所谓的学者情何以堪！我又想，这项工作我能做到吗？

齐晔，2024 年 5 月于广州南沙

谨以此书献给莉莉，愿
爱与希望与你同行

我确信，和思想的逐渐侵蚀相比，既得利益的力量被过分夸大了……或迟或早，不论好坏，危险的不是既得利益，而是思想。

——约翰·梅纳德·凯恩斯,《就业、利息和货币通论》

目 录 CONTENTS

第三部分
—— PART3 ——
外交

引言

众所周知，我们应对气候变化的措施并不成功，但是很少有人理解其中的原因。当然，我们都知道政治家往往受短期利益所驱使，石油公司为了自身利益而极力腐蚀政治，而且我们这些生活在富裕地区的人虽然大多会有意识地购买可回收的咖啡杯，与此同时却也仍旧频繁驾车出行，消耗燃油。不过，这些早已是老生常谈。

在过去的一二十年间，全世界的面貌有所改观。大规模的抗议给各国政治领导人施加了压力。多国纷纷出台法律，限制温室气体排放，开征碳税，并且补贴太阳能板的安装。石油企业遭到起诉。火力发电厂相继被拆除。全球性协议得以达成。然而，我们向大气中排放的温室气体依旧逐年增加。

从某些角度来看，我们的确有所进步。2021年，全世界新建的发电厂有八成使用的是太阳能、风能或其他形式的可再生能源。街道上行驶的电动车也明显迅速增多。

但问题的关键在于这种变化的速度。过去二十年内，全球的单位国内生产总值（GDP）的温室气体排放量每年只减少了微不足道的1.5%。为了让地球的气候像人类文明诞生以来的一万年间一样大致安全、稳定，世界各国已经同意要努力把全球气温上升的幅度局限在 1.5 摄氏度以内。要达成这个目标，全球的单位GDP 排放量必须在今后的十年内每年减少 8%。换言之，全球今后十年淘汰化石燃料的速度必须比过去的二十年加快近 5 倍。

几乎没有人知道这种事要如何实现。单看技术层面，这是有可能的，然而一旦考虑到政治，问题就变得十分复杂。常见的回答很难让人信服。"对策早已齐备，而且应对气候变化是重大的经济机遇。只要领导人具备足够的政治决心即可。""现在的年轻人比他们的父母更关心气候变化，看看素食主义传播得有多快吧。自下而上的行为转变将令社会变得更加美好。"这两种说法不能说是完全错误的，但是其中未免有几分无奈。我们真的要指望全世界突然涌现出一批更加优秀的新生代政治领导人吗？或是期待全社会的道德水平突飞猛进，从而促使全球经济在接下来的十年之内彻底蜕变，淘汰一半的化石燃料？二者都像是天方夜谭。难怪有些深入参与气候问题的活动人士会劝他们的孩子不要再生孩子了。

要真正争取解决问题，就必须承认，我们还没有找到对策，所以必须继续寻找，否则我们的希望就是虚无缥缈的。

过去十年，我在英国政府担任过多个气候变化的相关职务。英国为自己在气候变化方面先人一步而深感自豪。从某些角度来看，英国的确是领先的。英国的非政府组织（NGO）和商业、学界领跑了气候科学、经济学、法律和金融领域的全球运动。英国政府得到了左右翼政治力量的共同支持，出台了限制排放量的法律法规，并且在全球委派外交官，致力于说服其他国家采取同样的措施。在应对气候变化方面，英国的社会关注和政治共识是某些国家梦寐以求的良好条件。即便如此，英国也在许多方面有不足之处。或许，这使英国比较适合思考究竟是什么在阻碍全世界的步伐，应该怎样让所有国家共同进步。

最初，我是在我女儿出生以后不久对气候变化产生兴趣的。当时，我恰巧看到了一位科学家在网上分享的介绍。虽然只有简单的图表和干巴巴的旁白，但是内容令人震惊。气候问题的形势比我当时认识到的要严峻得多。我随即与我的上司们商量，尽快辞去了反恐工作。我在线学习了气候变化方面的课程，后来找到了一份气候变化方面的工作。在接下来的这些年里，我参与的工作涉及国内能源、气候、产业政策、国际气候变化项目、谈判还有宣传。

这一路走来的每一步我都有奇怪的发现。气候变化最严重的潜在后果反倒看起来最不为人所承认。最有可能见效的政策反倒看起来最难实行——即使在政府内部也是如此。在促进国际合作方面，我们投入最大的反倒看起来是最不可能成功的路径。我曾经特意为了解决这些疑惑而去请教一些世界顶尖的专家，但是他们的回答反倒让我愈发担忧。

有一天午间，我走出我的办公室，去看议会外面的气候变化抗议者。一个小女孩的身影让我笑了起来。她看起来只有大约七岁。她举着一个标牌，上面写着："你们不好好办事，我们就决不罢休。"

本书关注的就是为什么我们没有好好地应对气候变化，以及我们要如何在既不强求民众提高道德水平，也不要求领导人变得更有决心的情况下改变现状。更加具体地说，本书的研究重点是全球碳排放问题：如何将世界经济脱碳的速度提高 5 倍。如何适应不可避免的气候变化的后果是同样重要的问题，然而，这并非我这些年工作的重心所在，所以与其由我在此提供一份不完整的解答，不如将这项使命留给更加合适的人选。

我得出的结论是，我们有许多可以改进的地方，但是这些必要的改革目标并不像石油公司和它们的输油管道这样显而易见。我们需要进行变革的不仅是全球经济的物质性结构，还有观念结构。在气候变化的科学、经济学和外交方面——要理解并应对这场威胁人类文明的危机，这三个领域至关重要——本应帮助我们前进的领域反倒在阻碍我们。

在气候科学方面，最令人意外的是，各国领导人非常不了解气候变化可能导致多么严重的后果。我们也许会想，他们肯定掌握了充分的资料，能够准确地评估气候变化的风险。其实不然。尽管我们都以为科学家会很好地完成这项工作，但是科学界目前的组织形式原本并不是为实现这种目的而存在的。科学界总体认为，风险评估属于其他人的分内之事。这种想法不能说完全没有道理，但结果就是气候变化领域严重缺乏风险评估。这种情况如果换作是公共卫生或国家安全等其他公共政策领域，那简直是不可思议的。如果不解决这个问题，各国领导人当然不可能采取正确行动。本书第一部分关注的就是这种情形为什么会出现，我们又应该如何应对。

如果说科学没有使出全力，那么经济学更是一直站在我们的对立面。出于某些特殊的历史原因，目前主导公共讨论与政策制定的经济学的基本前提就是我们的世界是固定不变的。我们越想改变世界，这种经济学就越会阻碍我们。要避免危险的气候变化，我们就必须以史无前例的规模和速度改变全球经济。我们必须改变发电、建筑、种植、工业制造，以及陆海空交通的方式——而且是要在短短几十年内改变全世界的面貌。可经济学却往往会给我们提供错误的建议。结果就是我们明知必需的政策未曾出台，有效的技术未曾应用，可用的资金未曾投入。本书第二部分便要分析其中的问题所在，并且介绍一种不同的对待经济学的办法。我们或许可以由此更快、更有效地采取行动。

外交则是已经走入歧途。三十年来，国际谈判的重点一直是各国的长期排放目标。如今，我们逐渐接受了不可能就这些目标达成共识的现实。谈判的焦点反倒变成了琐碎的程序问题。实质性内容——真正决定排放量增多还是减少的事情——交由各国自行处理。我们都听过气候变化方面的标语，说这是"需要全球共同应对的全球性问题"。然而现实是，我们已经一致同意不采取一致行动。我们全体赞成各自为政。如果只看基本原则，我们很容易就能想出各国可以怎样克服利益冲突的阻碍，团结合作，加快进度。然而令人震惊的是，在绝大多数领域，这种合作八字还没一撇。本书第三部分会介绍迄今为止气候外交的历史，并且阐述气候外交应当有怎样的根本性变化才能在将来更快地促成真正有效的改变。

这些批评可能听起来有些刺耳，尤其是对在这些领域工作的人而言。气候变化的科学、经济学和外交领域内的情况相当复杂。其中有些被呼吁的变革正是我所倡导的。我批评的目标并非前沿的学术知识，而是知识的应用方式。我不太担心没有人找到最有效的实践，但非常担心这种实践不会变成主流。主流做法决定变革的速度，而在对抗气候变化的战斗中，速度就是一切。缓慢获胜简直与失败无异。

好消息是，在各个领域我们都可以通过结构性改革来提高我们应对气候变化的成功率。清晰的风险评估可以促使各国领导人采取更加有效的行动，而无须根本性地改变价值观和偏好。理解这种变化的经济学可以在政治和资金投入不变的情况下，大幅提高政策效率。找准正确道路的外交可以帮助所有国家更加快速地减少碳排放量，同时避免了不同国家在国家利益上的观念分歧。

我写这本书是因为我认为这些问题和相应的对策远远没有得到足够的重视。要求变革的政治呼吁正在逐渐壮大，但是依然只有极少数人认识到有可能并且有必要采取不同的方法。机制内部的改革困难重重——因为要克服很大的惰性——所以需要通过外部力量推动变革。但是大多数非政府组织尚未意识到什么是我们真正需要的变革。媒体也总是抓不住重点。气候变化界最容易听到的只不过是老调重弹，要大家"提高目标"，也就是"更加努力"，就好像只要提高了目标，我们就可以高枕无忧了。

我在此倡导的当然不是足以彻底解决气候变化问题的万全之策。我也不会妄言这些办法能有何等奇效。避免危险的气候变化是一场漫长而艰苦的战斗，况且我们目前的开展不算很顺利。我不知道我们能否获胜，但是我确定，如果我们不提高行动的效率，那就必输无疑。我相信，重新思考我们对待科学、经济学还有外交的方法会使我们取得胜利的希望有更加坚实的基础。同时，无论你身处何地，无论你是关心人类命运的普通公民还是政治家，是投身气候活动的积极分子还是投资人，你都可以参与进来，帮助改革故步自封的机制，传播新思想。

第一部分

科学

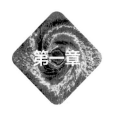

第一章

抬头看大坝

2013 年某一天，我和某大国政府的一些气候变化高级顾问共进午餐。他们来访伦敦是要会见英国政府的官员和专家学者，讨论气候变化与能源政策。当时，我是英国外交部的基层官员。

在吃饭时，我问其中一位客人："你觉得你们的政治领导人究竟有多了解气候变化的风险？他们认为这件事有多危险？"他回答："根本不了解。他们认为这是个微小、渐进的变化，我们能够应对，不会出什么大事。"我问他是否认为有必要更加充分地评估气候变化的风险，并且更加全面地报告给高层领导人。"当然，"他说，"只有意识到有可能发生灾难，他们才会采取行动。"

我费了不少力气和英国能源与气候变化部的同僚们争论才获准在这些外国访客的日程上安排一次专题会议，讨论气候变化的风险。他们一开始对我说，没有必要，"他们的政府承认气候变化科学"。我认为，就预防风险而言，这是一种奇怪的二元思考方式。遏制恐怖主义、倡导预防战争和保卫国家的国家安全顾问不会仅仅承认这些风险存在。他们会尽量具体确定每项风险的大小，从而决定要投入多少力量来加以预防。治疗重症患者的医生或是考虑建筑结构稳定性的工程师也是如此。气候变化有什么理由例外呢？

我越想越觉得荒唐。我们竟然满足于仅仅知道政治领导人承认气候变化的事实，而不在乎他们对气候变化的风险到底有多深的了解。与这些外国专家的对话足以让我确信至少有一些事还可以改进。如果世界上温室气体排放量最大的几个国家中的某个领导人认为不会出什么大事，那我们很有可能都要遭殃了。

显然有必要让各国领导人正确认识到如果他们不及时行动，事态有可能会发展到多么糟糕的地步。于是，我开始构思，想要指出气候变化风险评估的不足之处，并且提出改进意见。当我开始把这些想法说与他人听的时候，我意外地遭到了许多人的反对。

常见的理由就是没有必要改进风险评估，因为各国政府已经"承认气候变化科学"，尽管这个理由其实禁不起哪怕一秒的推敲。也许，这是财力雄厚的气候变化否定运动的遗毒。有些环保人士就是因为这场运动而在说起气候变化之时显得过于谨慎。2009 年，有人指责美国与英国的多名研究者为夸大气候变化的风险而操纵数据。他们的邮箱账号被黑，谈话被歪曲，并遭到了媒体的攻击。最终，调查显示这些指责完全是吹毛求疵，这些科学家的研究结果没有根本性错误，他们也没有恶意操纵数据。但是到了那个时候，公众的心里已经撒下了怀疑气候变化科学的种子。气候科学界因此留下了心理阴影。根据估计，气候变化虚假消息的宣传光是在美国就能得到大约每年十亿美元的资金支持。❶ 这是一股令人生畏的强大势力。或许正是因为面对着如此强敌，许多气候变化领域的工作者才变得只求他人承认气候变化是事实，而不奢求他们正确认识其风险。

---

❶ 布鲁勒·R.（Brulle R.），2013。

第二种反对全面评估气候变化的风险的理由是，这种"宣扬末日"或者按我一位同事的说法，"挥裹尸布"的行为只会适得其反。这个理由比较有说服力，因为它看起来有学术研究的支持。传播气候科学的权威专家曾经写道，如果把气候变化可能导致的严重后果告知公众，他们就会"放弃"所有希望，坐以待毙。他们会觉得气候变化问题太过庞大，而他们个人能做的又太过渺小——比如关灯——这种强烈的对比产生的无力感会引发人类本能的反应，那就是彻底放弃。因此，按照这种说法，传播此类信息弊大于利。

但我意识到，这个理由的局限在于，它只适用于个人，而不适用于政府。个人的确可以"放弃"面对噩耗，这是其权利。然而，政府没有这种权利。政府存在的全部意义就是代表社会做艰难的决定。设定各种机制和程序都是为了确保这些决定能够合理地产生，基于可靠的依据而执行，并且得到冷静、公正的评判。威权民粹主义者可能会基于个人情绪制定政策。运转良好的民主国家和职业官僚体系则尽量避免这种情况的出现。在此对比其他领域的风险评估同样有助于说明问题。国家安全顾问会夺门而出，离开报告会，埋怨恐怖主义威胁太过严峻吗？首席医疗官会因为担心报告实情会导致政治领导人"放弃"而决定掩盖传染病即将流行的消息吗？这类渎职行为显然是匪夷所思的。

讽刺的是，某些考虑欠妥的公共宣传活动——呼吁大家为了解决气候变化问题而关灯之类的活动——恰恰是政府主持的。如果政府不打算用强大的管制权力来淘汰化石燃料，民众为什么要听其指挥，摆弄自家的电灯开关？他们更应该投票选出另一届不同的政府。假如官僚从这些失败的公共宣传经验中并未总结出教训，乃至犯下更大的错误，不向政治领导人充分地报告气候变化的风险，那就相当可悲了。

最后一种，也是最难反驳的理由是"一定已经有人这么干过了——肯定有很多很优秀的气候变化风险评估"。反证总是困难的。要确认没有人做过全面的气候变化风险评估，我就必须去接触所有一般被认为已经做过评估的人。

我们一般当然会认为科学家已经充分评估过气候变化的风险。他们怎么可能还没有评估过呢？然而的确有几个原因在妨碍他们评估。接下来的章节会详细介绍。不过最简单的原因是，评估所需的知识并不都属于一般意义上的"科学"。气候变化的后果会有多么严重取决于全世界在接下来的几十年内会往大气中排放多少吨温室气体。后者则取决于政府实施的政策，而政策又取决于技术发展、外交，以及投身气候活动的社会团体与既得利益集团之间的博弈。这都不是科学家能够预测的。他们也并不能准确预测气候变化最终产生的所有后果。例如，气候变化的压力会促使世界各国团结起来努力应对，还是引发争夺稀缺资源和宜居土地的战争？这些不是科学研究的问题，至少不属于自然科学的范畴。全面的风险评估需要更多领域的专家。

也有人会认为经济学家早有答案。2006 年，英国财政部前高级顾问尼古拉斯·斯特恩（Nicholas Stern）从经济学角度评估了气候变化。他得出了闻名全球的研究结果：不作为的成本远远高于迅速应对的成本。直至今日，他这篇洋洋洒洒的成本效益分析得出的结论数据依然会得到引用。然而，2013 年，斯特恩仔细反思了他自己的研究和其他类似的研究。他写道，"经济学评估全面且极其严重地低估了（气候变化的）风险"。他的结论是："把目前政策分析所用的主流经济模型当作可靠的核心论据是不负责任的。"❶ 既然这位全世界最著名的气候变化经济学家都抱有这种观点，我们大可以说经济学家也没有得出答案。

还有一类一般被认为肯定已经把气候变化的风险算得清清楚楚的专业团体是保险公司。我在世界保险之都伦敦见到了一些从业者，并且找到了几位对气候变化有兴趣且表示担忧的专业人士。但是他们告诉我，单从业务角度而言，保险公司并没有兴趣评估气候变化的长期风险，因为保单是一年一签的。承保人有必要知道明年的风险和今年相比有什么变化，但是他们不太需要考虑一年以后的问题。

关于这一点，我有亲身经历。我曾经到访日本最大的财产保险公司东京海上保险集团（Tokio Marine）的总部。他们的分析师向我展示了非常精细的关于台风抵达日本东京湾并破坏城市的计算机模拟结果。他们也研究过气候变化会对台风的强度造成怎样的影响。我问他们有没有研究过海平面上升造成的破坏——这是十分值得考虑的，因为台风导致的破坏大多源于台风造成的洪涝，而不是纯粹的风。分析师回答，没有。这个变化太过漫长、平缓，所以不必考虑。保险公司也没有做好评估。❷

最后的可能就在国防部门。据说，五角大楼预算雄厚、实力强大，足以分析任何威胁，所以肯定已经评估过气候变化的风险。我就去了五角大楼查看实情。美国国防部的工作人员友好地欢迎我的到来，并且告诉了我他们所做的针对气候变化威胁美国军事资产的风险评估。他们担心海平面上升会淹没海军基地和其

---

❶ N. 斯特恩，2013。
❷ 我发现精算师有兴趣研究比较长远的风险，但是他们也承认，他们没有全面评估过气候变化的风险。英国精算师的专业机构精算师协会后来成了我的风险评估项目的合作伙伴与赞助方。

他沿海军事设施。他们也考虑过气候变化会在其他国家造成怎样的动荡，但是他们只考虑了接下来的二十五年。二十五年以后则是一片空白。

就军事规划而言，二十五年的时间范围足以对大多数种类的风险做出合理的评估。要是超出了这个范围，那就没有人知道武器技术会发展成什么样子，国际关系会有怎样的变化或者可能会出现怎样的新威胁了。气候变化则不同，这种风险是与日俱增的。如果只看近期的未来，那我们就忽略了其中最严重的后果。这就违反了风险评估的第一准则：确定可能发生的最糟糕的结果。在明确是否要在意长期风险之前，我们首先必须知道这长期风险究竟是什么。于是，我从华盛顿归来，把国防部门也排除在外。

这段遍访专家的旅程让我感到有些吃惊，但也莫名地给了我动力。我曾经提早结束了我被派驻印度参与反恐的工作，因为我认识到了气候变化的严重性，认定这是比恐怖主义更加可怕的威胁。我学习了相关的科学知识，因而为我们的现状深感忧虑。当你看到根据南极冰川测得的地球八十万年以来的气温变化记录，你就会明白气候的变化幅度可以有多大，同时意识到我们在过去的一万年间是多么幸运。我们习以为常的一切，人类文明所仰赖的平衡如今遭遇了危机。令人吃惊的是，直到现在都还没有人清晰而全面地评估过这场危机，让全世界最有权势的那些领导人能够理解并以此为据，采取行动。而让我感到有动力的则是，至少我已经发现了我们可以改进的地方。

不幸的是，官僚体系会消磨人的动力，尤其是面对创新建议的时候。那些反对新的气候变化风险评估项目的人并不为军人的目光短浅、保险公司的漠不关心和经济学家的备受质疑的说服力所动。他们屡次重复强调那些不负责任的反对理由。世界各国的领导人有可能还不清楚气候变化威胁的严重性，但是本该负责提醒他们的人似乎竟然觉得不必多此一举。

当英国外交大臣任命大卫·金爵士（Sir David King）为新任气候变化特别代表以后，我的时运终于有所好转。大卫爵士曾经担任政府的首席科学顾问。这是衔接科学与政策的最高职位。我向他提议启动一个新项目，全面评估气候变化的风险，并且将结果传达给各国领导人。他当即同意。他回想起他在担任首席科学顾问的时候曾经评估一种致命的病毒传遍英国的风险。他判断，这种病毒暴发性传染的概率不足百分之一，但是预计可能出现的死亡人数是非常庞大的。当时的政府便根据这份风险评估，迅速采取了果断措施。大卫爵士认为，气候变化的风险显然也需要同样清晰的评估。

在接下来的几个月内，戴夫（大卫的昵称，我和他变得熟络起来）和我联系上了与我们想法相近的各国专家、顾问。我们组建了合作团队，决心要尽可能全面地评估气候变化的风险，并且将评估结果宣传出去。

这个合作团队的核心成员是世界上碳排放量最大的几个国家的高级顾问。周大地是中国国家气候变化专家委员会委员。他是中国最受尊敬的能源政策专家之一，而且他对工作饱含热情，所以尽管他已年逾古稀，但是哪怕在坐了十小时的飞机以后，他也比我更能打起精神听潮汐能的技术报告。齐晔大概是全球最受认可的碳排放问题专家之一。丹·施拉格（Dan Schrag）是哈佛大学环境中心主任，也是总统科学技术顾问委员会的成员，曾经直接向巴拉克·奥巴马介绍气候变化的情况。阿鲁纳巴·戈什（Arunabha Ghosh）是德里的能源、环境和水资源理事会主任，也是印度最有影响力的气候政策专家之一。

以此为核心，我们的团队最终涵盖了来自十一个国家的六十多位专家，包括科学家、经济学家、技术专家、健康专家、情报分析师和军队高官。所有人都在为了完成新型风险评估而努力合作。大多数人是在无偿奉献自己的时间。所有人都心怀信念，想要揭示这重要的真相。

一年半以后，我们开始整理我们的评估报告。❶

我们首先回答了那个几乎把这个项目扼杀在摇篮里的问题：我们为什么需要风险评估？我们的回答如下。

我们的出发点是，我们有兴趣了解我们所做的决策可能产生的后果是什么。这些后果在空间和时间上都有很深远的影响，因此我们有兴趣尽可能充分地了解它。

风险是可能发生的情况。风险评估提出这样的问题："可能发生什么？"，"可能发生的情况的严重程度如何？"以及"发生的可能性如何？"对这些问题的回答可以为我们的决策提供依据。

气候变化符合风险（更学术的说法是"不确定性对目标的影响"或"一个事件或活动对人类认为有价值的事物带来不确定的、一般来说不良的影响"）的定义，因为气候变化有可能对人类利益造成消极的影响，而且许多后果都是不确定的。我们知道，给地球带来能量会使地球变暖，气温上升，冰层融化，海平面上升。但我们不知道气候变暖的速度和进程，我们也无法准确地预测许多将会发生的相关变化。"气候变化可能有多严重"这一问题的回答还很不明确。

限制气候变化需要付出努力。虽然许多减少温室气体排放量

---

❶ D. 金、D. 施拉格、周大地、齐晔与戈什，2015。

的措施可能对公众健康、生活质量和经济增长有利，但是未必容易落实。落实这些措施需要投入政治和公共资金。各国政府和社会将不得不决定准备付出多少努力，以及如何确定应对气候变化及解决其他问题的优先级顺序。风险评估将是判断合理应对措施的依据。

有时人们认为，全面的风险评估将会适得其反，因为风险很大，解决方案却很复杂，因此人们可能陷入一种无助的感觉，去寻找其他途径。在某些情况下的确如此。人类学家贾雷德·戴蒙德（Jared Diamond）在回答"为什么有些社会会做出灾难性决策"这一问题时写道：

"……想象一个高耸的大坝下面有一条狭窄的河谷，如果某天大坝决堤，那么随之而来的洪水将会淹没一大片下游地区，并淹死居住在那里的居民。当民意调查者询问大坝下游的人们，他们有多担心大坝决堤，发现离大坝最远的居民的恐惧感最弱，越靠近大坝，居民恐惧感越强，这是不足为奇的。在距离大坝仅几英里❶的地方，当地居民的恐惧感将达到最高值，然而令人惊讶的是，再走近大坝时，这种恐惧感突然降为零！这意味着，居住在大坝下方的人，即大坝一旦决堤就会必死无疑的人，其实丝毫不担心大坝决堤。这应该是'否认心理'的作用：每天看到大坝时仍保持理智的唯一方法是否认它会决堤。尽管否认心理是建立在个体心理学基础上的现象，但它似乎同样适用于群体心理学。"❷

我们编写该风险评估的前提是，我们都可以选择是否抬头

---

❶　1 英里 ≈ 1.609 千米。——编者注
❷　J. 戴蒙德（Diamond），2011。

看大坝。各国政府可以选择忽略，或者派最好的专家前往仔细检查。我们认为最好获得全面的信息。正如美国核战略家阿尔伯特·沃尔斯泰特（Albert Wohlstetter）在冷战期间所写的："我们必须考虑一些令人非常不愉快的可能性，因为我们希望避免这些可能性。"

那么，对于这些令人非常不愉快的可能性，我们考虑得怎么样了呢？

对最重要的事了解得最少

　　回想我第一次参加的气候科学会议，我印象最深的是英国南极调查局的科学家埃米莉·沙克伯勒（Emily Shuckburgh）。她在皇家学会最气派的房间里，对着满座的英国最德高望重的科学家发表了详细的气候科学报告。她年幼的女儿就在她身上，坐在那种特殊的背包式婴儿背带上。我记得最后主持人称赞了她的表现……还夸奖了她的孩子很乖。

　　像埃米莉这样尽心尽责的气候科学家还有许许多多。他们的事业始于 1859 年约翰·丁达尔发现温室效应。丁达尔结婚以后最初的十年生活在皇家研究院楼上的公寓里。1893 年丁达尔逝世，据说是因为他意外地过量服用了妻子给他的药物。我内心深处不禁有些怀疑，这场意外之所以发生是不是因为他妻子婚后十八年听腻了气候科学。对这些气候科学家，我们理应致以深深的谢意。我们要感谢他们的奉献精神、学术功底、热心分享知识之慷慨，以及不怕反对的勇气，因为有些人宁愿对事实视而不见。

　　正是因为有了丁达尔和其他所有像他一样的科学家，今天的我们才知道了地球的气候在过去发生了巨大的变化。地球经历过多次冰河时期。在其中最寒冷的年代，北美、欧洲和北亚都曾有大片地区被覆盖在三千米厚的冰川之下。地球也经历过炎热的时期。那时，亚热带气候扩张到了北方高纬度地区。大气温度比现在高了足足 12 摄氏度。海平面高度也有超过 100 米的差异。

我们知道了人类文明几乎从未见过这等变化。文明诞生以来的一万年间，地球的气候异乎寻常地稳定（图 2-1）。全球气温与海平面高度基本没有变化。我们享受到了这段平稳时期的好处：根据降雨和气温的规律种植作物，在当今的海平面高度确定的海岸线上建造城市，在给予了我们清新的水和空气以及沃土的生态系统的基础之上发展全球经济。

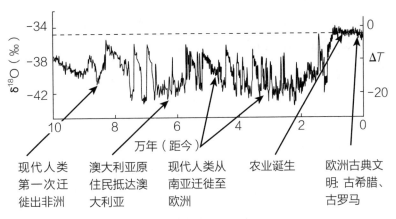

图 2-1　在格陵兰测得的过去 10 万年的全球气温变化

注意：极地气温变化远大于全球平均气温。ΔT：气温差异；$\delta^{18}O$：氧同位素比值，分母为一千。来源：Springer Science + Business Media, LLC 2009；Young, O. and Steffen, W., 2009. The Earth System: Sustaining Planetary Life−Support Systems（地球系统：行星级持续性生命保障系统）. *Principles of Ecosystem Stewardship*（《生态系统管理原则》）, pp. 295−315.[1]

我们知道了过往的气候剧变源于极其微小的变化。例如，地

---

[1]　O. 扬（Young）与 W. 斯蒂芬（Steffen），2009。

球自转轴角度的细微变化会微妙地改变太阳辐射的强度。这些细小的变化产生的影响会进一步引发巨大的变化——比如，冰川融化导致暴露在阳光下的海水的吸热能力增强，继而导致进一步的冰川融化；或者植被的变化导致被排放到大气中的二氧化碳增多，继而导致进一步的全球变暖和气候变化。结果就是全球平均气温变化在 5 摄氏度左右甚至更多，这也是当代与冰河期的平均温差。

我们知道了，我们使用化石燃料、砍伐树木的行为导致大气中温室气体的含量逐步上升。热量被困在了地球上。地球系统的能量变得越来越多。每一秒多出来的能量都大致相当于 4 颗广岛原子弹。我们已经知道，敏感的地球气候禁不起细微的"推动"。可如今，我们好比在用大锤狠狠地加以重击。我们对未来产生的后果究竟有多少了解呢？

政府间气候变化专门委员会（IPCC）

2013 年的圣诞节假期，我在我父母家里通读《气候变化 2014：影响、适应和脆弱性》（*Climate Change 2014: Impacts, Adaptation, and Vulnerability*）的章节草稿。这是政府间气候变化专门委员会的第五次评估报告的一部分。[1]这项工作并不简单。IPCC 成立于 1988 年，其目的就是发布让世界各国政府掌握气候科学的权威性评估报告。随着这个领域的发展，IPCC 的每一份报告都写得比前一份更长。这一回的巨著就有三十章，将近两千页。

我想找到可以帮助我了解气候变化的风险大小的信息。我很

---

❶ IPCC，2014a。

自然地想要知道可能发生的最糟糕的情况是什么。IPCC 的每一份报告都有"决策者摘要"（Summary for Policymakers），包含科学家认为的最值得传达给决策者的信息。这些摘要的最终版本是在特别的"审批会议"（approval sessions）上商定的。与会者包括顶尖的科学家与所有相关国家的政府代表。如此安排是为了确保所有国家的政府都有机会质疑科学家得出的结论，以便增强它们对科学的信任。我也参加了这次报告的审批会议。我想核实这次的决策者摘要是否包含了最有助于我们了解风险的信息。我也在寻找科学家这次的预测和七年前发表的上一份报告中的预测有何不同。我很好奇：科学家一般是高估了风险，还是低估了风险呢？

通读报告草稿之时，我注意到了一个现象。报告的许多章节都以类似的口吻承认了我们不太了解更大幅度的气候变化会造成什么影响：

关于农作物："少有研究考虑全球平均气温提高 4 摄氏度或更高的情境下种植体系受到的冲击。"

关于生态系统："少有田野调查研究 RCP8.5（排放量最高的情境）设想的 21 世纪晚期二氧化碳浓度达到最高水平以后的生态系统，而且既有研究都没有考虑其他潜在的干扰因素的影响。"

关于人体健康："大多数尝试量化分析未来气候变化导致的健康问题的研究者考虑的是普通水平的全球气温升高，普遍小于 2 摄氏度。"

关于贫困问题："尽管普遍认同未来贫困问题受到的影响较为复杂，但是少有研究考虑更加多样的气候变化情境，或者 4 摄氏度以及更高温度的可能性。"

关于人类安全："目前关于人类安全和气候变化的许多文献

受到当前的关系和观察的影响，因此难以分析快速或严重的气候变化对人类安全造成的影响。"

关于经济学："我们对高于 3 摄氏度的总体经济影响所知不多。目前对影响的估算并不全面，并且以大量有争议的假定为前提。"

上面的下划线是我加的。这些描述让我感到奇怪的原因不是我们竟然还没有掌握一切应该了解的情况，而是报告使用了"考虑"和"少有实验"这样的描述。是因为大幅度的气候变化超出人类的经验，所以我们很难探究其影响吗？还是说，我们只是出于某种原因才没有去提出应该提出的问题，没有去考虑最糟糕的情境下可能会发生的情况？

2014 年 3 月，IPCC 报告的审批会议在日本横滨召开。我在会议现场的经历证实了我们上述考虑到的问题确实是有必要的。我在预读阶段发现关于人体健康的章节中有一段文字看起来非常令人不安。原文如下：

在标准（或典型）条件下，如果长期处于湿球温度超过大约 35 摄氏度的环境中，人体核心温度将达到致死的水平。史蒂文·舍伍德（Steven Sherwood）与马修·休伯（Matthew Huber）在 2010 年发表的一篇论文的结论是：以当前气温为标准，全球平均气温提高大约 7 摄氏度将导致人类无法在陆地上的某些小块区域内通过新陈代谢的方式散热。如果提高 11 摄氏度至 12 摄氏度，这种区域将涵盖当今绝大多数人类居住的地区。该分析很可能高估了人类的耐热能力的极限，因为人类安全的工作环境需要更低的温度阈值。[1]

---

[1] K.R. 史密斯、A.D. 伍德沃德（A.D. Woodward）、D. 坎贝尔-伦德拉姆（Campbell-Lendrum）等人，2014。

我查阅了这段文字援引的史蒂文·舍伍德与马修·休伯的研究论文，发现这篇论文描述的人类耐热阈值确实非常极端。它的定义是在一个人"处于阳光下，在 7 级以上的大风中，身上泼了水，不穿衣服，也没有在工作"的特定条件下依然会导致人类死于体温过高的温度和湿度。两位作者提到空调可以提供些许保护，所以我们不能断言在这种气候条件下人类一定不能生存。但是，他们也对此提出了警告。

空调的需求会大幅上涨，所以发展中国家的几十亿人是可能无法承担其费用的。空调也不能改善生物圈的情况或者保护室外的工人，人们将经常被困在家中，而且断电很可能致人死亡。因此，这种保护看起来费用过高，效果有限，不太可能满足大多数人。❶

在我看来，这就是最应该交给各国政府参考的研究结果，所以我在横滨建议能否在决策者摘要中提及这项研究结果。来自新西兰的人体健康专家 A.D. 伍德沃德帮助我把这个建议提交给了负责编写该报告的几位最资深的科学家。他们商量了一会儿。然后，伍德沃德向我转达了他们的回答。不行，决策者摘要不能提及这项研究结果。为了维护摘要的可靠性，他们私底下有一条规矩：列入摘要的信息必须至少两项互相独立的研究的支持。

我问各位科学家，他们当中是否有人不赞成舍伍德与休伯得出的结论。这项研究有争议吗？"噢，"他们说，"我们不怀疑它的结论。我们反而认为人类耐热能力的极限比结论中说的要低得多。这篇论文几乎肯定是低估了风险。"

于是我不得不深思这究竟是为什么。这篇论文中包含的信息是最能说明气候变化的风险的依据之一。各位专家也认为这篇论

---

❶ S. 舍伍德与 M. 休伯，2010。

文也还是低估了风险。可它依然没能被列入 IPCC 的报告中大多数政府官员会读的那个部分。报告所依据的 12000 篇经过同行评审的科研论文中只有一篇提出了这个问题："全球的气温会升高到超出人类的忍受极限吗？"与之形成鲜明对比的是，我发现报告援引的论文里面，有 9 篇在研究气候变化对滑雪胜地的影响，又有 13 篇在研究另一个重要问题：气候变化对欧洲葡萄种植业的影响。虽然我本人也喜欢喝红酒，喜欢滑雪度假，但是哪怕客气地说，这种挑选研究对象的优先级顺序也未免显得相当奇怪。这到底是怎么回事？

就在上一章提到的那些外国专家访问伦敦期间，我也有一次类似的意外经历。在我给他们组织的关于气候变化的风险的会议上，我们一起听了一位作物学教授的报告。这位教授向我们介绍，即使气候变化的幅度很小，农作物的产量也有可能受到明显的影响。我问他为什么 IPCC 的报告显示，比较少有研究考虑全球气温提高 4 摄氏度或更高的情境对农作物的影响。教授说，很难在计算机上建立这种条件的模型，而且实验或许也很困难，因为如果模拟出这种气候条件，农作物很可能是不会生长的。这番话说完以后，我和教授以及各位外国专家在惊讶中面面相觑，哑然失笑。是否正是这种骇人的风险导致了没有人去做全面的评估？

全球挑战基金会（the Global Challenges Foundation）有一份现成的简略分析也可以为证，说明大幅度气候变化的风险是受到忽视的。在决策者摘要中描述次数最多的气候变化的影响发生在升温 2 摄氏度的情境下——这也是各国政府努力的目标，显然可以说是最理想的情境。除此之外，有不少研究评估的是升温 4 摄氏度的影响。评估升温 5 摄氏度的只有一个。在此之上的则是一个也没有。可以说我们普遍认为 21 世纪全球变暖的幅度最有可能是 2~4 摄氏度，而了解我们最有可能经历的情况是有很大意义的。但是，上面引用的 IPCC 报告的分析显示，即使在这个最有可能的区间内，接近 4 摄氏度的情况得到的关注也是比较少的。实际上可能的全球气温上升幅度是比这个区间要大得多的。在接下来的几百年内，全球气温可能会上升超过 10 摄氏度。可见，气候变化最糟糕的结果大部分都还没有人探索过或者报告过。

我和外国专家的开会地点是皇家学会的旧图书室。为我们主持会议的是格兰瑟姆气候变化与环境研究所（Grantham Institute for Climate Change and the Environment）所长布瑞恩·霍西金斯爵士教授（Professor Sir Brian Hoskins）。他也曾担任国际气象学和大气科学协会（International Association of Meteorology and Atmospheric Sciences）会长，堪称英国最杰出的气候科学家之一。我对他说，从风险评估的角度来看，我们似乎对最重要的事了解得最少。他承认，这话或许是对的，但这的确是个奇怪的现象。

为什么会这样？为了解决这个疑惑，我在接下来的几个月内询问了科学家、研究赞助方，以及收到作为决策参考的气候科学研究成果的政府官僚。如何才能解释我们目前为什么没有探究气候变化可能导致的最危险的后果？大概有三个原因：主观忽视、过度重视科研结果的可靠性而轻视其对政策的参考意义、偏爱新颖性而忽视实用性。

主观忽视

主观忽视表现在决策者与研究赞助方身上，他们的初衷其实是好的。欧洲各国政府致力于通过联合国的谈判（本书第三部分会更加详细地介绍相关情况）来增强全球的共识，让世界各国把控制全球变暖的目标定为升温 2 摄氏度以下。它们认为，如果它们委托研究大幅度气候变化的影响，其他国家——尤其是发展中国家以及大型新兴经济体——会觉得它们已经放弃了这个目标。那么接下来，这些国家可能会不太愿意努力完成这个目标。因此，绝大多数针对气候变化的影响的研究都以最理想情况为前提，至少在欧洲范围内是如此。

着眼大幅度气候变化的影响的那些研究项目是一种反面的例外。在英国，第一个此类项目于 2009 年启动。在欧盟的气候变化研究项目中，最早踏入这一领域的分别是始于 2013 年和 2014 年的两个项目。其中一个项目在网站首页上声称："尽管这些大幅度的气候变化情境（升温 4 摄氏度或更多）成为现实的可能性越来越大，但是评估其潜在影响的研究寥寥无几……"各国政府早在 1988 年就对气候变化的严重性有所认知，组建了 IPCC。令人意外的是，全世界最大的科研赞助方欧盟竟然在整整 25 年以后才开始立项研究大幅度全球变暖的影响。

这种不研究大幅度气候变化的影响的理由显然是站不住脚的。如果各国政府不知道大幅度气候变化会有怎样的风险，它们怎么会有动力去把气候变化的幅度限制在小范围内呢？这种做法是错误地以为，了解气候变化的某些影响一定就是为了制订计划去应对这些影响。他们忽视了另一件同样重要的事：了解我们可能希望避免的情况有助于我们正确地做出决策，努力避免这些情况。

过度重视科研结果的可靠性而轻视其对政策的参考意义

第二个原因在于，决策者最需要知道的信息显然未必是科学家最有把握的。面对可靠性与政策参考意义的矛盾，我们必须明确以何者为优先。

我们在皇家学会的图书室里学习气候变化对农作物产量的威胁的故事可以说明这个抉择对科研方向的影响。显然，科学家选择主要研究小幅度气候变化对农作物的影响是因为他们对这种研究的结果更有把握。研究大幅度气候变化的影响只能得出不太可靠的结果，但是不难看出，后者对决策的参考意义更大——至少更加符合风险评估的需要。

耐热阈值研究的故事则可以说明同样的权衡也会影响研究结果的传播。各位科学家选择不把关于全球大幅度变暖以后人类无法生存的研究列入决策者摘要，这显然足以说明，在研究结果的可靠性和政策参考意义之间，他们优先选择了可靠性。

2013 年的 IPCC 气候变化报告《自然科学基础》（*Physical Science Basis*）当中有一个更加著名的例子。这是 IPCC 发表的第 5 份同类报告。当初 1995 年的第二份报告声称人类活动对气候变化有"明显"的影响。自那以后，每一份报告都以更加严肃的措辞重申气候问题是人类所致。这反映了科学家对自己掌握的知识越来越有信心。在 2013 年的报告中，科学家选择了通过媒体和讲座来极力宣传这样一句针对气候变化原因的判断："20 世纪中叶以来观测到的气候变暖现象的主因极有可能是人类的影响。"这里的"极有可能"是指 95%~100% 的概率，而"主因"则是指超过一半的气候变暖的原因。❶

这份报告的各位主要作者明显对他们展现出来的信心感到颇为自豪。但是从决策者和关心气候问题的公民的角度来看，我更想知道根据他们的研究，观测到的变暖现象有多少是人类影响所

---

❶ IPCC，2013。

致。虽然没有得到多少宣传，但是报告中对于这个问题的答案是十分简单明了的："根据最佳估计值，人类导致的变暖与这一时期观测到的变暖幅度近似相等。"换句话说，按照最可信的估算结果，这都是我们人类造成的！对决策而言，这个结论的政策参考意义当然比上面那句说我们极有可能要承担超过一半的责任要大得多，但是科学家在此显然又一次选择了以可靠性为重，牺牲政策参考意义。

这种情况或许和各国政府的行为有关。多年以来，各国政府强烈要求科学家们提供更加可靠的研究结果。除此之外，前一章提到的化石燃料公司资助的散布虚假信息的活动肯定也给科学界施加了压力。很少有科学家喜欢在访谈中与十分熟悉媒体的政治说客正面交锋。在这种场合，事实与观点之间的界限会被有意模糊。因此，与其冒险成为众矢之的，遭到诽谤、诋毁，不如只说最有把握的话。不过，除了这些因素以外，我们有理由相信，这个问题主要还是源于科学界重视可靠性的业界文化。我们也不可否认，这种文化是有其道理的。

偏爱新颖性而忽视实用性

我们没有在气候变化领域提出所有应该提出的问题的第三个原因是科学的根本目的并不明确。我和哈佛大学环境中心主任丹·施拉格教授的一次对话让我清楚地意识到科学家和决策者的关注重点的确未必是一致的。

当时是寒冷的1月。我们在北京的清华大学。那天上午我们一直在讨论气候变化的风险。这是我们的风险评估项目的一次会议。就在我们坐下，准备吃午饭的时候，丹教授抱怨有些人的报告缺乏创意，尤其是某个德国研究者报告称气候变化会导致某些本就缺水的地区进一步陷入极端缺水的境地。与之相反的是，丹教授对我说，他最喜欢一位年轻的中国研究者的报告。后者研究的是气温变化会如何影响候鸟迁徙，进而影响鸟类病毒在不同国家间传播的方式。丹教授很欣赏这项研究，因为它很聪明，也很新颖：在此之前没有人考虑过这个问题。丹教授这天上午的感受让我觉得有些意外，因为我对这两份报告的感受和他恰恰相反。我觉得水资源压力的研究很有用，因为其中描述的风险大得可怕。而鸟类迁徙的报告则让我觉得比较失望，因为这看起来不太像是发生的可能性较高、影响较大、亟须评估的风险。

我后来发现美国科学促进会前主席简·卢布琴科（Jane Lubchenco）曾经在 1998 年参与讨论科学和社会之间的关系之时提到了这种差异。[1] 她写道："社会目前投资科学是希望获得两种产出。首先是不分领域的最优秀的科研成果。其次是实用的成果。"她提到，对于受好奇心驱使的科学的需求可以推动人类的知识在任何方向上开拓创新，而与此同时，社会也需要科研人员为其解决紧迫的问题。这两种需求之间是有矛盾的。她说明，当社会面临严峻的危机之时，科学界应当优先"产出实用的成果"。过去，科学界曾经在战争期间集中自己的资源去顺应社会在国防、公共卫生和经济竞争之间的优先级顺序的变化。她还提到，气候变化、生物多样性减少等所有形式的环境退化的威胁已经极其严峻，所以科学界理应再次集中力量攻克这些难关。我们需要"能够反映科学家个人及团体决心要尽可能奉献力量"的"新的科学领域的社会契约"。

---

❶ J. 卢布琴科，1998。

这是 20 年前世界上最知名的科学协会之一的主席发出的大胆的号召。然而，20 年后，两位和我一样对气候变化风险评估抱有兴趣的科学家组织的研讨会却还是让我们看到了我们在这方面依然需要进步。科学博物馆前任馆长、英国南极调查局局长克里斯·拉普利教授（Chris Rapley）与神经科学家克里斯·德迈耶博士（Kris De Meyer）曾经邀请了 30 位决策者、气候科学家和研究赞助人来讨论应该如何做出更好的风险评估。他们的结论是，学术研究中重视"新颖"而轻视"政策参考意义"的这种文化和惯例是一道重大的障碍。而且，按照目前学术界的激励机制，衡量学术成就的主要标准更偏向于发表论文而不是研究成果对公共政策的影响。❶有一位与会者总结了这种现状导致的结果。主持完成英国前一年的气候变化风险评估的科学家奈杰尔·阿内尔教授（Nigel Arnell）说，他审阅的气候变化的研究论文没有一篇是围绕风险评估而写的。看来，卢布琴科倡议的新的科学领域的社会契约还远远不曾落实。

没有人否认我们需要让好奇心主导的科学研究继续发展下去。同样，我们也不能否认上百年来无数人针对气候变化及其潜在影响的研究已经对社会产生了巨大的"实用"价值。我们现在对气候变化的一切认识都要归功于那些为此奉献了时间、精力和才华的科学家——从约翰·丁达尔和他的妻子到埃米莉·沙克伯勒和她乖巧的女儿。我认识的许多科学家的的确确是本着卢布琴科的新契约的精神，在"尽可能地奉献力量"。

问题是：如何能让气候科学对社会而言变得更加实用？拉普利与德迈耶召集的团队得出的结论是需要结构性改革。学术界应

---

❶ K. 德迈耶等人，2018。

当更加注重对政策的参考意义。经费也应该用来资助那些明确旨在为气候变化风险评估服务的研究。

也许有人要问，这种研究和现在已有的研究有何区别？本章的简单总结就是，我们需要更多地研究大幅度气候变化的影响，不要对最重要的事了解得最少。但是这还不够。为了产出明确旨在为风险评估服务的研究，我们还需要改变视角，并且改变我们提问的顺序。

告诉温水里的青蛙他需要知道什么

　　有时候会有人把我们在气候变化方面的处境比作温水煮青蛙。据说，这青蛙或是意识不到身边的水正在升温，或是无法察觉到危险。最后，他没有及时逃跑，就被煮熟了。

　　或许只有法国大厨知道是否真能这样温水煮青蛙，但是无论如何，这个比喻对气候变化而言确实是比较贴切的。气候变化是个缓慢的过程：全世界每 10 年升温大约 0.2 摄氏度。❶ 我们的行为也需要过一段时间才会见效。我们今天排放的温室气体会导致接下来的 10~15 年内气温升高，而且其中大多数气体会在大气层中停留数百年，继续造成气候变化。我们很难看见我们的行为的后果，很难意识到未来的危险，所以也很难在为时已晚之前激发并维持动力。

　　我喜欢设想这只温水里的青蛙有一位首席科学顾问。当这只青蛙开始注意到水温似乎变高了的时候，他要他的首席科学顾问去调查一下。这位科学家做些测试，分析了结果，然后回

---

❶　具体地说，这是全球平均近地气温的大致数据。陆地升温比海洋快，两极升温又比热带快。

来向青蛙报告。"水温正在升高，"他说，"我预计在 5 分钟后，水温将升高 2 摄氏度，可能有 1 摄氏度的误差。"青蛙说："谢谢。"然后，他心想：嗯，听起来还可以。他没有动弹。但是接下来，青蛙又思考了一会儿，想知道他是不是还有需要知道的事。所以，他对首席科学顾问说："其实我不想要预测。我想要风险评估。""你的意思是？"科学家问。"哎，"青蛙说，"就是最糟糕的情况是什么样的？""噢，"科学家说，"很简单，你会被煮死。""有多大的概率？"青蛙问。他现在看起来更担心了。科学家又算了一会儿，然后告诉他："5 分钟后，概率非常低。10 分钟后，概率过半。15 分钟后，那就是必然的了。""噢，坏了！"说着，青蛙赶紧从锅里跳了出来。

我曾经以这种方式和气候科学家聊过。我认为，这个故事里强调的预测和风险评估的差异就在于后者能够提供必要的信息，让社会意识到气候变化的威胁，继而激起动力，在为时已晚之前行动起来。

在具有成熟的风险评估惯例的领域，最常见的做法就是首先确定一种可能的"最坏的"影响，然后评估这种影响出现的概率。英国的全国紧急事务风险清单（National Risk Register of Civil Emergencies）就以这种方式全面评估了各种可能造成重大危害的事件，从沿海洪灾、流感大流行一直到工业事故和恶劣的空间天气。❶

一般说来，风险管理的优先事项就是降低这些最糟糕的影响出现的可能性。例如，保险公司可能发生的最糟糕的情况是资不抵债，所以欧盟的规定要求保险公司把这种可能性降低到每年

---

❶ 英国政府内阁办公室，2017。

0.5% 以下。一座建筑可能发生的最糟糕的情况是倒塌，所以日本的建筑规范要求把地震引发房屋倒塌的概率控制在 1/500 以下。劳动者可能发生的最糟糕的情况是死亡，所以英国卫生安全局建议将工作场所的死亡概率限制在每年 1/1000 以下。

这些例子所遵循的原则都是明确的。风险威胁的是社会的整体目标或者说利益，比如生命、安全、健康或偿债能力。"最坏的"影响则是社会最希望避免的情况。风险评估的主要目标就是确定这些最坏的影响，并且了解其发生的可能性。风险管理的主要目标则是把这种可能性降低到可以接受的水平。

气候变化的一种特性使得这种普通的风险评估办法变得比较难以实施。社会关心的大多数风险可以说是不会随着时间而变化的。发生一次强烈的大地震或者恶劣的空间天气事件的可能性无论在什么时候都是基本相同的。严重的工业事故或者恐怖袭击发生的概率会随着我们自身的行为而改变，但是与自然界的规律并没有什么关系。气候变化则不同。只要我们不停止排放温室气体，它的风险就会不停地变大。不仅如此，自然生态系统内的惰性也会助长这种风险。因此，单单评估某个最糟糕的影响在某个特定时间发生的概率是不够的。要全面评估这种风险就需要了解其概率随着时间而增长的情况。就像那温水里的青蛙一样，我们需要知道"被煮熟"死亡这样糟糕但在目前或许不太可能发生的结果是否在未来会变得非常有可能发生。

没有告诉温水里的青蛙他需要知道什么

在我了解气候科学家的工作的时候，我发现他们经常用一种风险评估方法来研究个别的极端天气事件。比如，他们会确定出现一种强烈的台风的最糟糕的情况，然后评估这种台风在特定的一年内袭击某个特定地点的概率。做这类评估一般是为了推动社会去应对在不远的将来必然会发生的气候变化。

然而，这种风险评估方法似乎很少被用来研究长期的气候变化。须知，长期的气候变化以后，除了个别的天气事件以外，平时的气候条件也会变得极端。这种研究可以为减少碳排放量的决策提供至关重要的信息，因为我们减少碳排放的目的就是降低或避免这些长期的风险。可是科学家看起来更加热衷于做预测，而不是全面地评估这些风险：他们首先研究最有可能发生的是什么，然后再研究其后果。如果说我们是温水里的青蛙，那科学家就是在告诉我们，水温会在5分钟后升高2摄氏度。

有一次，我在莫斯科的一家机场因为转机订错酒店而滞留了一夜，但也正好有了机会去查证这个猜想。当时，我从哈萨克斯坦参加气候风险研讨会回来。因为我读科研论文读得太过投入，而没有仔细检查行程信息，我在路上不慎订了莫斯科的另外一家机场附近的酒店。候机大厅空空荡荡，让人感到一丝寒意。只有一家咖啡厅还开着，但也马上要关了。这一整夜，我没有地方睡觉也不能离开机场，娱乐手段也非常有限，所以我买了最大杯的咖啡，然后开始专心清点IPCC最新的报告《气候变化2014：影响、适应和脆弱性》里面所有的图表，并且给它们分类。

统计的结果证实了我的猜想。报告中有大约60张图表属于预测：用图表或一系列地图来说明某个特定时间段最有可能发生的结果。只有6张图表属于风险评估，说明了某些最坏（或者至少不太乐观）的结果发生的可能性随时间上升的情况。❶

---

❶ S.夏普（S.Sharpe），2019。

当中有一张图表展示的是气候变化对珊瑚的风险。[1]科学家定义了两个对珊瑚而言代表"较坏"和"最坏"结果的阈值。较坏的结果是大面积白化。而最坏的结果则是大面积死亡。二者取决于海洋温度上升超过珊瑚的耐受极限的时间。图表显示，随着全球气温上升，海洋环境超过这两个阈值的可能性会越来越大。而且，这张图表说明了，在高排放路径下，许多地区的珊瑚必然会大面积死亡。这样的描述十分有利于宣传风险，因为这是在明确地告诉读者，如果我们放任全球气温继续升高，珊瑚真的会承受不了，逐渐走到灭绝的地步。这张图表能够把风险讲清楚就是因为科学家此前提出的问题是：我们希望避免怎样的情形？

5年之后，我又同样分析了IPCC的《全球升温1.5摄氏度特别报告》（*Special Report on Global Warming of 1.5°*）里面的图表。我发现情况几乎没有变化。大多数图表依旧是预测式的。几乎没有科学家首先提问我们希望避免怎样的情况，然后去研究这种情况发生的概率。由此可见，我们依然没有告诉温水里的青蛙他需要知道什么。

影响的阈值

在2013年大卫·金爵士和我发起的风险评估项目中，我们和来自美国、中国还有印度的朋友们想要说明如何才能更加全面

---

[1] O. 霍格-古尔德伯格（O. Hoegh-Guldberg）、蔡榕硕、E. S. 波洛恰恩斯卡（E. S. Poloczanska）等人，2014。

地认识并宣传气候变化的长期风险。❶ 我们的重点就是确定最坏的影响：社会最想避免的是什么，以及这种情况成为现实的可能性有多大。

我们的合作团队逐渐壮大，囊括了来自多个国家、横跨众多学科的成员，也涵盖了 IPCC 科学评估报告的主要作者。其中许多人展现了科学界无私为公的高尚精神。他们献出了宝贵的时间和专业的知识，但只收下了很少的报酬，甚至是完全无偿。

在此，我仅列举他们的一部分研究成果，用以说明如果有意探究，我们能够发现怎样的风险。

对于人类而言太过炎热

人体有一套机制是用来将核心体温维持在 37 摄氏度左右的。倘若体内温度超过了这一水平，人体便会受到重创甚至死亡。

热浪已经侵袭过世界上的许多区域，夺走了大量的生命。2003 年欧洲热浪据说导致了 7 万人早逝。2014 年，巴基斯坦经历了最高达到 49 摄氏度高温的热浪。有两千人在这次热浪中丧生。随着全球气温逐渐升高，此类事件将变得愈发频繁，也愈发极端。

我一直认为这是气候变化最令人担忧的风险之一。鉴于 IPCC 只找到了一项研究提出这个世界会不会热得不适合人类生存的问题，我们决定至少做第二个提出这个疑问的研究团队。

在这方面研究中引领我们前进的科学家 A.D. 伍德沃德、托德·谢尔斯特伦（Tord Kjellström）与贾森·洛（Jason Lowe）确

---

❶ D. 金、D. 施拉格、周大地、齐晔与 A. 戈什，2015。

定了和我们所有人都密切相关的热应激阈值。包括关系到人类能否生存、睡眠以及在户外工作的阈值。他们以世界上的三个地区为例，研究了这些地方超过这些阈值的可能性。他们选中的都是目前已经比较炎热，同时居住着几千万甚至几亿人的地区：印度北部、中国东南部和美国东南部。

许多人需要在户外工作才能维持生计，尤其是在大多以农业为支柱的发展中国家。体力劳动者面临的热应激风险特别大，因为肌肉活动会在体内生成大量的热量。人体需要将这些热量散发到环境中，但是如果环境本身太过炎热，散热就会变得困难。

我们发现，如果全球气温比现在升高 4 摄氏度，上述地区的户外工作条件会明显恶化。在印度北部，一年之内将有 30% 的概率出现一整个月都太过炎热，无法在户外工作的情况。如果全球升温 7~8 摄氏度，这个概率在上述三个地区都会提高到 80%~100%。这些数据几乎一定是低估了风险，因为它们反映的是在阴凉处工作的情况。午后的阳光会使人体受到的热应激增加 3~4 摄氏度——这是相当高的数字。

我们定义的生存阈值是，如果人暴露于这种气候条件，那么即使人在睡眠或执行低能耗日常任务，其核心体温也会升至可能危及生命的水平。在目前的气候条件下，这是我们很少，或者说基本不会超过的极端阈值。我们研究了在一年中最炎热的月份超过该阈值至少三天的可能性。

我们发现，全球气温升高大约 4 摄氏度以后，这个在目前实际为零的概率会迅速提高。若升温幅度为 6 摄氏度，这个概率在中国东南部会达到 50%，在美国东南部为 60%，在印度北部则是 80%。换言之，在这种气候下，这些地区的千百万居民中的大多数人每年都会经历到超出人类耐热极限的气候。图 3-1 显示的就是这些结果。后来，这同一批科学家中的一部分人和其他的一些科学家更加详细地研究了这个问题。他们发现，我们甚至有可能比之前估算的更早面临这些风险：仅在21世纪30年代就有超过一千万人每年都有可能被暴露在超过生存阈值的热应激下。❶

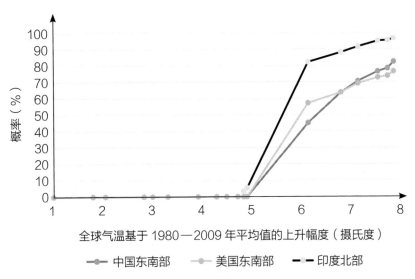

图3-1 印度北部、中国东南部和美国东南部的气候条件超过人体耐热极限的概率

来源：托德·谢尔斯特伦。

正如前文援引的史蒂文·舍伍德与马修·休伯在他们的论文中所说，空调是可以提供些许保护，但无法保护为了生计必须在户外工作的劳动者。更何况，一旦电力供应出现差错就会发生难以想象的大规模死亡事件。另外，两位科学家也已经指出，如果全球气温继续上升，世界上还会有更多地区陷入这种境况。

❶ O. 安德鲁斯（O. Andrews）、C. 勒奎里（C. Le Quéré）、T. 谢尔斯特伦（T. Kjellström）、B. 莱姆基（B. Lemke）与 A. 海恩斯（A. Haines），2018。

对农作物而言太过炎热

气候变化对农作物生产的影响更难预测。人类只有一种，可农作物却是多种多样，生长在全世界不同的地区。每一种农作物都会受到不确定的气候与环境因素的影响——包括气温、降雨、土壤肥力、病虫害情况以及杂草。我们还远远不能确定气候变化会对这些因素造成怎样的影响。不仅如此，我们也无法准确地预测我们自己会如何帮助我们的农作物应对气候变化，在新的气候条件下生存、成长。

专家们普遍同意，总体而言，气候变化是不利于农作物生长的。但是正因为存在上述种种不确定因素，他们给出的预测大相径庭。例如，IPCC 引用的有两项研究考虑的都是升温 3 摄氏度对巴基斯坦小麦生产的影响。其中一项研究估计产量会提高23%，而另一项预测却预测会减产 24%。与之类似的是，另一项研究预测的是升温 3 摄氏度对中国水稻生产的影响介乎增产 0.2%与减产 40%。既然专家们的预测有如此大的差异，我们就很难判断这项风险的大小了。

在我们的项目中，主持这方面研究的是约翰·波特教授（John Porter）、曼努埃尔·蒙特西诺博士（Manuel Montesino）与米哈伊尔·谢苗诺夫博士（Mikhail Semenov）。我们采用了不同的方法，我们尝试评估风险，而不是预测。

我们想，就农作物生产而言，社会最希望避免的就是歉收。我们定义的歉收是"农作物产量减少至没有多余的农作物可以供给市场或者当地居民的营养需求无法得到满足"。

约翰·波特通过他的研究得知短期的极端高温事件会严重损伤农作物。如果气温在农作物生长的敏感时期超过了危险的阈值，农作物产量就有可能大幅下降。除此之外还有会直接导致植物死亡的致死温度限值。就全世界最重要的粮食作物——小麦、水稻和玉米——而言，致死温度限值在 45~47 摄氏度。尽管有一些科学家的农作物模型考虑了农作物对高温的这些非线性反应，但大多数农作物模型尚未考虑这一因素。

我们研究了三种主要农作物的三大重要种植区的气候条件超过农作物大幅减产的阈值的概率：印度旁遮普的小麦、中国江苏的水稻和美国伊利诺伊的玉米。该研究考虑了每种作物的多个不确定因素，以及不同的栽种、播种日期。

我们得到的最令人惊讶的结果源自江苏的水稻生产。在目前的气候下，当地气温在水稻生长的关键时期超过阈值温度的概率基本为零。如果全球气温上升 4~5 摄氏度，则有两个品种的水稻的这个概率会超过 25%，而另一个品种会超过 80%。换言之，目前百年一遇的歉收事件对两个品种的水稻而言会变成四年一遇，而另一个品种更是五年四遇。

通过专注研究一种可能的最糟糕的情况，我们为评估气候变化的风险找到了一些新的论据。我们的研究显示，气候变化可能会导致一些目前十分重要的粮食作物几乎无法在当前的种植地区继续生长（如果再考虑气温以外的因素，比如病虫害、天气模式变化对农作物生产的影响，风险甚至还会变得更大）。要避免这种结果，我们就必须限制全球变暖的幅度或者大幅改变我们种植的农作物种类。二者都绝非易事。

升温幅度会有多大？

全球平均气温上升本身并不是风险，但它是促成许多风险的因素之一，比如上文已经提及的风险。在得知这个世界可能会热得不适合人类与农作物生存以后，接下来的疑问显而易见：达到这种高温的可能性有多大？

供决策者与公众参考的气候变化报告通常会推测 21 世纪全球气温升高的情况。我们可以由此得知科学家预测的高排放和低排放情境中气温升高的"可能范围"。在 IPCC 2013 年的报告中，这个范围是到 2100 年，与工业化前水平相比气温升高 0.9~5.4 摄氏度。这属于预测，而不是风险评估。

看一看任意时间点上这个可能范围以外的情况可以更好地认识风险。例如，贾森·洛（Jason Lowe）和他的同事丹·伯尼（Dan Bernie）在报告中说明，在低排放情境中，到 2100 年升温 2 摄氏度或许是概率最大的，但是升温 3 摄氏度也并非绝无可能；而在高排放情境中，估算结果大部分显示到 2100 年升温 5 摄氏度，但是升温超过 7 摄氏度也是有可能的。

这些较差的结果发生的概率远远没有到可以被忽略的地步。别忘了我们在前文提到的那些例子。对于保险公司破产、建筑物在地震中倒塌，以及劳动者在工作中死亡这三种情况，各国出台规定表示愿意接受的最大发生概率分别是 0.5%、0.2% 和 0.1%。目前，全世界看起来比较符合中等排放量情境。那么，到 2100 年升温超过 4 摄氏度——一般认为这是灾难级的气温变化幅度——的概率可能介于 5%~20%。由此看来，我们对灾难级气候变化风险的容忍程度似乎是对保险公司破产的 10 倍以上。❶ 这想必值得我们深思。

然而，温水煮青蛙的故事告诉我们，单看某个负面结果在某

---

❶ O. 贝蒂斯（O. Bettis），2014。

一刻发生的概率是不够的。我们还需要看一看这个可能性随时间上升的情况。

没有哪个单一的全球升温阈值可以算作"危险的"气候变化的标志，但我们可以找出一些社会可能希望避免的升温水平。世界各国已经签署国际协议，同意要努力将全球变暖的幅度控制在2摄氏度以下。升温4摄氏度经常被视作极其危险的信号。上文列举的热应激风险和农作物生产面临的风险可以为证。至于升温7摄氏度，我们可以认为到了那时，热应激会威胁我们在世界上一些（也有可能是很多）地区的生存能力。

贾森·洛和丹·伯尼研究了在不同的全球排放量情境中，全球升温幅度超过这些阈值的可能性。他们发现，在中等排放量情境中，升温超过4摄氏度的概率会从2100年的5%~20%上升到2150年的20%~50%。到了那个时候，这经常被描述为灾难的结果就不再是看似遥远的潜在可能了。它会变成我们或多或少都相信即将发生的事。最让人惊讶的是，他们发现，在高排放情境中，2100年升温超过7摄氏度的概率尚且仅有几个百分点，但是在下一个世纪，这个概率看起来就超过了50%。

这些研究并未拓展科学的前沿，但可以帮助我们更加清楚地认识我们希望避免的大幅度气候变化成为现实的可能性。

或许有人会反驳，高排放情境是不太可能发生的：人类肯定不会有那么愚蠢吧？对此，我只能说：看看地下还有多少化石燃料，再去数一数从现在到2100年有多少次美国总统选举。你有那么相信我们的运气吗？

或许还有人会侥幸地想，这些大幅度升温的结果只是未经验证的模型的预测。但是地质历史已经告诉了我们地球的气候条件可能发生何等幅度的变化：在大约五千万年以前的始新世早期，全球气温比我们工业化前的参考标准高了 9~14 摄氏度。当时大气中二氧化碳的浓度大约是 1/1000，仅略高于上文采用的高排放情境中 2100 年的水平。❶

最后，经常有人对我说，考虑 2100 年以后的事情是没有意义的。"那是太过遥远的未来，不值得担心！"我个人认为这种想法是不对的。我希望我的女儿能像我的祖父母一样长寿，而如果她的确有那么长寿，她就会亲眼见到 22 世纪。如果她有孩子，那她的孩子也会见到。

海洋淹没城市

除了全球变暖以外，海平面上升大概是气候变化最确定的结果。陆地上的冰雪——南极洲与格陵兰岛的大冰盖和规模较小的冰川——会越来越多地融化，然后注入海洋。与此同时，热膨胀会导致海洋的体积变大。这一切的结果就是海平面上升。

科学家们不太确定的是海平面上升的幅度和速度。他们提交给决策者的报告通常会给出一个"可能范围"。在我们的项目进行期间，最新的 IPCC 报告预测到 21 世纪末，与工业化前水平相比，海平面很有可能上升 40 厘米到 1 米。但这只是预测，而不是风险评估。

就和气温上升一样，关注可能范围以外的地方可以看到更大的风险。2014 年在专家间开展的一项调查显示，大多数专家认为到 2100 年，海平面会上升 1~2 米，但是少数人认为 3~5 米也

---

❶ 这并不意味着我们在 2100 年就会达到这种水平的气温。不过 IPCC 采用的一小部分气候模型预测到，2300 年全球平均气温会比工业化前水平高 10 摄氏度。

是有可能的。[1] 专家们的分歧源于他们并不确定冰盖破裂、融化或者滑入海洋的速度。

扩大研究的时间范围可以说明更多问题。IPCC 2013 年的报告中最令人震惊的一张图表被掩藏在报告的第 13 章，和决策者摘要之间相隔了 1000 多页，属于只有好奇心极强的人才会踏足的区域。[2] 这张图表描述的是长期全球变暖导致的预计海平面上升幅度。这里的"预计"指的是会发生，但是还需要过一段时间。上文也已经提到，大气中温室气体浓度升高以后，全球气温需要过一段时间才会随之升高。而气温升高对全球海平面高度的影响则需要更长的时间才会见效（先想象一下一杯水里的一块冰要过多久才会融化，然后再想象 3000 米厚、绵延 1000 千米的冰盖融化的速度）。就海平面上升而言，我们的行为造成的后果真的是要很久以后才会完全显现出来。

令人意外的是，这张图表显示，如果我们把全球变暖的幅度稳定地控制在比工业化前水平高 2 摄氏度的程度——这是世界各国政府同意要实现的可能刚好比较安全的水平——那么长远看来，海平面预计可能会升高 12 米左右。这是 21 世纪海平面上升的"可能范围"的上限的 12 倍！

即使这个数字也只是可能的海平面上升幅度的冰山一角。单单格陵兰冰盖的水就足以使全球海平面上升 7 米，南极西部冰盖足以再加 6 米，而南极东部冰盖更是个怪物，足以令全球海平面再上升 50 米。地球曾经是个没有冰雪、海平面比现在高 50 多米

---

[1] B. P. 霍顿（B. P. Horton）、S. 拉姆斯托夫（S. Rahmstorf）、S. E. 恩格尔哈特（S. E. Engelhardt）与 A. C. 肯普（A. C. Kemp），2014。

[2] J. A. 彻奇（J. A. Church）、P. U. 克拉克（P. U. Clark）、A. 卡泽纳夫（A. Cazenave）等人，2013。

的世界。未来，这种情境未必不可能重现。

我们最难确定的是这一切究竟会在多久以后发生。古气候数据显示，格陵兰冰盖大概无法在大气碳浓度高于百万分之四百（低于目前已经达到的 418ppm）的情况下持续存在，并且几乎一定会在 550ppm 的情况下消失——这属于上文提及的低排放情境。南极西部冰盖的情况大概是相同的。南极东部冰盖应该也会有一部分融化。由此可见，长远看来，我们或许已经注定要面对 10~15 米的海平面上升。至于这个过程是要持续几百年还是几千年，我们真的不知道。

2021 年，IPCC 第六次评估报告在风险评估方面有一项重大的进步。那就是把全球海平面上升的一种可能发生的最糟糕的情况写进了决策者摘要。报告显示，在高排放情境中，我们不能排除到 2150 年海平面上升 5 米的可能，也不得不考虑 2300 年海平面会上升超过 15 米。

对我们的沿海城市而言，这显然是不太好的消息。在我们的人类文明出现、发展的几千年间，海平面一直保持着异乎寻常的稳定。2005 年，全球共有 136 座沿海城市的人口超过一百万。这些城市都不同程度地面临海洋引起的洪灾威胁。而且，就在海平面上升的同时，一部分城市还由于海岸塌陷（通常是排水或抽取地下水所致）而逐渐下沉。许多沿海城市正在持续发展，使得更多的人口与财产面临威胁。我们应该如何看待这些风险呢？

气候变化对沿海城市的影响的研究往往试图估算洪灾变得更加频繁、严重会造成怎样的经济损失。我们的风险评估则想要知道不同的东西。海平面上升是否存在会导致我们必须弃守城市的阈值？

英国环境局气候变化高级顾问蒂姆·里德（Tim Reeder）便思考了这样一个问题。蒂姆曾经是泰晤士河口防洪规划的科学顾问，帮助伦敦抵御了海平面上升的威胁。他是主持制订了泰晤士河口2100 计划的科学家。这个计划享誉全球，被视作在不确定的情境中规划应对气候变化的最佳实践案例之一。该计划列举了一系列选项：改进目前的泰晤士河水闸、加强上游或下游河水两岸的防洪设施、修建蓄洪设施、新建更大的水闸取代目前的水闸或者在河口更加外侧的位置新建水闸。这个计划可以兼顾多个选项，在保护城市的同时给某些决策留下空间，等待将来形势变得更加明朗。❶

为了完成这项工作，蒂姆思考过这个显而易见的问题：上限在哪里？海平面上升到什么高度以后保护伦敦才会变成不可能的任务？蒂姆对此加以研究，估算数据，最后得出结论，这个极限就是全球海平面上升大约 5 米。❷ 如果超出这个极限，那仅剩的办法就是造一堵墙把伦敦围起来，再用水泵让泰晤士河从上面流过去。真到了这个地步，与其这样大费周章，恐怕不如直接迁都。

我们试图查找像蒂姆这样评估其他沿海大城市的应对极限的研究，但一无所获。蒂姆问了他在防洪规划界的朋友。我们则问了专精此领域的气候科学家。我们发现荷兰与纽约市都有类似于蒂姆为泰晤士河口设计的应对计划，但是除了伦敦以外，没有人认真地研究过其他大城市的应对极限。

这是因为我们不太可能遇上这种极限吗？我们的专家团队认为不对。❸ 至少有三种极限是很有可能存在的。社会政治极限

---

❶ 环境局，2012。

❷ T. 里德（Reeder）、J. 威克斯（Wicks）、L. 洛弗尔（Lovell）与 T. 塔兰特（Tarrant），2009。

❸ 我们的专家团队包括海岸工程学教授、IPCC 报告中该学科内容的主要贡献者罗伯特·尼科尔斯（Robert Nicholls）、英国环境局气候变化高级顾问蒂姆·里德，以及两位科学家萨莉·布朗（Sally Brown）与伊万·黑格（Ivan Haigh）。

是指治理不善、应对城市洪灾不力导致公民、企业与投资者对城市的未来失去信心，选择离弃。经济或财政极限是指保护城市的成本已经大于搬迁的成本。而物理或工程极限则是指最极端的情况，即防洪已经彻底不可能。

由于除了蒂姆·里德对伦敦的研究以外，我们找不到学界对这些阈值的估算，我们只好用一种比较简单的方法来评估三座沿海大城市面临的风险。我们以百年一遇的洪灾为出发点，研究这种洪灾发生的概率可能提高多少。我们发现，全球海平面每上升1米，这种洪灾发生的概率就会在上海提高大约40倍，在纽约提高大约200倍，在加尔各答提高大约1000倍。这个对比没有考虑我们会采取多少应对措施，没有考虑应对的成本，也没有考虑未来的洪灾会造成多少损失。但是我们可以由此看出我们面对的风险究竟有多大。

我原本想知道海平面上升幅度达到我们唯一有估算数值的应对极限的概率——伦敦在全球海平面上升5米的阈值。我问了一位科学家是否有可能评估这种幅度的海平面上升的发生概率，就算不能和时间建立关系（因为在这个问题上，时间是非常难确定的），那至少也可以考虑这个概率和全球气温上升的关系。他说可以，很简单。用前文提到的IPCC的预计长期海平面上升幅度的图表所用的数据就可以。由于这时候我的预算已经不够委托新的科学研究了，我只能侥幸地问他有没有兴趣为我们做这项研究。"没有，"他说，"这项工作太过琐碎，而且根本没有科研的乐趣。"更何况他参加了一个资金充足的大型研究项目，没有多少时间。这种时候我就发现自己遇上了新颖性和实用性的矛盾，然而我身边没有简·卢布琴科可以帮我解决这个矛盾。

根据目前掌握的知识，我们可以说，即使我们把气温上升的幅度控制在一般认为"安全"的水平，预计长期的海平面上升幅度也会达到伦敦能承受的上限的两倍。大约两千年前，罗马人的城市伦蒂尼恩在泰晤士河畔建立起来，繁荣发展。而现在，我们知道了，在最糟糕的情况下，海平面上升的幅度可能会在150年内超过伦敦能承受的5米极限。即便是在最理想的情况下，我们迄今为止的行为也已经导致伦敦将来恐怕很难像过去那样长久屹立在泰晤士河畔。

了解我们希望避免的情况

气候变化的影响错综复杂，其中有许多对人类而言至关重要的阈值。有些属于生物物理学，比如人体对热应激的耐受极限，或者农作物对高温的耐受极限。有些属于社会经济学，比如满足人类基本需求所需的最低限度的水资源、在危险的热应激水平下为了维持自给自足的农业生活方式而必须在阳光下劳动的时长，或者使得搬走沿海城市的成本低于继续在原处抵御洪灾的海平面上升高度。还有一些属于政治范畴，比如国际公认将全球变暖控制在2摄氏度以下的目标。除此之外还可能有物理学范畴的阈值，比如淹没岛屿的海平面高度，或者生物化学领域，比如致使水生有壳动物无法形成贝壳的海洋酸度，甚至还可能有根据经验确定的阈值，比如某种我们已经十分了解其危害的过往事件的影响。

一旦超过某个阈值，后果往往就会突然变得十分严重。减产会变成大歉收。原本只是难以忍受的酷暑会开始要人性命。成本越来越高的防洪会骤然失去意义，因为整座城市都要被放弃了。

这些阈值当中，有些比较客观，还有一些比较稳定。但它们都是根据我们希望避免的情况而定的，它们与我们的利益密切相关。也正因如此，它们才可以帮助我们了解风险。

前文讨论的例子可以说明，在高排放情境中，我们最想避免的某些情况或许是很有可能发生的。认识到这一点有助于社会更好地回答应对气候变化最重要的问题：要以怎样的力度减少碳排放量。

我并不是在说所有研究都应该以这种方式进行。拓展知识需要许多不同类型的研究。呈现信息也有许多种有用的方式。我强调的是，我们需要根据数量重视风险的研究，做好风险评估，否则，我们就很难指望我们的领导人会正确地对待威胁。

世界经济脱碳不会像青蛙从锅里跳出来那样容易。也正因如此，我们才需要抓住一切机会向相关负责人宣传风险。这锅里的水温度已经在升高了。

为什么会如此困难？

2019 年，一位读过我们的风险评估报告的气候科学家写了一篇论文，题为《气候科学亟须更加严肃地对待风险评估》。[1]罗恩·萨顿教授（Rowan Sutton）是英国国家大气科学中心的气候科学主任，也是 IPCC 的主要作者。他在论文中说明，气候科学"迫切需要"更加严肃地对待风险评估的需要。他提到了我们的报告，发出质疑："为什么 IPCC 没有早早做出一份像样的风险评估？"

萨顿的分析有助于解释为什么科学界依然没有告诉温水里的青蛙他需要知道什么。他指出，风险评估是横跨多门学科的：需

---

[1] R. 萨顿（Sutton），2019。

要运用多个不同领域的知识，正如我们的热应激研究同时需要人体健康与气候科学的专业知识。专精各自领域的学者一直觉得这是一大难题。他也提到既得利益集团的恫吓导致科学家害怕被扣上危言耸听的帽子，所以可能会避免提及最糟糕的理论可能。他表示，因为气候科学的历史渊源在气象学，而气象学的主要目的是预测，所以学界普遍认为自己的首要任务就是提供预测。最后，他说气候科学的评估是"自下而上"形成的：评估的出发点是科学家的认识而非决策者的需要。

从我个人的经验来看，最后一个理由或许是最大的障碍。除了编写涉及众多领域的评估报告以外，从事具体的研究也同样需要从社会利益出发的思考方式。前文提及的每个案例都必须——在开始科研之前——首先提出一个主观的问题："我们希望避免什么？"许多科学家或许会觉得这样思考不太自然，因为自启蒙运动以来，主流的科学哲学一直是客观的：为了研究自然界，我们认为我们自己与之无关；我们只是站在旁边，冷静、中立地观察。

从这个问题出发也会遇到实际的困难。有时，科学家很难判断社会关注的究竟是什么。他们该去问谁呢？我亲身体会过这种困难。有一次，我参加了一场会议，商讨一项持续多年、耗资数百万英镑的研究项目的研究优先级顺序。我应邀加入一群决策者当中，和他们一起评价科学家感兴趣的众多研究领域中哪些是与政策相关，具有参考意义的。最后，每一位决策者都发表了不同的看法。我很怀疑这样众说纷纭的意见到底有多少指导意义，但是既然我们没有共同赞成的异议，那么科学家们的提议就算是都得到了支持。他们就开心地继续研究了。

合作生产

我也见过比较成功的案例。我印象比较深的一回是我坐在一间俯瞰泰晤士河水闸、吹着穿堂风的办公室里。我身边有伦敦防洪规划负责人之一的蒂姆·里德，IPCC 报告中海平面上升章节的主要作者、被誉为该领域顶尖专家的约翰·彻奇教授（John Church），以及在气象局哈德莱中心（Met Office Hadley Centre）领导"知识整合团队"的友好的气候科学家贾森·洛。不知道怎么回事，贾森让我也收到了邀请。

蒂姆有明确的关注点。他想知道海平面上升的幅度、速度和概率。他想了解的不是最有可能发生的情况，而是最糟糕的情况。毕竟，泰晤士河水闸的设计是要为伦敦抵御千年一遇的风暴潮的。既然 20 世纪 70 年代修建水闸时考虑的是这种规模的灾害，那么要为 21 世纪 70 年代做准备自然也该有类似的目标。蒂姆得到的答案有些复杂。各位专家意见不一。某些不确定因素难以量化。但是经过一两个小时的深入对话，蒂姆明白了约翰知道什么，不知道什么，他本人又有怎样的看法。在此基础之上，他还得到了贾森的帮助，由此定义了他称作全球海平面上升幅度"比超级高更高"（high plus plus）的情境。这就是他所设想的泰晤士河口有可能经历的最糟糕的情况。然后，他便可以把这个情境当作依据，设计规划。

要充分了解气候变化对人类社会的风险，我们就需要更加频繁地开展这样的对话。研究科研过程的科学家已经为这种过程定好了名称"合作生产"。本书上一章提到的克里斯·拉普利与克里斯·德迈耶组织的气候变化风险评估研讨会的主要结论之一就是我们需要改进、加强合作生产的过程。为此，我们不能只是偶

尔召开临时的研讨会，而必须反复不断地开展决策者、研究者以及研究赞助者之间的对话。❶

由于这种合作生产说起来容易做起来难，我们建议设立专门的"知识经纪人"的角色，方便科学家和决策者之间的沟通，促成有价值的对话。这种角色在其他领域早已存在。例如，情报分析师会将一手信息转化为对决策有参考意义的风险评估。在公共卫生领域，协调者可以促进患者群体、医务人员和卫生服务管理者之间的对话。尽管我们不能忽视上文提到的贾森·洛这样的例外，但是我们咨询的各位专家认为，气候科学界基本没有风险分析师和"知识经纪人"这种角色。

为了给各位以希望，我会用另一个合作生产的成功案例来结束这一章。当我向他人介绍用风险评估的方法来对待气候科学的时候，有些人会问我："很好，但是这有用吗？"他们的意思是："这样能调动大家行动起来吗？"我希望本章能够把这个道理讲清楚。要通过信息来促使我们行动，那这个信息就一定要涉及我们希望达成的目标或是我们希望避免的情况。如果我们首先确定了我们最希望实现或避免的情况，那我们就更有可能产生有意义的信息。在我看来，这个理由就已经足够了。不过，真实经历的证明依然会让人欣喜。有一个例子是我很乐意分享的。

风险评估项目完成的几个月后，我和来自美国的资深气候科学家唐纳德·维布尔斯教授（Donald Wuebbles）在一起喝啤酒。他当时是白宫科技政策办公室副主任。我给他讲了温水煮青蛙的故事，解释了为什么我认为我们需要有更多的风险评估来研究超过"最糟糕的情况"的阈值的概率随时间变化的情况。他若有所

---

❶ K. 德迈耶（De Meyer）等人，2018。

思地抿了一口真麦酒，然后眼里放光地靠了过来。"你知道吗？"他说，"这让我想起了我们团队给美国的一座大城市政府做过的一项研究。我们当时研究的是气候变化会如何导致降雨量变得更加极端，但是我们不知道怎样的降雨量才会给城市造成麻烦。所以我们问了他们。市政府的人告诉我们：'真正会让我们头疼的是四十八小时内降雨超过 x 英寸。等到那时，我们的排水系统就承受不住了。粪便会漂到街上。'我们把这个阈值当作我们研究的依据，然后给市政府做了一张图表，展示了粪便漂到街上的概率随着时间上升的情况。我们给这座城市的政府提供了很多年的科学建议，但是只有这一次，他们真的根据我们的建议采取了行动。"

后来，我从我的神经科学家朋友克里斯·德迈耶那里得知，大脑有一条特定的回路被他们业界俗称"噢，坏了"回路。我想，这就是那条回路被激活的例子吧。

追悔莫及的失控临界点

　　和大多数决心将职业生涯用于参与应对气候变化的人一样，我投身于此不是因为我看到了报告说这里或那里的气温或降雨会有多少百分比的变化。我投身于此是因为我担心出大事：可能会糟糕透顶的那种事。

　　本章探讨的就是这种大事。本章标题来自美国航空航天局（NASA）的气候建模师加文·施密特（Gavin Schmidt）的一篇博客。他当时在拿媒体对气候科学的报道开玩笑，因为媒体有时候会混淆概念，夸大其词。❶ 不过，其中描述的概念是非常严肃的。其实，科学界反倒低估了它们的重要性。

　　施密特描述了三种各不相同但是互有关联的现象：反馈、临界点与不可逆性。这些现象不同于我们前一章探讨的气候风险。这些现象本身不是风险，因为它们并不直接影响我们关心的事。它们是地球系统的某些部分可能的表现方式。它们可以放大气候变化的影响，进而间接影响许多我们关心的事。因此，它们显然是我们需要了解的。那么，我们有多了解它们呢？在回答这个问

---

❶　加文·施密特（Schmidt），2006。

题之前，我们先来厘清这些概念。

反馈

反馈是因果的循环，分为两类：增强反馈的效果是强化或促进变化，而平衡反馈则恰恰相反。当你把话筒放得离扬声器太近，几不可闻的声音就会变得震耳欲聋，这就叫增强反馈。你的恒温器将你的房子维持在稳定的温度，冷了就升温，热了就降温，这就叫平衡反馈。在生态、气候还有地球这样复杂的系统中，反馈之间的相互作用便决定了事物是会发生变化（如果会变化，那还会决定变化的速度）还是维持现状。

施密特列举了气候系统中两个增强反馈的例子。当气温升高，蒸发至大气中的水就会增多。水蒸气会充当温室气体，吸收热量，导致进一步升温。气温升高导致海上的浮冰融化以后，失去了浮冰的海水反射的阳光减少，而吸收的阳光增多，导致进一步升温。我们可以本能地看出二者都是很危险的，因为它们都会自然地愈演愈烈。通俗地说，这就是"恶性循环"。

我们可以认为海冰的这种反馈会导致"失控的"变化，因为它会致使海冰以越来越快的速度消失。这个过程看起来会一直持续到所有海冰都消失。

气候包含许多种反馈，既有增强反馈，也有平衡反馈。几千万年以来，主导气候活动的都是平衡反馈。从这种宏观的视角来看，在我们开始大规模燃烧化石燃料之前，地球已经维持了5000万年的降温趋势，仅在5000万年以前稍微变热了一点。正如施密特所说，平衡反馈的主导使得"大约45亿年以来，地球的气候既没有沸腾，也没有冻僵"。如果把目光瞄准比较短的时间段，比如几万年或者更短，增强反馈看起来会主导气候活动。所以地球自转轴略微倾斜就会导致全球平均气温发生上下 5 摄氏度的变化，使得地球进入或走出冰河时期。考虑到人类文明的时间尺度，我们有理由担心这些反馈。

临界点

临界点是指一旦超过就会导致系统显著改变其活动方式的阈值。我们小时候就了解过这种危险："蛋头先生墙上坐，蛋头先生跌下墙……"一旦你身体倾斜的角度超过了临界点，你就会从墙上摔下来，不能再舒舒服服地坐着了。就算不是气候科学家，你也能猜到，气候系统的临界点很可能意味着可怕的噩耗。

施密特说临界点最常见的例子是生态系统。生态系统的正常运转建立在复杂的相互依存的关系之上。这当中可能有许多难以察觉的阈值。他举的例子是冬季气温升高到刚好够一种昆虫在新的生态系统中立足，就像阿拉斯加的松树皮甲虫。一旦超过这个阈值，迈过这道门槛，哪怕只是超出一小步，也会产生巨大的影响。从 2016 年到 2018 年，据估算，阿拉斯加的松树皮甲虫侵害了超过 90 万英亩❶的森林。

有些科学家相信亚马孙雨林或许也有一个临界点：为了生成足够多的水蒸气来给其自身供水而必须维持的最低限度的面积。如果亚马孙雨林的面积低于这个阈值，当地的降雨就会减少，使其缺乏所需的水分，导致其进一步收缩——或许会持续收缩到彻底消失。据估算，这个阈值是，与其原始面积相比，减少

---

❶ 英制单位，一英亩 ≈ 4046.86 平方米。——编者注

20%~25%，而迄今为止，亚马孙雨林的面积已经减少 17%，和
这个阈值已然相去不远。❶

这样的阈值非常有助于我们了解风险，因为它们会引发出人
意料的更加迅速、巨大的变化。

不可逆性

不可逆性指的是，一旦发生变化，那就不可能将某种事物恢
复到从前的状态。"所有国王的马儿和士兵，都没办法把他拼回
去。"❷ 如果我们不想要变化，那么不可逆性就同样是噩耗。

施密特指出，虽然我们能清楚地知道生物的某些变化是不可
逆的，比如物种灭绝，但是对自然界的变化，我们的认识就有所
不足了。在此，不可逆性的定义取决于我们关注的时间尺度。他
举的例子是格陵兰与南极西部冰盖。这两大冰盖目前的庞大体积
是维持其现状的重要因素：它们足够大，足够高，足够冷，所以
才能继续成为冰盖。在融化的同时，它们的表面会与海拔更低、
更加温暖的空气接触，从而进一步融化。在目前的气候下，它们
的体积很难增大。以地质学的时间尺度来看，这些冰盖会消而复
长，循环往复。但是以人类的时间尺度来看，一旦它们消失，我
们基本就可以认为它们是永远地消失了。对我们可能想要维持现
状的事物而言，不可逆性是非常需要考虑的。

---

❶ T. 洛夫乔伊（Lovejoy）与 C. 诺布雷（Nobre），2018。
❷ 童谣歌词，前一句为"蛋头先生墙上坐，蛋头先生跌下墙"，比喻"覆水难
　 收"。——译者注

地球系统的剧变

这三种现象一并发生会造成什么结果？反馈未必超过临界点。临界点也未必导致不可逆的变化。但是三者的确有可能以这种方式互相作用，就像格陵兰冰盖的例子。冰盖融化、高度降低构成了一种增强反馈。冰盖高度的某个阈值构成了临界点。超过这个阈值，冰盖就只会进一步缩小了。而冰盖最终的消失以人类的时间尺度来看是不可逆的。这个消息对伦敦和其他沿海城市来说不容乐观。

地球系统的反馈与临界点的存在意味着气候变化的影响未必是稳定、渐进的，大规模突变也是有可能的。我们有多了解这些可能性呢？不妨将其分为地球系统的三大部分：巨型冰块、大量潜藏的碳以及大型气流和水流。

我们已经探讨过那些最多足有 3 千米高的巨型冰块。它们坐落在格陵兰岛和南极洲。其中包含的水足以令全球海平面上升超过 50 米。有几种增强反馈可能会加速其融化。也有一些因素可以限制冰块入海的速度，比如摩擦力会限制冰川的流速。我们难以确定这些因素的相互作用会导致变化以怎样的速度发生。但是我们可以用卫星测量冰盖质量损失的速度。2021 年，IPCC 报告称 2010 年至 2019 年质量损失的速度比 1992 年至 1999 年快了大约 4 倍。❶科学家依然不确定这种幅度的加速有几分属于某些长达几十年的波动，又有几分属于长期趋势。研究显示，格陵兰与南极西部冰盖的不可逆损失的临界点可能分别在 1~3 摄氏度与

---

❶ IPCC，2021。

1~6 摄氏度。[1]

大量潜藏的碳存在于土壤、植被、森林、永冻层以及海底的冰冻甲烷之中。气温升高会导致这些潜藏的碳更有可能进入大气层，增强温室效应，导致进一步升温。这是全球层面的恶性循环。这些潜藏的碳数量极其庞大。永冻层——冻土，西伯利亚数量较多——包含的碳是目前大气层中已有的碳的 2 倍。[2] 甲烷水合物——海底沉积物底下的冰状冻结甲烷——包含的碳据说超过目前大气碳的 10 倍[3]。

当我认识到这些巨额的碳储量与反馈之后，我心里冒出来的疑问当然是它们可能对全球变暖造成多大的影响。我想这是任何人都会有的疑问。我询问的专家里面就有全球顶级的气候科学中心英国气象局哈德莱中心的贾森·洛。贾森肯定了我从 IPCC 报告中获得的认识：绝大多数气候模型并没有涵盖所有反馈，因为它们的影响太难预测。所以当我们开始与中国、印度还有美国合作开展风险评估项目的时候，我请了贾森来帮助我们探索这方面问题。

贾森与丹·伯尼为我们的项目做了一项小研究。他们初步估算了永冻层反馈对于全球气温超过我们认为重要的阈值的概率的影响。他们发现，虽然他们非常不确定，但是这个影响可能是相当巨大的。假如最极端的估算值是正确的，那么即使全世界符合了我们都认为比较理想的低排放情境，21 世纪气温上升幅度低

[1]　N. 文德林（Wunderling）、J. 东格斯（Donges）、J. 库尔茨（Kurths）与 R. 温克尔曼（Winkelmann），2021。

[2]　国家冰雪数据中心（National Snow and Ice Data Center），甲烷和冻土。

[3]　G. 迪肯斯（Dickens）与 C. 福斯瓦尔（Forswall）。

于2摄氏度的概率也有可能会减少一半。❶此时此刻，我的那些政府同僚依旧在努力促成气候变化国际协议，想要把升温幅度限制在2摄氏度以下。可是他们全然不知，他们掌握的模型并没有考虑这些反馈。我们也都不知道这些反馈可能对我们的目标构成如此巨大的威胁。

贾森在北京的会议上发表这些研究结果的时候，我正好坐在一家财力雄厚的美国国家实验室的主任旁边。他转过头来对我说："我们需要的就是这个！你们花了多少钱？"我告诉他，我们只花了一点小钱，借用了另一个研究项目的一点时间，除此之外全靠贾森无私为公的宝贵精神。他不可思议地看着我。他说，在他负责过的那些项目里，没有人会为了这么一点钱干活。在我看来，这是验证了一条普遍的真理：识别风险未必是一个艰难或昂贵的科研项目，但是你必须提出正确的问题，并且找到愿意以这些问题为研究出发点的科学家。

据我所知，目前还没有人对甲烷水合物做过类似的评估。专家们莫衷一是。剑桥教授彼得·沃德姆斯（Peter Wadhams）曾经乘坐俄罗斯潜艇去北极的海冰之下察看实情。他相信甲烷水合物中的碳是很有可能被大量释放出来的，甚至这个过程或许马上就要开始了。他的观点看起来不太合乎实际。大多数专家认为这项风险远远没有到成为现实的地步。我们可能还需要做非常多的研究才能知道谁才是正确的。

我们必须担心的大型气流和水流包括大气环流和洋流。前者影响重要的季节性天气状况，比如季风。后者则是在全球各地以及浅水区和深水区之间运送不同温度和盐度的水。这些气流和水

---

❶ J. 洛（Lowe）与 D. 伯尼（Bernie），2018。

流的重要性或许不是很明显，尤其是对我们这些生活在城市里的人而言。但是正如布瑞恩·霍西金斯在我们的风险评估报告中所写，"印度的夏季风让人惊奇的是，不同的年份之间发生一个小的变化都会产生巨大的影响：降雨增加 10% 就会有洪水，降雨减少 10% 就会给农民带来巨大的问题"。我们的生态和经济对这种大型气流、水流的变化是十分敏感的。印度的夏季风只是其中的一个例子而已。

"厄尔尼诺"事件每隔几年便会发生，令太平洋东部热带地区的水温比长期平均值升高半摄氏度。这一事件通常会在全世界的许多地区引发极端天气事件。气候变化可能会导致洋流发生更加巨大的变化。我们迄今仍然很不了解这种变化可能会有的幅度或者发生的概率。有一种可能性是大西洋洋流的循环系统会减弱甚至崩溃。而正是这套洋流系统目前在把接近表面的温暖、含盐较多的海水送往北方，同时把深处比较寒冷、含盐较少的海水送往南方。洋流的剧变势必会影响北半球许多地区的气温和降雨，并且引发极端天气事件。

连锁反应

更加糟糕的是，冰、碳、气流和水流的这些变化都可以相互影响。其中的一种变化会导致另一种变化发生的概率上升，然后又引发另一种，以至于造成波及整个气候和地球系统的连锁变化。

例如，来自永冻层的碳会加速气温上升，从而提高冰盖融化的速度。格陵兰冰盖融化的速度上升不仅会导致海平面上升，还会减缓大西洋环流。洋流与海面温度的变化又会引起大气环流的变化，进而损害亚马孙雨林的生态，削弱其吸收大气碳的能力。

如此重要的碳汇受损会导致大气中温室气体的浓度上升，进而加剧全球变暖。❶

如上文所述的地球系统的临界点的到来可能会增加生态系统超过临界点的可能性，比如导致森林消亡或者物种灭绝。❷ 不同的生态系统之间又是通过水和养分的流动以及昆虫和动物的迁徙而互相关联的，所以一处生态系统超过临界点可能还会在另一个生态系统中引发一连串的连锁反应。在过去的一百年间，人类对环境造成的种种压力想来已经引发了类似的连锁反应，所以我们才会看到许多物种加速灭绝，以至于我们普遍称之为地球的第六次大灭绝。气候变化则有可能进一步加剧事态。

换言之，这个世界随时有可能出大事。

追悔莫及的临界点

思考气候变化的风险可能会对人的精神造成不小的压力。你也许会感觉，到目前为止，相关的消息你已经听得够多了。有越来越多的报道称气候变化科学家与活动人士需要心理辅导，因为他们在持续不断地面对严峻的事态，试图为他人预警，同时还目睹了我们全体人类应对得非常不充分。❸ 参与这个项目的时候，我的确感觉我的精神是相当低落的。我能坚持下来是因为我坚信，我们必须建立全面的认识才有可能避免最坏的情况发生。我们必须抬头看大坝。所以，如果你还能坚持，那就请你再听我多说一会儿。

---

❶ E. 克里格勒（Kriegler）、J. W. 霍尔（Hall）、H. 赫尔德（Held）、R. 道森（Dawson）与 H. J. 申尔胡伯（Schellnhuber），2009。

❷ T. 伦顿（Lenton），2020。

❸ Eos，气候变化对科学界人士造成的精神压力。

在了解到上文介绍的一切以后，一个显而易见的问题就是，地球系统是否有一个让我们追悔莫及的临界点——一旦超过这个节点，气候变化就有了足以自我维持的动力，彻底超出人类的控制。气候政策界很少讨论这个问题。我的感受是，大家不好意思提出这个问题，因为他们担心别人说自己是在危言耸听，或者被当作是轻信了夸大其词的媒体报道。但其实，这是个严肃的问题。

如果你去提问，大多数气候科学家都会马上回答，他们不认为存在"失控的气候变化"或者存在对地球系统整体而言的某个阈值。但是如果你问他们能否确信这种阈值是不存在的，他们的回答通常会显得犹豫得多。他们往往会说，"不，不能排除这种可能性"。

加文·施密特那篇讲"追悔莫及的失控临界点"的博客的结论是：

关于"危险的气候干预"的讨论经常有不言之意，认为有"一个"会令事态一发不可收拾，变得"危险"的节点……然而，看起来更加贴切的观点是认为系统中存在多个临界点和阈值，其重要性和规模各不相同，从最小的生态系统级一直到行星级。随着系统被迫形成新的结构，越来越多的此类节点变得较有可能被超过，但是其中的某些节点具有更加重大的全球性意义。

我相信这段文字反映了主流的科学观点。我不怀疑这是根据大量信息而形成的看法。我也认为这种观点有助于我认识气候变化的这方面问题。但是，他并没有真正回答这个问题。越来越地超过这些临界点和阈值是否最终会导致全球层面的变化具备足以自我维持的动力？我们的疑惑尚未解决。

2018年，科学家发表了一篇论文，正面回答了这个问题，即《人类世地球系统演变轨迹》（*Trajectories of the Earth System in the Anthropocene*）。这篇论文的作者包括了许多研究地球系统反馈、临界点和阈值的顶尖专家。❶ 秉持科学界一贯的严谨态度，他们将"追悔莫及的临界点"问题分解为三个部分。第一，是否存在一个行星级别的阈值，一旦超过，我们便无法将全球变暖的幅度维持在中等水平？第二，如果存在这样一个阈值，那它可能在哪里？第三，如果超过了这样一个阈值，人类社会的处境会受到怎样的影响？

这些科学家没有得出让人放心的结论。他们写道，地球或许正在接近这样的行星级阈值，一旦超过这个阈值，我们就无法摆脱全球大幅变暖的演变路径了。强大的反馈会使得我们无法逆转、控制或者显著减缓这个过程。他们不确定这个阈值可能在哪里，但是他们猜测或许就是比工业化前的基准线高 2 摄氏度左右，所以也许再过几十年，我们就要超过这个阈值了（我们现在已经超过了 1 摄氏度）。他们认为超过这个阈值会有"大规模，有时出乎意料，并且毫无疑问是破坏性的"影响。这条演变路径最终会令地球的气候变得"很可能无法控制，并且对许多人而言十分危险，尤其是，如果我们仅在一两百年以后就进入这种气候，而且这种气候会严重威胁健康、经济、政治稳定性（特别是对气候最脆弱的国家来说），乃至最终危及地球对人类而言的宜居性"。

我引用这篇论文不是为了强调这些作者的观点是正确的，我们都应该分享他们的风险评估。这篇论文在气候科学界是有争议的。我也相信并非所有专家都赞同其结论。我的目的是强调这个问题的重要性。如果说世界上最受尊敬的一部分气候科学家都认

❶ W. 斯蒂芬（Steffen）、J. 罗克斯特伦（Rockström）、K. 理查森（Richardson）等人，2018。

为，哪怕我们达成了各国赞同的有关限制全球气温上升的目标，我们也有可能还是会走上一条不归路，令地球变得不太适合人类居住，那么我们显然应该认真对待这个问题。这难道不是最值得决策者参考的问题吗？

我认为这个问题没有得到应有的关注。总体而言，我们在上文探讨过的这些地球系统可能发生的大规模变化在目前看来缺乏研究、报道和重视。

缺乏研究

气候研究是一块广阔的领域，相关论文数量繁多，所以很难断言哪些方面的研究得到了过多的关注，又有哪些方面缺乏应有的关注。然而，密切观察学界研究动态的科学家表示，涉及上文提及的那种大规模气候变化的研究是比较少的。

理查德·贝茨教授（Richard Betts）是欧盟的极端气候影响（High-End Climate Impacts and Extremes，HELIX）项目的负责人，所以他大概比大多数人更加适合评价这一领域的研究。他曾经说他惊讶地发现关于临界点的科研文献充斥了很多存在重复引用和互相引用的综述性文章。他说，虽然有许多人在从事有趣的理论工作，但是我们尚未见到有人采用可以提供更加详细信息的气候模型来从事类似水平的研究。❶

上一章引用过的气候科学家罗恩·萨顿说，物理气候学界——最有能力帮助我们进一步了解地球系统的反馈、临界点和不可逆性的各位专家——一直觉得风险评估是"其他人的工作"。

---

❶ R. 贝茨（Betts），2018。

他认为，这种忽视风险评估的态度导致了我们对影响较大的低概率事件缺乏关注。❶ 其他科学家也表示，气候变化研究因为往往关注接下来的几十年，所以比较不关心虽然长期影响较大但进程较慢的各种反馈。❷

一般认为"对政策有参考意义"的概念大概也无助于科学家更多地研究这一领域。人们倾向于认为"对政策有参考意义"的气候科学是可以直接为具体决策提供信息的，比如要种植哪些种类的农作物，要建造多高的海堤。尽管地球系统的各种反馈对于风险评估拥有极大的重要性，但是很少有人认为它们对政策有参考意义，因为它们对我们的决策目标的影响太过间接。这一点恐怕很不利于争取研究经费。

缺乏报道

媒体报道气候变化的时候经常会提临界点、反馈和不可逆性，因为这些的确有助于理解我们面临的风险。我们本能地想要了解这些事，因为我们会猜测它们可能非常重要。但是媒体的报道并不总是清晰或可靠。它们不是政府决策的理想依据。

如果你想知道有哪些关于气候变化的信息正在以可能会得到重视的方式被传达给各国政府，那你最好去看看 IPCC 的报告。具体而言，你应该看看决策者摘要，因为这部分摘要都够长了，很少有决策者还会读其他部分。我经常参考这些报告，因为它们

---

❶ R. 萨顿（Sutton）2019。

❷ E. 沃尔夫（Wolff）、J. 谢波德（Shepherd）、E. 沙克伯勒（Shuckburgh）与 A. 沃森（Watson），2015。

很权威，也很全面，而且是几乎所有政府的参考资料。这些是很大的优点。也正因为 IPCC 的报告非常著名、备受尊重，所以它们也很适合被我们用来对比以及偶尔用来批评。

IPCC 2021 年的报告的决策者摘要在物理气候学部分提到了几种潜在的大规模变化：冰盖崩塌、洋流突变和森林枯竭。然而，这部分的讨论极其有限，因为极少有信息描述这些变化发生的概率。摘要表示这些可能性"是无法排除的"，而且它们发生的概率会随着全球变暖的幅度而上升，但是摘要完全没有告诉我们预计有多大的概率以及在升温多少度的时候发生。这些概率并非没有估算值，❶但是想来因为这些估算的数据不太可靠，所以作者没有将其列入摘要——又是为了可靠性而牺牲了政策参考意义。

至于可能存在的"追悔莫及的临界点"呢？摘要的确强调了气候变化的许多方面是不可逆转的，但并未讨论气候变化是否在我们达成短期气温目标以后也仍能具备足以自我维持的动力，继而导致更加糟糕的状况。摘要甚至都没有提出这个显然对政策最有参考意义的问题。

国家级气候变化风险评估看起来不太可能比 IPCC 更清楚地说明大规模变化的风险。一般说来，国家级风险评估考虑的范围比较狭窄，而且也不认为自己有必要充分研究可能影响全球的变化。英国的气候变化风险评估比较知名，也较为详细，但是对大规模变化也没有给出比 IPCC 的决策者摘要更多的信息。可以说明问题的是，报告推荐的研究优先级顺序列表明显以本地问题为主，比如"高温对公共交通乘客的风险""高河流流量与侵蚀

---

❶ N. 文德林（Wunderling）、J. 东格斯（Donges）、J. 库尔茨（Kurths）与 R. 温克尔曼（Winkelmann），2021。

对桥梁和管道的风险"以及"海平面上升对沿海社区存在的风险"。❶ 尽管有一些课题涉及全球层面的变化，但是没有一个课题涉及地球系统的反馈、临界点或不可逆性。英国是否应该优先研究超过某个阈值，导致气候变化具备自我维持的动力，进而致使地球的气候不可逆转地变得不太适合人类居住的风险？这个问题的答案看起来是否定的。这种研究一定是"其他人的工作"。

缺乏重视

在上文列举的几个例子中，我提到了各位专家也没有十成的把握，而且专家之间的观点存在分歧。在这种情况下，我们风险评估的结果取决于我们认为哪些科学家更有可能是正确的。这个问题应该如何判断呢？

有一种选择是听从多数人的判断。有调查显示，97% 的气候科学家认为气候变化是人类活动的结果。信任如此高比例的大多数人的判断感觉是比较让人放心的。但是如果这类判断没有那么高的比例呢？如果大多数科学家认为海平面上升的高度在 21 世纪不会超过 1 米，但是有一位科学家认为上升 7 米也是有可能的，那我们应该忽略他的观点还是认真对待？❷ 科学不是投票。有时，真理偏偏就掌握在少数人的手中。

---

❶ 气候变化委员会（Committee on Climate Change），2017。

❷ 我上一章援引的一项 2014 年的研究询问了研究全球海平面上升的多位专家认为本世纪海平面最多可能上升多少。我提到大多数人认为上限是 1~2 米，同时少数人认为 3~5 米也是有可能的。然而我没有提到的是，有一位专家认为 7 米同样是有可能的。我省略了这种观点是因为这看起来和其他人的推测相去甚远，而且我不想在读者面前夸大风险。但是这种省略真的没问题吗？这种做法隐含的前提观点是认为所有专家的看法都有相同的概率是正确的。可事实真的如此吗？

另一种办法是像格蕾塔·通贝里（Greta Thunberg）说的那样亲自阅读科学文献。我赞成这种做法，但是作为非专业人士，我知道我可能会根据我偶然读到的文本得出偏颇的结论，并且因为不了解更多的研究结果而无法形成全面的认识。无论如何都需要解决的问题是，既然我的专业能力远远不如各位专家，那么面对专家之间的分歧，我该如何判断呢？

我们可以选择相信权威。如果我们依靠 IPCC 或者皇家学会等机构，那我们就是在让科学家判断彼此的对错，传播最可靠的研究结果，同时将可疑的结果束之高阁。但是这些机构可能会比较谨慎，而且共识未必是正确的。

我们已经在本章见到了上述所有方法的局限性。我相信第四种选择更有前景。那就是观察专家判断随时间改变的情况。我们可以通过这种改变来察觉他们过去的判断的可靠性或者偏见。追踪专家判断随时间改变的情况是一种情报分析的技巧。这也是一个充满不确定性又对社会具有重要影响的领域。

我们可以在 IPCC 对“关切理由”（The Reasons for Concern）的分析中看出一大趋势。这些分析汇总了专家对气候变化风险的判断，分为五类：独特的濒危系统的风险、极端天气事件、影响的分布（指的是某些人面临的风险特别大）、全球综合影响以及大规模异常事件（也叫临界点或临界阈值）。其中每一类风险都以全球气温上升幅度从 0 摄氏度到 5 摄氏度为标准，分为从“无法察觉”到“非常高”的不同等级。这些是粗糙的风险度量，但是因为这同样的做法重复了多次，所以能够反映这些年各位专家的判断发生了怎样的变化。

相比 IPCC 第五次评估报告（2014 年发布），第六次评估报告（2022 年发布）中，所有的五大“关切理由”的风险都有所提高，评估的变化不可谓不大。报告判断，独特的濒危系统会在升温大约 1.5 摄氏度时面临非常高的风险，而不是 2.6 摄氏度。全球综合影响的高风险根据估算会出现在升温大约 2 摄氏度，而不是 3.6 摄氏度。大规模异常事件的高风险也被认为发生在升温 2 摄氏度左右，而不是 2.6 摄氏度。❶

总体看来，这是大幅度修改了风险评估的结果。世界各国为了限制全球变暖的目标，围绕着半度的差异讨论多年，最终通过《巴黎协定》达成了尴尬的妥协，把目标定为将全球变暖控制在"远远低于"2 摄氏度的水平，同时"努力追求"将其限制在 1.5 摄氏度以内。与此同时，科学家却刚刚把"全球综合影响"的"高风险"阈值下调了三分之一。

这不是科学家们第一次修正评估结果，提高风险预期。第五次评估报告（2014）中的"关切理由"已经是第四次报告（2007）的修正结果。而第四次报告又是第三次（2001）的修正结果。大规模异常事件（或者说临界点）的预计高风险阈值已经从 2001 年的 4~5 摄氏度一路跌到了 2019 年的 2 摄氏度左右。研究地球系统临界点的世界顶级专家蒂莫西·伦顿教授（Timothy Lenton）由此做了一张图来说明专家的判断发生了如此显著而持续的变化（图 4-1）。

任何一名理科生都知道，如果错误多样而且频率相等，那么你很有可能只是遇上了随机误差，但是如果你总是犯同样的错，那就很可能是系统的问题。虽然并不是所有气候科学家都参与了编写"关切理由"，也未必所有人都赞同他们的看法，但是这些

---

❶ B. 奥尼尔（O'Neill）、M. 范阿尔斯特（van Aalst）、Z. 扎伊通·易卜拉欣（Zaiton Ibrahim）等人，2022。

追悔莫及的失控临界点

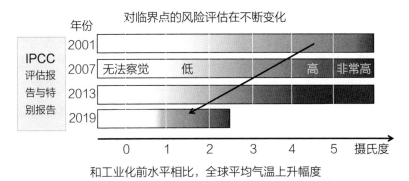

图 4-1 对于超过地球系统临界点的风险的专家判断随时间发生的变化
来源：蒂莫西·伦顿。

年来一次又一次地上调风险预期很难不让人得出结论，这些风险遭到了系统性低估。这背后的原因可能是什么呢？

我曾经参加了 IPCC 的 2018 年报告的发布会。当时有一位听众询问其中的一位主要作者：科学家对气候变化的看法这些年来是否有很大的改变。他回答说，主要的自然科学预测，比如对 21 世纪全球气温上升幅度的预测并没有很大的变化。早期的观点大多得到了后来的研究结果的支持。但是对物理气候和生物系统之间比较复杂的相互作用，科学家的看法已经有了巨大的改变：随着知识的进步，我们修正了评估结果，上调了风险预期。

为什么我们一次又一次地低估了气候风险？我猜测最有可能的原因是地球系统太过复杂。IPCC 也曾报告称，当科学家把人类经济不同领域的风险整合进模型以后，他们发现了此前未曾意识到的新的风险。❶ 如果说要掌握气候变化对人类经济不同领

---

❶ M. 奥本海默（Oppenheimer）、M. 坎波斯（Campos）、R. 沃伦（Warren）等人，2014，第 1053 页。

域的多种影响之间的相互作用都如此困难，那么要充分理解从微生物到全球的多个层次的生物、化学和物理系统之间的所有相互作用想必更是困难得多。我们很可能永远也无法完全理解或准确预测这些相互作用。这些系统大多在过去的一万年间处于比较稳定的状态——人类文明也正是在这异乎寻常的气候稳定期发展起来的。既然气候受到了扰乱，这些系统也无法幸免。既然在增强反馈主导的环境中，我们已知的大多数相互作用都倾向于促进变化，那我们似乎也有理由认为，我们尚未了解的相互作用同样大多倾向于促进变化。

我们能做什么？

我们在本章看到了地球系统的大规模反馈、临界点和不可逆性能够大幅提高气候变化的风险。我们也发现了这些现象还缺乏研究、报告和重视的理由。对此，我们不能听之任之。我们可以粗略设想一下我们应该怎么做才能更好地认识其风险。

第一，全力研究。这些大规模变化对我们面临的风险具有极大的影响。气候变化研究应该以它们为重点。我们要研究的肯定不只是单独的大规模变化。我们需要了解它们之间的相互作用，也需要知道是否存在令气候变化能够自我维持的总体阈值。不应该再有人认为这些问题对决策没有参考意义。在研究未来潜在的变化的同时，我们也应该密切关注当下。复杂系统的活动方式有时可以帮助我们了解临界点可能会在何时到来。❶

第二，尽量详细传播最先进的知识和专家判断。我们需要认

---

❶ T. 伦顿，2011。

识"可能范围"以外的情况，考虑概率较低的可能性和较长的时间尺度。风险评估需要考虑最坏的情况，而不能只看最有可能发生的情况。对气候系统的大规模变化的评估同样可以采用上一章提到的温水煮青蛙原则：首先确定我们希望避免什么，然后研究其可能性随时间变化的情况。

第三，全面追踪专家判断随时间变化的情况。IPCC 的"关切理由"已经为我们提供了有价值的对比，但是还有所不足。这些关切理由的写作目的并不在此。此外，把风险统计为宽泛、简略的几个类别不太能清楚地反映专家对每一种主要风险的判断随时间变化的情况。更加全面地探究这个问题可以让公众、政府和各位专家自己形成更加清晰的认识，帮助我们所有人都及时跟随最新的知识一同进步。

保守的含义

如果你和气候科学家打过比较久的交道，那你大概已经注意到了，他们口头愿意告诉你的东西和他们愿意付诸文字的东西是不一样的。总体说来，他们口头愿意透露的情况是更加严重的。

在 IPCC 的横滨会议上，许多科学家愿意告诉我，他们赞同那篇研究热应激超过人类耐受极限的论文，而且他们甚至认为这篇论文是低估了风险，但是他们不愿意把论文的结论写进决策者摘要。不管这个结论对社会有多么重要，科学家认为更重要的是确保他们写下来的都是他们完全确信的东西。

我们在前文已经看到这种倾向——侧重可靠性而牺牲政策参考意义——或许导致了科学家专注于预测而非风险评估。所以我当时提议用"温水煮青蛙"的例子来恢复二者之间的平衡：如果科学家首先提问我们希望避免什么，然后再考虑其可能性，那他们的研究就会和我们的利益密切相关，并且有助于风险评估。

然而这是否足以让我们清楚地认识风险呢？我们有理由认为，这是不够的。我们还必须解决一个更加深层的问题：科学文化与风险管理文化之间的职业理念差异。

最早向我解释二者差异的是特雷弗·梅纳德（Trevor Maynard）。

他当时是世界最大的再保险公司之一劳合社的风险建模专家。他提到风险评估的原则之一是必须采用最佳的可获得信息。他说：

"最佳的可获得信息可以有很多形式，有时我们只需要依赖于专家判断。在这些情况下，专家毫无偏见地进行评估至关重要。我常常担心，我们所使用的'保守'一词在保险行业的含义与在科学领域的含义正好相反。科学家的'保守'，意味着他们约束最深刻的恐惧，并等待更多的证据，然后做出评估。因此，'保守的'预测往往是低估了风险，并非最佳预测。在保险行业，'保守的'准备金比最佳预测所需的准备金要高。在风险评估方面，我认为保险行业的角度更适合。"❶

科学家也注意到了这种文化差异。杰伊·格利奇博士（Jay Gulledge）在我遇见他的时候是美国政府拨款支持的最重要的科学研究与技术开发中心之一橡树岭国家实验室的环境科学部主任。这家实验室最初是美国政府研发核武器的重要机构。因为这家实验室接近科学与政策交界之处，所以杰伊认真思考过信息在这两个不同领域之间传播的方式。

在我们的风险评估报告中，格利奇深入剖析了科学文化，力图找到特雷弗·梅纳德指出的问题的根源。❷ 他写道，致力于提供关于气候变化方面有用信息的科学家与寻找此类信息的决策者之间，"他们各自工作相关的气候信息这一薄弱的纽带既相联系，但是又由于不同的需求、重点领域、过程和文化而相分离"。经常将科学家与决策者相分离的一个因素是他们描述和处理未来结果不确定性的方式。他写道，"科学家对得出不正确的结论持保

---

❶ D. 金、D. 施拉格、周大地、齐晔与 A. 戈什，2015，第 22 页。

❷ D. 金、D. 施拉格、周大地、齐晔与 A. 戈什，2015，第 47 页。

守态度——他们宁可不得出结论，也不愿得出不正确的结论。因此，他们规定了标准做法，制定了文化规范，以此来保护科学知识库免受错误信息的污染"。例如，看似可以证实某种假设的结果如果在超过 5% 的显著性水平下是纯粹偶然发生的，那么这些结果就有可能被弃之不顾。换言之，即使这些结果有 94% 的概率不是偶然发生的，它们也有可能遭到抛弃。

这种态度明显是对两种不同的错误抱有强烈的倾向性，或者说偏见。一种错误是认为你的假设是正确的，但事实上该假设是错误的。这属于"假阳性"。统计学家称之为"第一类错误"。另一种错误是认为你的假设是错误的，但事实上该假设是正确的。这叫"假阴性"或者说"第二类错误"。科学家强烈厌恶假阳性，但对假阴性相对宽容。他们会仔细检查看似可以证实假设但有可能是偶然发生的结果，然而在大多数科学领域，还不存在一个标准的方法去检验抛弃一个其实是正确的结果的概率。

格利奇与特雷弗·梅纳德同样说到专业的风险管理人员的态度通常恰恰相反：他们往往更关心假阴性，因为假阴性可能导致忽视可能带来严重后果的风险。因此，科学家宽容假阴性时，"从决策者的角度看，他们的工作却可能不够严谨"。

格利奇写道，在实践中，这种文化偏见导致在面临很大的不确定性时，气候科学家们往往错误地低估风险。他列举的例子就是我们上一章讨论过的 IPCC 对"关切理由"的历次风险评估的变化。他认为，除了科学家的这种倾向以外，我们其他人也原本就天然倾向于低估低概率、高影响的结果。二者相加就有可能导致"公众和决策者过于低估气候变化影响的严重程度"。

我认为格利奇的说法是有道理的，符合我的个人经验：我在大学学习物理的时候，我知道如果我对我的实验结果过度自信，我的实验室主管肯定会找我麻烦。而我在审计公司做我的第一份正式工作的时候，我知道如果有丝毫迹象显示我们审计的公司可能难以继续做一家合法、赢利的"继续经营的企业"，那我的上司是不可能允许我睁一只眼闭一只眼的。格利奇的说法也可以解释我在上文提到的口头与书面的差异。如果你和一位科学家单独谈话，他认为你不是记者，他知道自己说的不会被记录下来，同时你看起来对这方面问题很感兴趣，并且提出了聪明的问题，那他就很有可能会告诉你他的看法。但是如果要写成文字，他就会想到同行会读到他写的东西，并且根据业界的职业道德准则来加以评判。因此，谨防假阳性而不太担心假阴性的偏见问题在书面上比在口头上严重得多。

我和布瑞恩·霍西金斯教授有过一次这样的谈话。他是德高望重的资深气候科学家，也是研究大气环流的世界顶尖专家。当时，我和他在参加科学会议。在喝咖啡的休息时间里，布瑞恩和我一对一地聊天。他对我透露了他的忧虑。他说，大约七千年以前，撒哈拉沙漠曾经是有植被覆盖的绿地。那时的降雨模式一定和现在大不相同。尽管这是过去曾经存在的真实现象，但是目前的气候模型看起来无法给全世界季风系统的活动方式模拟出如此巨大的变化。在谈话期间，我们确认了一些事情。我由此理解了他的担忧。季风降雨的小幅变化（比如10%）都会严重伤害印度的农业和经济。植被覆盖的撒哈拉意味着当时大规模降雨的地点和现在的地点相差了几百甚至几千千米。而这种变化就发生在相对稳定的全新世。这一时期，全球平均气温的变化是没有超过0.5摄氏度的。

不难想象，既然在全球气候和目前最多只差半摄氏度的时期都有可能发生这种事，那么假如到了21世纪末，全球气温提高了 4 摄氏度甚至更多，发生类似的甚至更加大规模的变化的风险一定是不容忽视的。

布瑞恩同样友好地为我的风险评估报告做出了贡献。他无偿奉献了他的时间，因为他看到了这件事的价值。在商量要简短地介绍季风变化的风险的过程中，我鼓励他就像和我谈话时那样清楚地阐述风险。我相信他已经在职业道德准则允许的界限内尽力而为。但是我总觉得，他和我的谈话比他的书面总结更有助于民众深刻地认识风险。

平均化的危险

除了偏爱预测、对假阳性有偏见以外，科学界求平均值的做法也有可能火上浇油。

如果不同的专家或不同的模型对同一个问题给出了不同的回答，那么有一种表达结果的办法就是取平均值。金融行业的风险管理专家有一个比喻可以精练地总结这种办法的危险之处：

在确定最大风险时避免平均化带来的危险是很重要的……假设三位决策者喜欢在河边散步，没有一个人会游泳。他们咨询科学顾问水的深度是否超过身高。顾问求助三所大学设计模型：第一所大学指出西岸附近的水深超过身高；第二所大学认为事实并非如此，它认为河中心的水深超过身高；而第三所大学，非常肯定自己的模型，认为其他两组都是错的，只有东岸附近的水深超过身高。这个顾问注意到建模的不确定性，认为最好的方法是将三个结果平均一下。结果是令人遗憾的！事实上，每个模型都会推测出有生命危险，只不过不知道精确位置。通过平均化，这一

至关重要的信息丢失了。❶

我在横滨的 IPCC 会议上遇见过类似的情境。当时，科学家们需要决定如何在报告的决策者摘要中用一段简短的文字和一张图表来总结过去 6 年关于气候变化对农作物生产的影响的研究。会议伊始讨论的草稿将研究结果总结为，气候变化预计将导致农作物产量在 21 世纪每 10 年平均下降 2%。这个平均值源自不同的专家采用不同的假设与不同的模型针对不同国家的不同农作物在不同的升温度数下做出的预测。这个简单的数字掩盖了许许多多不同的细节和风险。

我和其他一些关心此事的决策者一同与各位科学家商讨了另一种表述方式。我们同意将重点放在极端的可能性上——最好与最坏的情况——而不是中间值。最终版本为："预计的影响因不同作物、不同区域以及不同适应情境而存在差异，相比 20 世纪后期，对于 2030 年至 2049 年约 10% 的预估显示产量收益超过 10%，而约 10% 的预估显示产量损失超过 25%。2050 年以后，对作物产量产生更为严重影响的风险会增长，并依赖于变暖的程度。"❷ 相比 2% 这个"平均值的平均值"，这种表述更加有助于民众了解风险，但也同样是粗糙地概括了众多数据，无法让人认识到究竟有多少种不同的估算与可能的结果。另一张更加详细的图表被收录在报告中，不在决策者摘要内。那张图表可以把情况说明得清楚许多。比如，我们可以从中看到，对于当地升温 3 摄氏度时温带地区的小麦产量，各种预测从增产 40% 到减产 40% 不一而足。❸

---

❶ D. 金、D. 施拉格、周大地、齐晔与 A. 戈什，2015，第 22 页。

❷ IPCC，2014b，第 17–18 页。

❸ J. R. 波特（Porter）、谢立勇、A. J. 查利诺（Challinor）等人，2014，第 498 页。

这种预测的不确定性本身就是一条宝贵的信息。对决策者而言，知道有些专家预测增产40%，同时另一些专家预测减产40%的价值是大于知道他们预测的平均值是零的。打个比方，假设你在迷雾中走山路，并且你不知道你离悬崖究竟是近还是远，那你在决定是要奔跑还是行走的时候是很可能会考虑到自己不知道这一点的。

弥合文化差异

总而言之，我们面对的是结合在一起的两个问题：从风险评估的需要来看，科学家经常选择传达错误的信息，而且与此同时还带着错误的误差偏见。

我们不应该认为这些问题是不可能解决的。美国国家科学院曾经倡议"科研优先事项和惯例需要改变，以便科学界能够更好地帮助决策者应对新出现的气候风险"。[1] 我们已经在前面的章节讨论过科学家可以如何改变。他们可以把研究和传播的重心从平均的"最有可能的情况"换成极端的"最糟糕的情况"，并且首先提问我们可能希望避免什么。

至于误差偏见问题，我们在我们的风险评估中尝试的一种办法是遵照一位老军官的指示。据说，他对下级的要求是："告诉我你知道什么；告诉我你不知道什么；然后告诉我你是怎么想的。"这条指示的前两个部分是标准的科研惯例。第三个部分比较麻烦，却是说明风险的关键。

杰伊·格利奇的结论是，为了提高风险敏感度，科学家需要

---

[1] 国家科学研究委员会（National Research Council），2009。

在某些情况下更加容忍假阳性，而不再那么宽容假阴性。我相信这是对的，也希望这能够成为现实。从原则上说，科学文化和风险评估文化不应该是不可调和的：二者应该与对方折中，达成平衡，与两种不同的误差偏见保持距离。用科学来改善风险评估在许多领域都有相当成功的案例，比如医学。

然而，指望科学家独自完成这项任务或许既不现实，也不公平。没有哪位专业人士会愿意违背自己行业的文化规范。要让科学文化与风险评估文化折中，那就需要依靠双方的专家代表共同努力。

这就意味着要把收集信息和评估风险的工作分割开来。从事一手科学研究等活动的信息收集者应当自由地收集有用或有趣的信息。风险评估人员应当根据既定目标和一系列具体原则来对前者提供的材料发问。这是情报机构常见的分工，因为这样可以同时提高两方工作的效率。气候变化领域肯定更加需要这种分工，因为和情报领域不同，这一领域的"信息收集者"并不熟悉风险管理文化。

科学家为气候变化风险评估提供了原始信息以后，应当有具备专业的风险评估知识的人参与处理这些信息。我们可以从防务、情报、保险以及公共卫生等领域招揽优秀的人才。

这一切都可以促进气候变化科学的产出和传播，从而使气候科学界变得像简·卢布琴科号召的那样，为社会"尽可能奉献力量"。但是为了全面评估气候变化的风险，我们还需要更进一步。我们需要的不仅是科学。

第六章

不仅是科学

到目前为止，我们一直在分析科学对我们了解气候变化风险的作用。我已经从许多角度说明，在完善风险评估方面，科学还有待进步。不过，虽然科学的确十分重要，但是其他问题也同样不容忽视。影响气候变化风险的许多因素并不是科学能够判断的。

要全面了解气候变化的风险，我们至少还需要再回答两个问题：一是人类会对气候做什么？二是在未来的气候下，我们会对彼此做什么？

全球碳排放：人类会对气候做什么？

气候变化的风险主要取决于未来的全球碳排放路径。我们排放的温室气体越多，全球变暖的幅度就越大，前几章提到的那些后果就越严重。

未来的全球碳排放量可能会上升、下降或者保持不变。可能的路径有很多种。地下还有大量的化石燃料：许多石油和天然气、俄罗斯和阿拉斯加大量未开发的煤矿床，甚至还有海底的冰冻甲烷。如果我们继续大肆使用化石燃料，到 21 世纪末，每年的全球碳排放量可以达到现在的两三倍。但是如果我们抓住一切机会减少碳排放，捕碳，把碳填到地下，那么大约到 21 世纪中叶，我们很有可能实现全球净零排放，甚至还可以在那以后实现全球净负排放。

究竟哪种路径会成为现实取决于我们的人口增长速度、全球经济发展速度和零排放技术发展与应用的速度。值得注意的是，这最后一个变数其实是我们自己的选择。这不是某一个国家的选择，而是许多国家的许多人的选择。

这些选择根本是无法预料的。想一想美国政界对应对气候变化摇摆不定的态度吧。克林顿总统领导民主党签署了《京都议定书》，但是参议院的共和党人没有批准，布什总统也没有实际履行条约的规定。奥巴马总统通过行政命令尽量减少碳排放，规避了国会的阻挠。然后特朗普总统上台，推翻了奥巴马的所有政策。现在拜登总统执政，承诺美国将致力于实现净零排放。谁知道接下来会发生什么？美国的政治制度要过多久才会有改革，让共和党政治家能够不再欺瞒选民，能够对自己的子孙后代负责，不再畏惧那些资助他们参选的既得利益集团？

美国是个极端的例子，但是在所有国家，气候变化政治都不是一帆风顺的。如果说真有人能预测未来的动向，那也不会是气候科学家。金融分析师可以看到有多少资金被用来寻找更多化石燃料，又有多少资金用来开发清洁技术。技术分析师可以追踪世界各地市场清洁技术开发和应用的速度。政治分析师可以追踪民意调查、各国政府的目标、政策和政治潮流，进而推测碳排放量在不远的未来是会上升还是下降。

综合看来，这些金融、技术和政治评估可以帮助我们预见未来的全球碳排放路径。但是这种预见是很有限的。未来的选择太难预料，所以我们不得不承认这巨大的不确定性。

不幸的是，交给各国政府的那些报告对这种不确定性处理得尤其不好。科学评估，比如 IPCC 的那些报告，通常会根据全球碳排放量的高低列举多种情境，但丝毫不提各种情境的实现可能性。这是可以理解的，因为判断这种可能性不属于科学的任务，但是从风险评估的角度来看，这也的确是个缺点。政策评估则往往走向另一个极端，只给出一种主要的全球碳排放量预测，以及相应的全球变暖幅度预测。

2015 年，世界各国围绕《巴黎协定》确定国家排放目标以后，有分析预测，到 21 世纪末，这些目标最有可能的综合影响是使全球气温上升 2.7 摄氏度。❶ 这个数字广为流传，因此被决策界认作事实：《巴黎协定》已经让全世界走上了升温 2.7 摄氏度的道路。然而这个数字是怎么得出来的？大多数国家只制定了到 2030 年的目标。如果要预测一直到 21 世纪末的全球碳排放量，那么分析师必须想办法推测接下来 70 年的"当前政策"。我们显然不可能知道 70 年后的"当前政策"是怎么样的，因为那时的大多数决策者现在都还没有出生。这个数字大概只能算是随意的猜测，但是政府里很少有人有时间去想一想，或者说，很少有人有兴趣去质疑这个数字。无论我尝试了多少次，想让它不要出现在提交给大臣的简报里，这个该死的数字依然一次又一次地出现。

这种全球碳排放和相应的升温幅度的估算必定基于对未来的猜测。传播这种预测的坏处就是可能导致自满。我们不应该过度

---

❶ 气候行动追踪组织（Climate Action Tracker），2015。

自信地认为各国一定能达成目前已经宣布的长期排放目标或者认为近些年的进步一定能在未来几十年内延续下去。所有熟悉气候变化的人都知道，世界已经"偏离了轨道"，难以达成国际商定的限制全球变暖的目标。但是看起来很少有人明白我们达成那些目标的概率究竟有多低，或者说，我们究竟有多大的概率一路奔向全球大幅变暖的未来。

我们可以借助合适的分析与传播来说明世界走上高排放路径的风险。然后，科学就可以为我们解释气候会作何反应。接着，我们可以像前几章讨论过的那样确定影响我们利益的直接风险。我们也可以大致描绘未来发生了显著变化以后的环境。

系统性风险：在未来的气候下，我们会对彼此做什么？

2001 年 9 月 11 日，纽约世界贸易中心的双子塔因遭遇可怕的恐怖袭击而倒塌。美国总统与国会随后设立了恐怖袭击国家委员会来调查此次事件发生的经过，并且研究如何防止这样的悲剧再度发生。

这个委员会被称作"9·11"委员会。它发布的调查结果有这样一条结论："我们没有掌握一个与日俱增的威胁的严重性。"[1] 尽管存在许多方面的失败——政策、管理、能力，但是"最关键的失败在于想象力"。[2] 各位安全分析师根本就没有想象到一群极端分子能够用相对而言不值一提的财力劫持大型飞机撞击建筑。

让我注意到这个调查结果的是海军分析中心（CNA）的军事

---

[1] T. 基恩（Kean）与 L. 汉密尔顿（Hamilton），2004。
[2] 《"9·11"委员会报告：美国遭受恐怖袭击国家委员会最终报告》。

顾问委员会。他们是一批退役的海陆军将军，致力于研究关乎美国国家安全的问题，为决策者和公众提供参考。他们警告称，对于气候变化，我们必须提防类似的想象力方面的失败。他们强烈呼吁各国政府不要只考虑气候变化简单、直接的影响，必须同样当心比较复杂、系统的风险。❶

这些系统风险的存在是因为气候变化的影响几乎无所不包。气候变化对自然与人类系统的所有要素的影响还会与彼此相互作用，进而产生新的风险。最糟糕的结果就是令那些系统崩溃。

我们已经可以看到这些系统性风险的出现。北极气温上升的速度是全球平均值的两倍。北极海冰面积的缩小、动物种群的衰退和不可预测的天气模式正在威胁当地居民的生存。与此同时，永冻层的融化也威胁着建筑物、道路、管道和机场的稳定性。❷在特大城市，气候与资源压力会全面影响基础设施系统和经济。2014 年，圣保罗的低降雨量和高温造成了阻碍学校、医院和企业运营的水资源短缺。农业和水力发电受到的影响则致使食品和电力涨价。城市的某些区域陷入了社会动荡。这一切导致了超过50 亿美元的经济损失。❸

2007 年到 2011 年叙利亚遭遇的极端干旱的发生概率据说因气候变化而上升了两三倍。❹这场干旱造成了大范围的歉收和大量牲畜死亡，促使大约 200 万农民、牧民背井离乡。其中许多人

---

❶ CNA 军事顾问委员会，2014。

❷ 泰罗·穆斯托宁（Tero Mustonen）与 D. 金、D. 施拉格、周大地、齐晔与 A. 戈什，2015，第 111 页。

❸ 若泽·马伦戈（Jose Marengo）与 D. 金、D. 施拉格、周大地、齐晔与 A. 戈什，2015，第 111 页。

❹ C. P. 凯利（C. P. Kelley）、S. 莫塔迪（S. Mohtadi）、M. A. 凯恩（M. A. Cane）、R. 西格（R. Seager）与 Y. 库什尼尔（Y. Kushnir），2015。

逃亡至原本就挤满了伊拉克与巴勒斯坦难民的城市。到 2009 年，有超过 80 万叙利亚人因为这场干旱失去了生计。到 2011 年，大约有一百万人极度缺乏食物，还有两三百万人陷入了极端贫困的境地。[1]尽管随后发生的政治动荡和冲突还有许多其他重要因素，但是很难想象这种大范围的贫困和大规模人口迁移会与此无关。

根据估算，气候变化也导致 2010 年夏季俄罗斯遭遇的极端热浪发生的概率提高了大约 3 倍。[2]这次的热浪加剧了干旱和火灾，令同年俄罗斯小麦减产 30%。与此同时，干旱也影响了中国和乌克兰的小麦产量。减产、保护主义、商品投机和全球市场的大规模购买一起导致了 2010 年下半年全球小麦涨价一倍以上。按照人均计算，全球小麦进口最多的前 9 个国家都在中东和北非。其中 7 个是发展中国家。食品支出占了它们平均家庭收入的三分之一以上。2011 年，这 7 个国家都经历了导致平民死亡的政治抗议。在其中多个国家，食品价格上涨都被认为是引发抗议的因素之一。[3]

我并不想把世界上所有的问题都归因于气候变化。我想说的是，我们的许多系统本来就是脆弱、有缺陷或者不稳定的。气候变化会给它们带来更大的压力，增加系统崩溃的风险。那么，我们有多了解这些风险呢？

当初英国的第一次国家气候变化风险评估几乎是临时添加了一项关于气候变化对英国的"间接"风险的研究：发生地点不在英国境内，而在世界上的其他地方，但是有可能产生影响英国利

---

[1] F. 费米亚（F. Femia）与 C. 沃雷尔（C. Werrell），2012。

[2] F. E. L. 奥托（F. E. L. Otto）、N. 马西（N. Massey）、G. J. 范奥尔登堡（G. J. van Oldenborgh）、R. G. 琼斯（Jones）与 M. R. 艾伦（Allen），2012。

[3] F. 费米亚（Femia）与 C. 沃雷尔（Werrell），2013。

益的风险。这类风险包括安全风险和全球粮食系统的混乱。这项研究得出了惊人的结论：气候变化经由影响世界上其他地方而造成的威胁英国的间接风险比直接风险大了一个数量级。[1] 而且这个结果是在仅仅考虑全球变暖 2 摄氏度以内——这其实是最理想的情境——的前提下得出的。

要试图认识最糟糕或者哪怕只是"最有可能的"情境下气候变化的安全风险也是相当困难的。IPCC 明确说明了学术研究的局限性。关于"人类安全"这一章的末尾有这样一段话：

在大幅度变暖的背景下，大多数地方的环境条件的变化速度将达到人类历史上前所未有的水平。因此，在大幅度变暖的条件下，对于人类安全的分析是难以确定的。目前关于人类安全和气候变化的许多文献受到当代的关系和观察的影响，因此难以分析快速或严重的气候变化对人类安全造成的影响。[2]

也就是说，我们研究的大多是过去和现在；未来是完全不同的，所以我们不知道。

"9·11"委员会调查发现美国情报界没能察觉"基地"组织的危险是因为这是一种新型恐怖主义，构成了美国从未经历过的威胁。委员会认为"官僚系统一般缺乏想象力"，于是得出了结论"有必要设法将锻炼想象力变成惯例，乃至令其成为官僚的必修课"。[3]

自从 1941 年日本突袭珍珠港以来，美国防务界与情报界耗费了不少的精力，研究锻炼想象力的有效方法。其中包括情境演

---

[1] PwC，2013。

[2] W. N. 阿杰（Adger）、J. M. 普尔辛（Pulhin）、J. 巴尼特（Barnett）等人，2014，第 779 页。

[3] 《9·11委员会报告：美国遭受恐怖袭击国家委员会最终报告》，第 344 页。

练、扮演红队和战争模拟。情境演练是指详细设想未来可能的情况，以便确定风险、检验策略。扮演红队是指设身处地，从敌方的角度来想象他们可能会怎么想、怎么做。战争模拟则是模拟双方的冲突，从而深入了解可能的行动与结果。

海军分析中心就是在这方面领先的专业机构。1942 年成立之时，它叫"反潜作战研究小组"。自那以后，它在几十年来的发展历程中分析过核武器和导弹的风险、越南的游击战以及与苏联的战略竞争。冷战结束以后，它研究的风险越来越广泛，涵盖了恐怖主义、人道主义灾难和环境的不稳定性。❶

为我和 CNA 专家牵线搭桥的是斯科尔应对全球威胁基金会（Skoll Global Threats Fund）的慈善家。他们想知道上文提到的那些方法能否促进我们对气候变化的安全风险的认识。我们一同决定要尝试解决 IPCC 遗留的问题：评估可能与现在大不相同的未来的安全风险。

我们运用了情境演练的办法。气候科学家设定了一些参数：根据学术文献推测大幅度气候变化情境下可能的气温、海平面、农作物产量和水资源等情况。然后，一批背景多样的安全专家——来自美国、欧洲、中国和印度的前情报主管、海陆军将军、外交官和分析师——讨论安全形势可能会受到怎样的影响。

可以说，这房间里的各位专家并不是非常乐观。某些基本参数已经足够令人担忧。许多中东国家现在已经面临较大的水资源压力，而且未来几十年人口预计会增加 50%~100%，而与此同时，气候变化可能会导致可再生淡水资源减少 10%~50%。2010 年至 2012 年，撒哈拉以南非洲有超过四分之一的人口营养不良。

---

❶ CNA 历史简介。

到 21 世纪中叶，该地区的许多国家的人口预计会增加一倍，导致人均耕地面积降至极端紧张的阈值以下，而气候变化又预计会对农作物产量造成负面影响。❶

专家们考虑了各国会全力应对气候变化，但是他们也知道许多国家应对目前的小幅度气候变化都已经颇为吃力。不难想象，到时候的情况可能会变得更糟。在大幅度气候变化的背景下，粮食和水资源紧缺、不平等与大规模人口迁移造成社会压力、保护沿海城市的成本与难度越来越高、基础设施系统因为多重压力而崩溃，这一系列风险都会交织在一起。国家衰落的风险会越来越大，即使目前被认为是发达、稳定的国家也未必能够幸免。

然后，我们运用了第二种有效锻炼想象力的方法，组织了后来报道中所提及的"大概是第一次全球气候战争模拟"。❷前文提到的那些多国安全专家扮演了主要国家和地区的领导人，在气候变化的背景下为了各自国家的经济和安全利益做出决策。其中一位参与者是来自孟加拉国的 A. N. M. 穆尼鲁扎曼（Muniruzzaman）少将。他后来对记者讲述了当时的经历："随着气候条件变得越来越艰难、复杂，我本以为大家会变得越来越友好、包容。各国的反应却恰恰相反，它们变得愈发自私、狭隘。"❸对土地、粮食和水资源的竞争加剧了不平等、冲突和人口迁移。有一些发达国家停止了国际援助，转而专心解决本国的问题。坚持国际合作的国家肩上的负担变得越来越难以承受。

我不会详细介绍演练的结果，因为我的目的不是说服读者相

---

❶ D. 金、D. 施拉格、周大地、齐晔与 A. 戈什，2015，第 121–122 页。
❷ 气候之家新闻（Climate Home News），《气候战争模拟：全球变暖如何刺激民族主义》（*War gaming the climate: how global warming could trigger nationalism*）。
❸ 同上。

信这些结果是正确的。情境演练或战争模拟什么也不能证明。其价值主要是帮助参与者拓宽思路。读者可以自行阅读科学文献，思考安全问题，形成自己的观点。任何国家的政府都可以把本国的气候科学家和安全主管召集起来，向他们提出正确的问题，然后得到自己的评估。重点是，如果不尝试有效地运用想象力，那么气候变化的某些最大的风险很有可能会缺乏研究。而要有效地做到这一点，我们需要求助于最值得我们担心的那些领域的专家。我们不能只依靠科学家。

说出真相

　　2019 年 4 月，"反抗灭绝"（Extinction Rebellion）的气候变化活动人士将一艘粉色的船停在牛津圆环中央，令伦敦的交通一时停滞。船体侧面写着"说出真相"的标语。许多人前来声援，挥舞旗帜，发出了同样的呼声。看起来，大家都在担心有人会隐瞒气候变化的严重性。然而，有错的是谁？这错是作为的错还是不作为的错？

　　大卫·金爵士觉得自己身为政府的首席科学顾问，有责任确保气候变化风险得到了充分的研究。他和我以及来自美国、中国和印度的朋友们一同启动的那个项目最后的成果是发表了我们的气候变化风险评估报告，并且对以后的风险评估给出了一些改进建议。

　　我们的第一条建议是尽可能落实风险评估的各项原则。这首先就意味着坦率说明可能发生的最糟糕的情况是怎样的。这又可以拆分为了解我们的利益、确定这些利益面临的最大风险、根据最佳的可获得信息来全面考虑各种可能性，包括最糟糕的情境。为了全面认识风险，评估必须综合考虑全球碳排放可能的前景、气候可能会有怎样的反应，以及这种反应会对我们产生怎样的直接和间接影响。

我们的第二条建议是让风险评估的过程得到广泛的参与。为了充分认识风险，我们需要让气候科学家与决策者合作，同时也需要让其他领域的专家也参与进来。

最后，我们建议将气候变化风险评估传达给政府首脑，因为只有他们有权力下令采取合适的应对措施。

这最后一点值得强调。无论何时何地，任何国家的政府都必须面对众多互相竞争的优先事项。虽然应对气候变化是实现长期的繁荣与安定的必由之路，但是具体的应对措施在短期内是一定会与其他目标互相冲突的。环境大臣或许会呼吁大力减排，但是与他同桌议事的其他大臣也许更加担心能源安全、产业竞争力或者食品价格。政治与财政资本总是有限的。财政大臣总是要担心预算，其他大臣也大多要担心自己的支持率。无论什么政治制度都只有手握最高权力的领导人能够平衡这些利益，权衡各种优先事项，决定要付出多少努力来应对气候变化。

英国自豪于拥有一些世界上最先进的气候变化治理制度。我们最早设立了有法律约束力的"碳预算"，以五年为周期，根据我们的国际气候变化目标来指导减排。设立了碳预算的那道议会法案同样规定了每五年要发表一次国家气候变化风险评估——这同样是领先世界的。我看到这种风险评估有效地促使政府的各个部门制订了计划，在自己负责的领域增强经济、社会的适应力和韧性。但是我还完全没有见到政府最高层以此为据来决定要把气候变化的优先级排在什么位置。我唯一知道的内阁讨论气候变化风险的例子发生在我从事这方面工作的最初的五年内。当时，内阁看到的信息是四张幻灯片。上面介绍的事实是气候变化正在发生，这是人类活动导致的；我们继续排放的温室气体越多，全球变暖就越严重。如果说就连英国政府首脑看到的都是这样的气候变化风险评估，那么我们确实有点理由担心全世界的状况。

2015 年，我们临时组建的多国专家合作团队完成了我们自己的风险评估以后，我们竭尽所能想要引起各自国家的政府领导人的关注。在巴黎的气候变化国际会议召开以前，我们的报告被交给了美国总统的科学技术顾问委员会、印度议会和中国的一些部长。至于这份报告是否影响了他们当时的决定，我们就不得而知了。在英国，英格兰银行根据这份报告，发表了其第一份关于气候变化对保险行业构成的风险的报告，促使将气候变化视作对金融稳定性的威胁的观念成为主流。❶ 一些年后，我们的报告促使气候变化国家科学评估中加入关于风险的新内容，而且，根据某位高级官员所说，我们的报告还为后来关于长期排放目标的讨论提供了依据。

几年后，我发现联合国秘书长科学咨询委员会在 2016 年发表的"评估气候变化风险"的政策摘要几乎全篇复制了我们提出的建议。"气候变化的风险应当和公共卫生或国家安全的风险一样得到相同方式的评估，"摘要写道，"首先了解我们希望避免什么，然后使用最佳的可获得信息，根据长期变化和短期事件确定最糟糕的情况，并且考虑具有灾难性影响的低概率事件。"摘要还建议定期且持续地进行风险评估，以便追踪专家判断随时间变化的情况，并将风险评估报告提交给最高决策机构。❷

尽管得到了意料之外的支持，但是在 2020 年至 2021 年的联合国气候变化谈判中，作为大会主办方英国的工作人员负责科学

---

❶ 英格兰银行审慎监管局，2015。
❷ 联合国秘书长科学咨询委员会，2016。

交流期间，我感到一切似乎没有多少改变。我们 2015 年在报告中提出的建议仍旧没有得到落实。国际关系智库查塔姆研究所（Chatham House）的各位专家仔细阅读了各国政府、智库和科研机构编写的各种气候变化科学评估、风险评估和报告，想知道有没有哪一份符合我们提出的标准，能够为政府首脑清晰、全面地阐述风险。他们发现，就连接近这套标准的都没有。

更加严肃地对待极端情况的时机

2021 年有了改变的征兆：科学界越来越意识到有必要更加严肃地对待气候变化风险评估。

原因之一是出现了超出气候模型预测边界的极端天气事件。比如加拿大 7 月遭遇的热浪。不列颠哥伦比亚省的小镇利顿（Lytton）先以 49.6 摄氏度的高温打破了加拿大的气温纪录，紧接着第二天就被一场特大森林火灾夷为平地。加拿大气象和海洋学会主席吉姆·亚伯拉罕（Jim Abraham）对此表示："坦率地说，难以置信。"这个新的高温纪录比往年当地同期的日最高温度还要高大约 10 摄氏度，达到了全北美通常只有西南部沙漠地区才会出现的高温水平。此次事件的原因被称作"热穹顶"（heat dome）：大气中的高压将大量热空气压向地面，导致持续升温。气候变化致使喷射气流变弱或许是这种高压系统得以维持而没有被吹走的原因之一。❶ 气候模型难以预测这种事件，因为其原因不仅涉及气候变化直接导致的热力学结果——全球变暖——还包括了错综复杂的风与天气的物理动力学现象。

❶ ScienceBrief News。解释热浪与极端高温。

短短几周以后，德国与邻国比利时、荷兰的特大洪灾又令各位专家大吃一惊。当地的降水量远远超过了以往的纪录。疏散令下达的范围不够大，导致了死亡，因为规划部门没有想到竟然会发生如此规模的洪灾。❶ 科学家们一直推测气候变化会增加此类事件的频率和烈度，但是我们实际目睹的变化超出了任何模型的预测。❷ 正如波茨坦气候影响研究所的气候学与水文学教授迪特尔·格滕（Dieter Gerten）所说："我们看起来不仅仅是遭遇了异常。我们没能预见其空间范围和发展速度……我们需要更好地模拟非线性事件。"❸

随着意料之外的极端情况成为当下的现实，科学家们对未来的预测也在持续改变。2013 年，IPCC 预测，在高排放情境中，海平面到 2300 年将上升 1~3 米。❹ 2021 年，IPCC 发布了第六次评估报告的第一部分，将海平面预计上升高度更新为，到 2300 年可能上升 2~7 米。❺ 就和我们讨论的各位专家对"关切理由"的评估随时间改变的情况一样，这次对预测的调整幅度不可谓不大。不到 10 年，我们对 2300 年全球海平面上升高度的最佳估算值就提高了不止一倍。

而且，IPCC 朝着风险评估迈出了宝贵的一步。他们提供给决策者的不仅有可能范围，还包括了不太可能的范围。在高排放情境的"低概率、高影响故事线"中，"包括冰盖的不稳定

---

❶ 德国洪灾的教训：准备好应对难以置信的情况。Climate Home News。

❷ World Weather Attribution。气候变化导致引发西欧严重洪灾的强降雨发生的概率上升。

❸ 德国洪灾规模震惊了气候科学家。

❹ J. A. 彻奇（Church）、P. U. 克拉克（Clark）、A. 卡泽纳夫（Cazenave）等人，2013，第 1140 页。

❺ IPCC，2021。

过程"，海平面到 2100 年可能上升将近 2 米，同时不能排除到 2150 年上升 5 米以及到 2300 年上升超过 15 米的可能性。考虑到我们对伦敦应对海平面上升的极限的最佳估算，这次专家判断的更新等同于将伦敦市未来的寿命（假如我们愚蠢地对待减排问题，并且在气候方面很不走运）从一两千年缩短到了一两百年。

此时，科学家和其他人一样肯定想知道专家判断在接下来的十年里会有怎样的变化。有那么多上调风险预期的先例在前，谁愿意赌下一次会是下调？你希望海平面上升预测是考虑冰盖的不稳定过程还是不考虑？

临界点研究的进展也有同样的趋势。蒂姆·伦顿（我们在前文讨论过他的研究成果）等科学家在研究系统接近临界点的早期预警征兆方面取得了进展。这些征兆包括系统活动方式的不稳定性增加、从小型异常中恢复过来的速度变慢。测量结果显示，有明显证据证明地球系统的几大潜在临界点已经出现了早期预警征兆：北极海冰减少、格陵兰冰盖中西部解体、大西洋经向翻转环流减慢和亚马孙雨林缩小。❶ 这方面的预测看起来也有修正的必要：临界点或许会比我们预测的来得更早。

随着对临界点的担忧愈发上升，共同主持了 IPCC 的 2013 年评估的瑞士教授托马斯·斯托克（Thomas Stocker）建议 IPCC 就这一课题发表一份特别报告。如果建议落实，此举可以鼓励许多科学家去研究临界点，让更多机构资助这方面研究，也让更多政府注意到这些研究成果。这种建议出自 IPCC 系统中托马斯·斯托克这样著名的人物，这足以说明临界点研究逐渐成为主流研究

❶ N. 伯尔斯（Boers）与 M. 利普达尔（Rypdal），2021。也可参考：C. 博尔顿（Boulton）、T. 伦顿（Lenton）与 N. 伯尔斯（Boers），2022。

的严肃课题，不再像过去那样有些不太光彩。

面向政府首脑的风险评估

随着气候科学界对风险评估的兴趣看起来日趋浓厚，我的团队和我尝试再次倡议开展面向政府首脑的气候变化风险评估。这种风险评估必须既简短又全面，同时敢于直言可能发生的最糟糕的情况。

在始于 2013 年我们的那个项目的第三期英中气候风险项目中，查塔姆研究所为我们提供了值得参考的雏形，❶ 其中包括简练的图表。报告说明，如果全球碳排放遵照各国当前目标设定的轨迹发展，那么各国同意的将全球变暖限制在 1.5 摄氏度以下的目标只有不到 1% 的概率能够实现。到 21 世纪 30 年代，每年将有超过 1000 万人很可能暴露在超过生存阈值（很可能在户外死亡）的热应激下。到 21 世纪 40 年代，前四大玉米生产国可能会同时歉收，以至于严重危害全球粮食安全的可能性将从目前基本为零的水平上升到将近 50%。自然与人类系统面临的多种风险预计将导致前所未有的粮食短缺、人口迁移、传染病流行、政治动荡以及地区乃至国际冲突。除此之外还有其他的一些有必要说明的噩耗都以简单易懂的英文和彩色图表的形式被精练地收录在短短的十几页中。

这个雏形当然不是完美的，但是它符合两个有价值的目标。只要条件允许，我们就会努力向政府最高层说明气候风险。同时，我们也努力促使许多国家和国际机构来讨论开展面向政府首

---

❶ 查塔姆研究所（Chatham House），2021。

脑的气候风险评估的必要性和方法。

我们再次发现，对气候变化界的许多人来说，风险评估的必要性并不是不证自明的。我又一次听到了在 2013 年我听过的那些反对论调："各国政府对经济机遇更感兴趣。""负面消息只会打消斗志。""讨论可能发生于其他国家的坏事会引发这些国家的反感。"当然也少不了这种话："这肯定已经有了。各国政府已经充分了解气候变化的风险，不是吗？"

我也再次得到了一位前政府首席科学顾问的帮助——因为他知道有必要向政府首脑说明风险，帮助其做出生死攸关的决策。这一次是彼得·格卢克曼（Peter Gluckman）。他在 2009 年到 2018 年是新西兰政府的首席科学顾问。当我们请求他支持一项新的倡议，更好地向各国政府首脑说明气候变化风险的时候，他立刻就同意了。他回想起了 2016 年凯库拉（Kaikoura）地震期间的经历。当时有迹象显示这场地震或许只是一场规模更大的地震的前震。后者有可能危及首都惠灵顿。有一位专家开始给新西兰总理详细解释情况。他提供的信息可以说既是太多，也是太少。总理打断了讨论，他只想知道威胁有多严重、需要采取什么等级的应对措施。他应该告诫民众留在家里，还是批准采取一些有限的预防措施，或者疏散整座城市？在这种情形下，我们显然很难想象专家会因为担心不利于士气而隐瞒最糟糕情况的信息。

彼得此时是国际科学理事会（International Science Council）主席——该组织宣布其目标是为全球公共利益发展科学，目前有几百个成员，构成了全球最大的科学联合会、协会、学院和研究理事会的关系网。彼得的支持有助于我们找到其他合作者。世界气象组织、政府科学咨询国际网络、世界气候研究计划和其他多个著名的国际和国家团体参与了进来。

2021 年 11 月 9 日，在格拉斯哥的联合国气候变化大会（COP26）上，"科学与创新日"这个新组建的志愿合作团队决定要协力完善面向世界各国领导人的气候变化风险评估与传播工作。立足美国的科学家团体伍德韦尔气候研究中心（Woodwell Climate Research Center）长期致力于为决策者提供咨询。在此，他们勇敢地答应了要支持合作团队每年开展一次面向政府首脑的气候变化风险评估。

虽然很少有人把这件事当作 COP26 的成果——当时是大会的第二周，媒体已经厌倦了新的公告——但是这有可能算是我们终于开始做一件早就该做的事。从来没有如此多权威机构一同决定要向政府首脑清楚地说明气候变化的风险。

这是一项困难的任务。科学界的文化壁垒依然难以逾越。科研惯例根深蒂固。合作生产并不容易。协调多家学术机构之间的合作也一直是个难题。而且，认为风险评估没有必要、只会适得其反或者已经有了（也有人同时秉持这三种观点）的这些论调是不会消失的。

听到这些论调，我常常会想起第一个风险评估项目途中的一段插曲。当时，我在外交部的上级要我写一份最新的书面报告给我们的大臣安尼利女男爵（Baroness Anelay），并且请她决定我们是否应该继续。他们担心，如果我临时组建的多国合作团队因为预算极其有限而没能拿出令人满意的成果，我们可能会被批评是在浪费公款。他们也同样担心，如果我们拿出了像样的成果，其他国家可能会埋怨我们暴露了它们在灾难面前的脆弱性。他们要我去把这些风险报告给大臣的做法是相当正确的，但是在当时的我看来，形势似乎非常严峻，所以我很担心。我们已经耗费了不少心血，得到了许多其他国家的科学家、慈善家和专家的慷慨相助，这一切都要付诸东流吗？我的担心是多余的。在我从德国波茨坦研究所访问气候科学家回来的火车上，我收到了安尼利女男爵的私人办公室的答复。"大臣读了你提交的文件。她认为半途而废才是最大的风险。"

现在的情况无疑是相同的。面向政府首脑的风险评估很可能遭到批评，或许是多此一举，永远不可能尽善尽美，但是为什么不尝试一下呢？

回顾情报界未能预见世界贸易中心遭受恐怖袭击的教训，"9·11"委员会写道："自珍珠港以来，美国政府这几十年间煞费苦心开发出来的察觉、预警突然袭击的方法并没有失败；问题在于，我们其实没有真正运用这些方法。"❶

迄今为止，在将气候变化风险传达给政府首脑这个问题上，我们的处境其实是相同的。这就是本书第一部分想要传达的信息。在公共卫生、国家安全、金融和工程等领域，我们都认真地运用了风险评估的原则和惯例。这些方法并未在气候变化领域失效。问题在于，我们其实还没有真正将其运用于气候变化领域。我们没有抬头看大坝，而是依旧在顾左右而言他。

如果我们想要我们的领导人正确地应对气候变化的威胁，那我们就应该不遗余力地全面评估风险，并且清楚地传达给他们。毫无疑问，这样做还不足以实现我们需要的全球经济脱碳速度提高五倍的目标。但是如果不这样做，我们还能有希望吗？

牛津圆环的那艘粉色的船上面写的话是对的，我们应该"说出真相"。

---

❶ 《9·11委员会报告：美国遭受恐怖袭击国家委员会最终报告》，第347页。

第二部分

经济学

第八章

比无用还要糟糕

　　本书第一部分讲的是我们对气候变化问题的了解。剩下的两部分讲的是我们的应对办法。在完全转移重心之前，我们要简单地看一看经济学是如何看待气候问题与对策的。这涉及价值判断：根据我们对气候变化问题的了解，付出多少代价才是值得的？

　　经济学试图以一种看似有说服力的简单方法来回答这个问题。大概是这样的：气候变化会造成损失。气候变化的幅度越大，损失就越大。限制气候变化也是要付出成本的。我们越努力减少全球碳排放，付出的成本就越高。只要减排的成本低于减排所避免的气候变化会造成的损失，那么减排就是值得的。超过这个节点，那就不值得了。额外采取一些减排措施的成本刚好等于其避免的气候变化造成的损失的那个节点就代表着应对该问题的"最佳"对策。为了获得最佳的经济效益，我们应当只采取这个水平的应对措施。

　　威廉·诺德豪斯（William Nordhaus）就是从事此类分析的著名经济学家。2018 年，经济学界为此给他颁发了诺贝尔奖。然而，他的结论有些奇怪。他估算的"最佳"水平的减排措施会导致全球气温在 22 世纪早期的几十年内上升大约 4 摄氏度。[1]IPCC 对这种幅度的气候变化的风险的描述是"高至非常高"，可能会导致"大量物种灭绝、全球和地区粮食安全面临巨大风险，而且高温和高湿度相结合，会威胁人类活动，包括在一年中的部分时间在某些地区的室外劳动或种植粮食。"[2]世界银行对升温 4 摄氏度的后果的描述是毁灭性的。[3]显然，这不太像是"最佳"的。

某些气候变化活动人士最初看到诺德豪斯的研究成果以后认为他收了化石燃料公司的钱，参加了散布虚假信息的全球性宣传。我很确信他没有收钱。但是假如他的确想要阻止我们应对气候变化，那他的行为基本是完美契合他的目标的。

诺德豪斯得出不合理的结论的原因是他的计算过程是不合理的。我们来看看他的研究经过。

估算气候变化造成的损失：错误的精确度和主观的选择

在本书第一部分，我们看到了气候变化的许多风险是非常难以确定的。例如，升温 3 摄氏度对巴基斯坦水稻产量的影响可能是增产 23%，也可能是减产 24%。海平面上升十米可能要花几百年，也可能要花几千年。我们可能会超过临界点，致使亚马孙雨林消失，全球变暖的进程可能会加速，然而也可能不会。科学家不确定这些不同的结果发生的概率是怎样的。他们相互之间也

---

[1]　W. 诺德豪斯（Nordhaus），2018。

[2]　IPCC，2014b，第 14 页。

[3]　世界银行，2014。

各执一词。没有科学家会假装自己能确定任何一种可能性。既然连科学家都不确定，那么经济学家就更不可能了。

如果说气候变化的直接原因难以确定，那么间接或系统性风险就更是如此。假如气候变化致使世界上的某些地区不再适合人类生活，世界各国会通力合作，重新安置受影响的人口，还是会走向战争？安全分析师会告诉你他们的想法，但是他们不会假装自己知道任何一种可能性的概率和程度。既然安全分析师不能确定，那么经济学家同样不能。

面对这些巨大的不确定性，诺德豪斯做了什么呢？他早期的一篇论文清楚地说明了他的做法。在列举气候变化造成的损失和收益的表格上，有的条目是一个范围（气候变化对农业的影响：从负一百亿美元到正一百亿美元），有几个条目是精确的估算值（减少使用"非电力供暖"：11.6 亿美元的收益），还有五个条目没有数字：三个是问号，一个是"小加号或减号"，还有一个是"加号"。惊人的是，诺德豪斯把这些条目都加在了一起，得出了一个精确的答案：估计对美国经济造成的总净损失是 62.3 亿美元，即 GDP 的 0.26%。❶

就算你不是数学老师，你也能知道，问号是没法相加的。在我第一次准备这个话题的演讲的时候，我要我当时七岁的女儿把两个数字和一个问号加在一起。她马上就说："加不了。"

数学老师甚至会更加严格，因为给出如此精确的答案意味着你是很有把握的。既然你说你估算的气候变化对美国经济造成的损失是 62.3 亿美元，那么你肯定相当确定真正的数字就在 62.25 亿美元到 62.35 亿美元。但是你计算过程中对农业的影响那个条

---

❶ S. 丰托维奇（Funtowicz）与 J. 雷夫茨（Ravetz），1994。

目是从负一百亿美元到正一百亿美元的范围。还有几个条目是问号。既然如此，那么你能够得出的答案最多也就是一个问号。

在不确定性面前假装精确还不是唯一的问题。这个计算过程中还隐藏着许多价值判断。气候变化会导致物种减少，致使许多人流离失所甚至失去生命。这些东西的价值该怎样确定呢？经济学家可以选择一种估值方法——比如，根据某国的 GDP 来评估其价值，或者用"人类生命的统计价值"来衡量死亡的损失——然而评估价值的方法有很多种。方法的选择一定是主观的，我们没有办法客观衡量这些东西的价值，它们的价值因人而异。

同样，我们该如何评估未来相比于现在的价值呢？经济学家评估未来的事物会用上折现率。如果你是正在考虑投资的企业，那么或许有办法客观地确定这个概率。但是如果你从社会的立场出发，考虑这颗星球未来的宜居程度，或者作为父母考虑你孩子的未来，那么这个概率完全是由你决定的。你大可以认为未来比现在重要得多。

哈佛大学的经济学家马丁·韦茨曼（Martin Weitzman）曾经说明，如果你考虑了气候变化造成灾难性后果的可能性，并且在评估避免这些后果的重要性时抱有开放的态度，那么对于气候变化造成的损失，我们可以得出的估算值是没有上限的。❶气候变化造成的损失既可以小到没有，又可以大到无限。你、我或者其他人都和威廉·诺德豪斯一样有资格做出自己的判断。韦茨曼坦然承认了这个结论是显而易见的，但是为了更好地说服某些人，他特意花了时间用经济学理论和代数来加以证明。

---

❶ M. 韦茨曼（Weitzman），2011。

估算气候变化应对措施的成本：更多的猜测

那么用于避免危险的气候变化的应对措施的成本呢？这些成本同样是难以确定的。十年前，几乎没有人能预见到太阳能和风力发电的成本会是今天这样。同样，我们现在也不能断言未来的零排放工业和农业的成本。

诺德豪斯等经济学家假定减少碳排放一定要付出高昂的成本，而且我们减少的碳排放越多，付出的成本就越高。然而，我们迄今为止的经验却并非如此。太阳能板和风力发电机现在的发电成本是低于天然气和煤炭的。最初开发这些技术的确要耗费大量的资金。但是一旦开发完毕，它们就可以源源不断地为我们提供廉价的电力。

有一些经济学家认为，综合来说，就算我们根本不在乎避免危险的气候变化，全球经济向零排放经济转变也是利大于弊的。这方面问题尚无定论，所以我们暂时只能承认我们不知道这一点在等式中是正数还是负数。诺德豪斯对于气候变化造成的损失的估算毫无意义，而他对应对措施的成本的估算也同样不可信赖。

"最佳"对策

即使我们相信我们对气候变化造成的损失和应对气候变化的措施的成本的估算是正确的，像诺德豪斯那样把它们加起来，想确定"最佳"水平的应对措施其实也是不正确的。

你可以根据你所在区域的房屋火灾的统计数据来算出你的房子明年失火的概率——假设你防范火灾的意识和你邻居的平均水平相等。你也可以估算出你的房子和财产毁于火灾会给你造成多少损失。把二者相乘，你就得出了明年你预计会遭受的损失额。把这个数字和保险费相比，保险费肯定是更高的。这是一定的，否则保险公司就没法赢利了。因此，成本效益分析的结论是，你不应该买保险。

那为什么我们都要买保险？正如经济学家弗兰克·阿克曼（Frank Ackerman）所说，风险管理的决策通常更加注重对于最糟糕的情况的评估，而不是居于中间的估算值。我们完全知道我们很可能会亏钱，但是我们还是会买保险，因为我们想避免我们认为不能接受的那种结果。大规模投机活动的决策也是一样的：大家都知道自己大概率会亏钱，但是依然选择买彩票，因为万一中了大奖，获得的收益是天翻地覆的。

气候变化是个风险评估问题，所以我们应该像看待保险那样看待气候变化。换言之，要了解风险，然后确定我们愿意付出多少代价来把风险降低到我们认为可以接受的水平。因此，即使成本效益分析可行，那也是没有意义的。

总而言之，诺德豪斯是选用了一个主观的数字和一个不可靠的数字，然后用不恰当的方式加以处理，才得到结论，给出了应对气候变化的"最佳"水平的措施。这个结果显然没有价值，但是它有影响吗？

比无用还要糟糕

我相信是有影响的。这种经济学分析对公众、决策者乃至经济学界本身都有负面影响。

它不利于公众正确认识气候变化的风险，因为它很轻视气候变化问题。最著名的气候变化经济学家之一尼古拉斯·斯特恩解释过个中原因。❶ 第一，经济学模型测量的是可以测量的事物。而最大的风险却是最难确定的，所以他们经常不计算这些风险。第二，我们目前掌握的关于气候变化造成的损失的数据涉及的时间段主要是现在或者不远的未来。要估算较大幅度的气候变化造成的损失，那就需要推测。而这一步采用的是纯粹编造出来的等式。❷［就像物理学家多因·法默（Doyne Farmer）说的那样："这些等式是经济学家从屁股里拉出来的。"］这些等式通常会低估风险。第三，模型普遍假定气候变化不会影响经济增长——尽管有大量证据显示，气候变化可能会影响土地、劳动力和资本，让我们所有人在未来都比现在更穷。以这个假设为前提，气候变化造成的经济损失必定看起来微不足道，因为在此前提下，未来的人类一定比现在富裕很多倍。

换句话说，当经济学家估算气候变化造成的损失占全球GDP的比例的时候，他们是在根据一个不切实际的小数字（气候变化在近期造成的损失），用主观的方法加以推测（为了得出未来的损失额），然后将其除以一个不切实际的大数字（预测中未受影响的未来的GDP）。所以经济合作与发展组织（OECD）告诉我们，面对气候变化毫无作为导致的损失"可能高达世界人均消费额的14%"。❸ 同样，IPCC也说过，2摄氏度的气温变化每年造成的经济损失可能在全球收入的0.2%~2%——这相当于在说，2摄氏度的气温变化的总体经济影响就是让全世界要在2051年才能达到原本在2050年就能达到的繁荣程度。如果这些估算值是正确的，那我们就根本不需要担心气候变化了。斯特恩的结论

---

❶ N. 斯特恩，2013。
❷ R. 平代克，2017。
❸ OECD，2012。

是："许多科学家告诉我们，我们的模型极其严重地低估了风险。在这种情况下，把目前政策分析所用的主流经济模型当作可靠的核心论据是不负责任的。"

不幸的是，许多人对这种经济学分析依然只看表面，把它们当作可靠的依据。我见过一些慈善家就是因此断定气候变化不太重要，自己应该主要关注人工智能的相关风险。在政府内部，我也见过 OECD 这样的估算值多次出现在提交给各位大臣的简报上。对官僚来说，引用权威机构的研究结果可比论证这些研究结果是在胡说八道要容易得多。

如果说这种分析对公众没有好处，那么对决策者而言就更是如此。它不仅把灾难性风险描绘得不值一提，而且假装它知道我们究竟应该付出多少努力，采取怎样的政策。诺德豪斯的模型和其他类似的模型已经被用来计算"碳的社会成本"（Social Cost of Carbon）。这是把气候变化造成的全部损失除以"最佳"水平的应对措施减少的碳排放的吨数得到的结果。一般认为，这反映的是每减少一吨碳对社会产生的价值。许多政府已经用这个数字来评估减排政策的性价比——换言之，借助它们决定是否要采取行动。

我们已经看到，这里的问题在于，这个数字完全是主观的。2013 年 11 月，白宫经济顾问委员会将其正式公布的碳的社会成本从每吨 38 美元修改为每吨 37 美元，声称这是通过"严格评估成本和效益""运用目前最先进的科学知识"而得到的数字。与此同时，目前最先进的科学知识告诉我们，碳的社会成本可能小到没有，也可能大到无限，具体如何因人而异。编造出来的数字无助于制定政策。它并没有告诉我们，设置某种水平的碳税是否会产生效果。也许投个骰子反倒更有指导意义。如果我们真以为这个数字反映了有意义的东西，那我们很可能会因此犯错。

最后，姑且不管公众和决策者，这样的分析对经济学界本身也是没有好处的，因为它会损害公信力。看到错误的精确度，人们就会心生疑虑。

当我加入能源与气候变化部的时候，英国正在经历最激烈的公共讨论之一：是否要退出欧盟。大家认为这件事涉及很多方面：与我们最近的邻国的贸易关系、移民控制，以及英国的政治和文化认同。当时的政府试图用经济学分析来说服大家同意留在欧盟之内。英国财政部发布了号称"严谨、客观"的报告，声称脱欧会给每个英国家庭平均每年造成 4300 英镑的损失，失业人数也可能会增加至最多 82 万，同时房价会下跌最多18%。❶OECD 也发布了类似的估算。❷

就跟诺德豪斯对气候变化的经济学分析一样，这些看似精确的估算其实包含巨大的不确定性。英国最终会签署怎样的新贸易协定？谈判的过程要耗费多少时间？脱欧以后能够独立制定更多政策，但也失去了在全球最大的市场制定标准的影响力。二者相比，孰轻孰重？老实说，没有人知道英国脱欧的经济影响是大是小、是好是坏。

在公投前最后一个月的宣传活动中，时任司法大臣的迈克尔·戈夫（Michael Gove）发表了著名言论："这个国家的人民已经受够了专家。"❸不少人认为他在鼓吹民粹主义，于是对他大加指责。但是公投八个月后的一次调查显示，他至少对了一半。❹

---

❶ 英国财政部分析显示，脱欧将给英国家庭造成每年 4300 英镑的损失。
❷ OECD，2016。
❸ 《金融时报》：戈夫称，英国已经受够了专家。
❹ A. 霍尔丹（Haldane）与 A. 特里尔（Turrell），2017。

无论男女老幼、南北、贫富、工党还是保守党、支持脱欧还是留欧，都不信任经济学家。几乎每一类人群给经济学家打出的信任评分都是负数。这是否代表他们排斥所有类型的专业知识？根本不是。这次调查同时发现英国人民是很信任科学家的。他们给科学家打的分数是 40%~70%。这个国家的人民没有受够专家，他们只是受够了经济学家。

这三个问题——轻视风险、主观的政策指导和损害公信力——令我赞同 MIT 经济学教授罗伯特·平狄克（Robert Pindyck）的评价：威廉·诺德豪斯等人的经济学模型不仅是不好，而且是"比无用还要糟糕"。❶ 正如平狄克所说，根据这些模型做出的分析"制造了知识与精确的假象，会欺骗决策者，令他们以为这些预测是具备某种科学依据的"。❷ 我个人比较希望我们所有人都不受欺骗。

为何白费力气？

在个人生活和公共政策的许多重要领域，我们都同意必须在不确定的情况下做出重要的决定。我们不知道我们是否真的会遇上战争，但是我们依然会给军队提供军费。我们不确定我们的孩子能够在学校学出怎样的成绩，但是我们依然会通过税收或私人途径承担他们的学费。在这两个例子中，我们都必须决定要投入多少资源，但是我们并不指望能够神奇地发现"最佳"投入水平。

气候变化也应该是这样。我们可以像本书所描述的那样，依

---

❶ 《澳大利亚金融评论报》（*Australian Financial Review*），2015。
❷ R. 平狄克（Pindyck），2017。

靠科学家和其他具备相关专业知识的人来告诉我们风险大小，而不必用单单一个数字来表达风险。我们可以（也确实是这样做的）在公共讨论中探讨我们对这种风险的重视程度，公开地考虑所有价值观念，而不要隐晦地把这一切变成模型中主观的等式。我们可以根据每项政策的预期效果来决定投入力度，而不需要把某个神奇的数字当作参考标准。

既然如此，为什么某些经济学家觉得有必要继续白费力气，尝试量化那不可量化的事物，为天然主观的问题找到完美的客观对策？为什么诺德豪斯的研究方法的谬误早在 1994 年就暴露无遗，❶可经济学界依然在二十多年以后给了他诺贝尔奖？为什么在尼克·斯特恩等专家声明过度信任这种分析是不负责任的行为以后，OECD 和白宫经济顾问委员会这样的机构依然把此类分析奉为圭臬，各国政府也依然以此为据，制定政策？

要回答这些问题，我们必须深挖经济史的泥淖，找到诺德豪斯的观点的根源。这就是下一章的话题。挖出这些根源是有意义的，因为我们可以看到它们还造成了哪些影响。

---

❶ S. 丰托维奇（Funtowicz）与 J. 雷夫茨（Ravetz），1994。

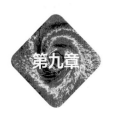

配置稀缺资源

19 世纪 50 年代晚期，就在约翰·丁达尔发现温室效应，为气候变化科学奠基的同时，一个没能成为数学家、工程师和小说家的法国人莱昂·瓦尔拉斯（Léon Walras）开始给后来的主流经济学奠定基础。不同的是，丁达尔的发现经受住了科学的检验，瓦尔拉斯的理论则不然。不过即便如此，他的理论也仍旧对经济学产生了深远的影响。而现在，这些理论妨碍了我们高效地应对气候变化。

我会简短地说明这是怎么回事，它又会引领我们走向何方。我的描述肯定会过于简略。经济学是个复杂的领域。有不少经济学家正在从事十分有益的工作。我的批评是从经济学建议的接受者的角度出发的。我批评的目标则是一些具体的我认为没有正面影响的错误思想，至少是在这些思想被应用于气候变化领域的时候。我会把这些思想称作"均衡经济学"，因为贴上标签方便理解，而且我认为均衡的思想是问题的核心。

某些读者，尤其是接受过经济学教育的读者很可能会认为这里的均衡经济学是我立起来的稻草人、假想敌，并不能代表经济学的现状。我必须强调：经济学的学科现状并非我关注的重点，我关心的是应用于实践的知识——是哪种经济学在影响政策。如果你倾向于认为均衡经济学是个稻草人，那我请你暂时搁置你的疑虑，先来看一看这个稻草人的所作所为。它不代表多种多样的学术研究，但是它的确号称权威，主导了公共讨论，并且直接影响了政府决策。在接下来的几章中，我会简要地解释为什么我说它的影响无助于我们应对气候变化。如果看完我列举的例子以后，你没有了为这个稻草人出头的兴趣，那我会邀请你和我一起把它丢进火堆、肥料堆或者其他你想丢弃的地方。

这个问题也可以用另一种方式来表达。均衡经济学的思想应用在合适的领域是没有什么问题的：在可以假定经济结构不会改变的场合。但是超出了合适的领域，它就会给我们提供错误的答案。

经济机器

对我们今天的认知影响最深的那些经济学家当年是把经济当作机器的。这并不是偶然的。

17 世纪，牛顿证明了一套固定的规律足以解释太阳、月亮、行星和地球上的物体的运动方式。诸如此类的发现影响深远，不仅引发了科学革命，同时也催生了一种新的哲学。人们开始把宇宙看作一台巨大的机器。宇宙不再是不可认识的，而成了可以了解，并且可以精确预测的事物。上帝也不再被想象为牧羊人，而是被当成了钟表匠。❶

物理学的进一步发展加深了这种机械论世界观。电学和磁学

---

❶ A. 麦格拉思（A. McGrath），2018。

令人类得以解释并预测更多自然现象，同时也孕育了新的技术和产业。随着 18 世纪末、19 世纪初第一次工业革命到来，机器进入了许多人的日常生活，上帝的钟表匠形象也变得更有说服力了。

1859 年，正是在这种背景下，莱昂·瓦尔拉斯转而开始研究经济学。他认为经济学应该也像物理学那样有一套严谨、精确的理论。如果说宇宙是一台巨大的机器，那么经济一定也是一台机器。我们怎么会不能了解并预测其运动规律呢？

瓦尔拉斯从物理学那里借用了一个概念来充当他机械、可预测的经济理论的基础。这个概念就是均衡。

在物理学领域，均衡是指平衡的状态。一杯热茶会逐渐变凉，直到它的温度变得和周围环境温度一样。然后，茶、杯子和空气便处于热平衡状态。山谷中的水会流向最低点。如果无法通往大海，水就会汇聚于此，形成湖泊。湖水是静止的，因为它和周遭的物理环境达成稳定的平衡。地球绕日公转同样是一种平衡：太阳对地球的引力刚好足以维持二者之间的距离，使得地球既不会掉进太阳里，也不会飞到外太空去。在这些物理学的例子中，平衡的概念是有助于预测的：我们知道茶的温度会降到多少；我们可以预测山谷里的水会流往何方；我们也可以计算出地球的公转速度。

瓦尔拉斯认为均衡的概念对经济学来说同样是有价值的。他提出，市场一定会趋于供求均衡。如果人们在市场中尚未拥有自己想要的产品，那他们就会与其他人交易，直到实现均衡。对于市场中的任何一种产品，只要知晓其供给和需求的数量，就可以预测这种产品的交易价格。

就像埃里克·拜因霍克（Eric Beinhocker）在《财富的起

源》（*The Origin of Wealth*）中所说，瓦尔拉斯的同时代人和后来者发展了他的这种思想。❶威廉·斯坦利·杰文斯（William Stanley Jevons）证明，只要人们有不同的偏好和有限的资源，那么他们之间的交易必将导致市场趋于均衡。维尔弗雷多·帕累托（Vilfredo Pareto）论证称，如果市场中所有人都尽量在交易中改善了自己的境况，并且没有人的处境因交易而变坏，那么市场达到的这种均衡就可以代表一种"最优"。此时，没有人可以在不损害其他人的前提下改善自己的境况。因此，这一定代表着最优的经济资源配置。让人意外的是，这种理论告诉我们，市场一定会自发达到这种最优状态。❷

新古典经济学家在20世纪进一步发展了这些思想。1954年，肯尼斯·阿罗（Kenneth Arrow）和杰拉德·德布鲁（Gérard Debreu）论证说明瓦尔拉斯的"一般均衡"思想不仅适用于单个市场，而且适用于整个经济。因为有一些商品可以用其他商品替代，同时某些商品与其他商品组合在一起更有价值，所以所有市场都是互相联系的。阿罗和德布鲁证明，在某些假设条件下，各个市场之间的相互作用必将使得整个经济趋于"最优"均衡状态。

早期的经济学家发展均衡经济学是为了令其变得更加严谨、科学，但是后来它能建立起稳固的地位却和其他文化因素脱不了干系。冷战期间，因为这些理论证明了自由市场是推动经济发展的最佳方式之一，所以一些政治领导人和知识分子对其青睐有加。还有一些人支持这种理论或许是因为它有利于说服政府减少

---

❶ E. 拜因霍克，2010。

❷ 这一段以及下文几段对均衡经济学的思想发展的总结源于埃里克·拜因霍克的《财富的起源》第二章。

干涉经济，维护目前让他们受益的财富分配方式。诸如此类的原因导致均衡经济学的理论得到了过度的夸大和解读，使得其应用范围超出了理论提出者的设想。

现在，始于瓦尔拉斯的这些思想已经具有非常牢固的统治地位。各国央行和财政部都离不开均衡模型。全世界最权威的经济学期刊上的各种讨论基本都是在均衡范式的大框架内的。大学课堂把均衡经济学视作本门学科的基础，同时还普遍把其他观点归为经济学史的教学内容。❶ 均衡经济学主导了政府看到的政策分析，也主导了政府自己开展的政策分析，虽然这种主导的程度在不同国家并不相同。在英国的官僚体系内，经济学家想要找到新工作或者升职就必须回答在政策中应用经济理论的问题。要顺利过关，他就必须根据均衡经济学给出"正确"答案。

气候变化方面的政策也不例外。上一章分析过的威廉·诺德豪斯的研究成果就继承了瓦尔拉斯的精神衣钵。诺德豪斯假设经济问题有一个最优解，而且我们可以像计算地球绕日公转速度一样客观、精确地算出这个最优解。所以他才继续白费力气，寻找社会应对气候变化的最优措施。他找到的最优解就是继续减排的成本和继续避免气候变化的好处完全相等的那个节点——这就是一种均衡状态。这种思想的影响十分广泛，所以虽然诺德豪斯的方法明显是错误的，结论也很不合理，但是他仍然得到了诺贝尔奖。

均衡经济学的思想已经无处不在，所以我们甚至有可能会察觉不到自己正在运用这种思想，或者在采取重要决策的时候不自觉地把经济当作机器。

---

❶ J. 厄尔（J.Earle）、C. 莫兰（C. Moran）与 Z. 沃德-珀金斯（Z. Ward-Perkins），2017。

科学的语言，而非科学的方法

为了让经济学变得更加"科学"，瓦尔拉斯采用了科学的语言，但没有采用科学的方法。

科学的语言一般是数学。瓦尔拉斯决心要让经济学更加数学化。这一点，他成功了。在此之前，这门学科曾经被称作"政治经济学"，而且有许多伟人用了哲学方法来从事经济学的理论研究。但是在瓦尔拉斯以后，数学有了更加重要的地位。

瓦尔拉斯的徒子徒孙往往和他一样崇尚数学，轻视逻辑推理。被誉为新古典宏观经济学代表人物的罗伯特·卢卡斯（Robert Lucas）在回忆录中写道："和许多同行一样，我深深地认为，如果不用数学来阐明经济理论问题，我就不知道自己在做什么了。我甚至认为不能说数学分析只是研究经济理论的许多方法中的一种。数学分析是唯一的方法，经济理论就是数学分析。其他的都只是图画和空话。"❶

为了解决数学问题，瓦尔拉斯和他的后继者不断地补充关于经济运转方式的假设。瓦尔拉斯最初的均衡理论要求假设人们的行为都是为了经济利益最大化。他还不得不假设市场中所有商品的价格都由竞拍来决定。杰文斯证明市场会自发达到均衡的前提是关于"收益递减"的假设——即每次追加生产投入得到的产出会越来越少。帕累托能够论证这种均衡代表最优状态的前提是假设所有人都绝对不会在交易中吃亏。

随着均衡理论应用的范围越来越广，它所补充的假设也变得越来越不现实。阿罗和德布鲁能够证明整个经济都一定会达

---

❶ R. E. 卢卡斯（R. E. Lucas），2004。

到完美的均衡状态是因为他们假设市场中的每一个参与者都拥有至少一定数量的所有商品，同时，这些参与者知道世界未来可能处于怎样的状态，也知道所有状态出现的概率，并且根据这些可能的状态计算出最有利于自己的经济结果，然后做出决策。此外，他们还必须假设，对任何商品或服务都存在一个期货市场可以交易这种商品或服务的买卖权利，同时，市场中包含所有商品和服务。❶

一般说来，没有人会相信这些假设是正确的。瓦尔拉斯很清楚，世界上没有那样一位能管理市场中所有交易的神奇拍卖师。均衡经济学的早期批评者也知道，人们决策之前并不会很精细地考虑所有可能的选项，然后计算出最优解。1910 年，经济学家 E.H. 唐尼（E.H.Downey）写道：

深思熟虑、理性选择在人类世界只占一小部分。我们更多的行为取决于习惯而非计算……计算很麻烦。听从建议行事远比权衡多个选项要轻松得多。买领带最顺畅的方式就是走进商店，看到琳琅满目的领带，然后选中店员热情推荐的那条宽领带。相比之下，全面考察款式、颜色、价格以及购买资金的其他用途可实在是太无聊、太乏味了。❷

我的妻子可以为证，我对此无比赞同。后来，行为经济学重新诠释了唐尼的这番话。

同样，没有人会相信人类真能知道未来世界处于各种状态的概率。事实恰恰相反，我们对很多事情都非常不确定，对某些事

---

❶　拜因霍克，2010，第 38 页。
❷　E. 唐尼（Downey），1910。

情更是一无所知。❶ 没有人会认为所有商品都存在一个期货市场。大多数人知道权力和价格一样会影响经济：有时候工人会接受降薪，或者付款人会接受涨息，虽然他们并不情愿。至迟从 20 世纪 30 年代开始，我们就知道了收益递减的"定律"未必成立。飞机工程师西奥多·保罗·赖特（Theodore Paul Wright）发现了一种正好相反的效应的证据：他生产的飞机越多，制造每一架飞机所需的成本就越少。现代经济中的很多企业，包括社交媒体和科技企业都可以证明规模收益递增。

科学的方法包括提出假设，根据假设展开预测，然后通过观察来验证预测。如果假设不符合观察结果，那就必须抛弃这个假设。如果一种理论的有效性取决于特定的假设，但是这些假设不符合事实，那就应该抛弃这种理论。

瓦尔拉斯和他的后继者早该认识到这一点。当他们的假设明显不符合现实的时候，他们就应该抛弃这种离不开这些假设的理论。在这些假设不成立的情境中，我们没有理由相信市场或者经济处于均衡状态。其实，我们也没有理由相信经济像机器一样稳定、可以预测。

瓦尔拉斯更喜欢科学的语言，而非方法。他就在不现实的假设的基础上编造了等式。这些等式是自洽的、可解的，但未必能可靠地反映现实。当瓦尔拉斯写信给他敬仰的科学家亨利·庞加莱（Henri Poincaré），请后者对自己的工作稍加指点的时候，庞加莱回信说，他的理论包含了"任意函数"，而由这些任意函数

❶ 演化经济学家理查德·纳尔逊（Richard Nelson）和悉尼·温特（Sidney Winter）已经在《经济变迁演化理论》（*An Evolutionary Theory of Economic Change*）中指出，如果每一个人都对未来了解得一清二楚，那就没有人需要经济分析了。

推导而来的所有结论都是"毫无意义"的。❶一百多年以后，经济学家罗伯特·平狄克提出了相似的批评。他说气候变化经济模型的开发者"只是编出了任意的函数形式"。❷平狄克的观点和庞加莱是一样的：由此得出的任何结论都没有意义。

20 世纪最著名、最有影响力的经济学家之一米尔顿·弗里德曼（Milton Friedman）更是严重偏离了科学方法。他甚至声称，假设不切实际也没有关系，只要根据这些假设建立的理论能够给出正确的预测即可。❸这显然很荒谬。假如我相信地平说，假设地球是平的，然后我用这个理论预测世界上所有地方的人都会感觉自己是笔直地站着的。这个预测是正确的，但不能说明地平说是正确的。观察所得的事实是，地球是圆的，所以这个假设是错误的。因此，我的理论没有解释力，应当被抛弃。

今天的经济学依然缺乏对科学方法的理解。有些经济学家声称不现实的假设是有助于理解的必要手段，就像是伦敦地铁系统的官方地图上的简图。❹这是把简化和歪曲混为一谈了。地图上的地铁线路是笔直的，不是弯弯曲曲的。地图还为了让我们看得清楚而把它们隔开，没有画出精确的地理路线。这些都属于简化，因为这并没有影响到地图想要传达的信息。我仍然可以顺利画出从我家到办公室的路线。如果地图上不同线路相交的地点是错误的，如果它画出了实际并不存在的站点，如果它暗示地铁会飞或者会瞬间抵达目的地，那就是歪曲了。这张地图就没有了解释力。如果我还用它来指路，那我只会迷路。

---

❶ 拜因霍克，2010。
❷ R. 平狄克，2017。
❸ M. 弗里德曼，1966。
❹ 《前景杂志》（*Prospect Magazine*），2017。

均衡经济学的基本假设的虚假性——或者说，它们至少不适用于大多数场合——已经得到广泛承认，所以有一些经济学家现在看起来并不想捍卫这种理论。他们反而想说明他们的工作和这些假设没有关系。在 2018 年英国报纸和杂志上开展的一场讨论中，一位经济学教授写道："我真的想不出对哪一位（学院派经济学家）来说，'新古典主义的原则影响着他们的日常工作'……现代经济学大多是……实证检验，使用新的数据来源，处理决策者、公民和企业关心的迫切的问题。"❶ 但是理论和实践并没有那么容易分离。正如科学史学家托马斯·库恩（Thomas Kuhn）所说，理论决定了实验中提出的问题、使用的方法和解读实证结果的方式。

均衡经济学理论令我们把经济当作机器。以这种视角看待世界很容易看不清经济的运转方式中不像机器的部分：创造和变化的过程。

无视创造

最早的经济学家承认经济学这门学科必须至少考虑两个相当不同的问题：财富的创造和财富的分配。分配问题是怎样"分蛋糕"的问题。创造问题则是怎样做蛋糕的问题。

大约 2400 年前，希腊学者色诺芬在他的著作《经济论》（*Oeconomicus*）中试图回答这两个问题。这部著作也是经济学这个学科领域的名称的渊源。他在著作的前半部分着重探讨了一个家庭应该如何管理其拥有的资源。他认为这个问题主要指的是有

---

❶《前景杂志》，2018。

地位的绅士应该如何指导自己的妻子管理预算、购物和控制奴隶。该书后半部分的重点是这个家庭要如何增加自己的资源。这个问题主要涉及的是农业，因为色诺芬认为有地位的绅士就应该从事农业。

经济学家赫苏斯·韦尔塔·德索托（Jesus Huerta de Soto）将这两个问题定义为不同形式的经济效率。"分配"或者说"静态"效率指的是既有经济资源在一个固定的时间点上得到运用的效率。"动态"效率指的是通过创新、改进、投资和增长等过程创造新资源的效率。❶他写道，"明确区分静态和动态这两个不同的效率概念的传统甚至延续到了中世纪"，但是因为瓦尔拉斯根据机械物理学重塑了经济学，19世纪以后，"动态效率的思想在经济学领域几乎被遗忘了"。❷

看起来，这种遗忘很有可能是因为瓦尔拉斯决心要用数学语言来表达经济学。❸分配问题有数学解法：假设五个人要平分一个苹果派，我可以算出每个人应该分到多少。创造问题则不太适合用数学来描述，用一系列等式来描述制作好吃的苹果派的方法是不现实的。重要的步骤少不了定性分析。创造问题没有最优解：我们可以做出比较好吃或者比较难吃的苹果派，但是不可能做出最好的苹果派。面对这个难题，瓦尔拉斯选择了搁置创造问题。他假设经济中存在的商品数量是固定不变的。然后，他便专注于解决分配问题：实现供求平衡的过程中，商品会有怎样的定价，又会发生怎样的交易。❹

---

❶　J. 韦尔塔·德索托（J. Huerta de Soto），2014。

❷　J. 韦尔塔·德索托，2009。

❸　W. B. 阿瑟（W. B. Arthur），2013。

❹　拜因霍克，2010。

他搁置的并非是无足轻重的问题。经济中的商品数量不是固定的。恰恰相反，商品数量一直在变，一直在增长。我们每时每刻都在创造新的技术、商品和服务。正是这些新的可能性促使我们的生活变得越来越好。我们肯定有必要理解其创造的过程及运转的方式，了解如何引导或促进这个过程。

当然，经济增长的现象并没有遭到忽略。但是可以说，我们把它当作理所应当的现象，而并没有真正地解释并理解它。幸运的是，本书并没有必要详细探究经济增长理论的正确性。本书只需说明，两位研究经济增长的著名现代学者看起来都对这个领域的现状不太满意。

罗伯特·索洛（Robert Solow）创建了新古典经济增长模型。他假设经济会维持在均衡状态，而增长是由技术进步这个外部因素引起的。这种理论没有解释技术进步从何而来。索洛已经承认，批评新古典模型"是一种没有解释经济增长的主要因素的增长理论"的说法"不无道理"。[1]

世界银行前首席经济学家、内生增长理论（认为增长来自经济内部）的主要创立者保罗·罗默（Paul Romer）看起来意见更大。他写道，过去三十年，宏观经济学是在倒退。他说目前的经济学研究方法是"伪科学"，因为它"对真相不置可否"。[2]

对于创造过程的不了解会影响我们应对气候变化的能力。减

---

[1] R. 索洛，1994。索洛曾经表示赞成内生增长理论的原则——认为增长源于经济内部——但是他在 1987 年诺贝尔奖演讲中评论称，在实践中，所有内生增长模型"都有某个关键点依赖于一个基本是主观的线性假设，需要声称这个增长率是那个水平的函数……当然，这种说法可能是正确的，但是我目前见过的既没有经过实证检验，也没有让人信服的推理证明"。

[2] P. 罗默（Romer），2016。

少全球碳排放量需要迅速、广泛的技术创新。有人估算，大约一半的减排需要运用目前尚未商业化的技术才能实现。[1] 不理解创造过程的经济理论无法可靠地指引我们实现如此迅速的创新。

无视变化

经济中的变化和创造一样无处不在。不仅价格会随着供求而变，技术、商品和服务也在不断地变化。商业模式会变，基础设施会变，规章制度会变，市场会变，社会也会变。

没有人能够预测这些未来的变化，更不可能全面掌握未来的可能性。这种不确定性使得个人和企业都不可能计算出某个经济问题的最优解。正如经济学家布莱恩·阿瑟（Brian Arthur）所说："没有合乎逻辑的定义的问题不可能有合乎逻辑的解决办法。"我们最多只能形成一种看法或者猜想，认为哪些策略比较有可能成功，然后根据新获得的信息，不断地调整、放弃、更换策略。每一个人的行为都会影响其他人，所以不确定性会催生更大的不确定性，变化会导致更大的变化。不均衡是经济的自然状态。[2]

用一场足球赛来打个比方。在足球这种体系完备的活动中，规则是固定的，球场上的实体——球、球门和球员（忽略替补）——也都是不变的。即使在这种相对静止的环境中，球员和球队也会不停地尝试新的策略和战术，争取战胜对手。一种"没有人有任何直接理由改变行动，所以现状能够维持下去的情形"——即经济学定义的均衡状态[3]——根本不会出现。

---

[1]　IEA，2020。

[2]　W. B. 阿瑟（Arthur），2013。

[3]　J. 布莱克（J. Black），2003。

同样，金融市场的交易从不停歇，新的金融策略也一直是源源不断地出现，因为交易者始终想要跑赢市场。在更加不成体系的开放经济中，创业者、创新者、企业和投资者也会不停地寻找新的办法，努力创造机遇、发挥优势、击败对手。混乱的经济现实和均衡经济学想象中的那台静止不动、可以预测的机器相去甚远。

经济中的变化和增长一样并没有遭到忽视，但也没有得到主流的充分认识。思考经济的结构性变化的先驱人物——比如，研究政府支出影响就业的凯恩斯、研究技术革新的熊彼特（Schumpeter），以及研究金融不稳定性的海曼·明斯基（Hyman Minsky）——能够取得成果是因为他们背离了均衡范式。近几十年均衡经济学的统治导致我们对他们的思想运用和发展比我们能够做到的少。

经济学家尼古拉斯·斯特恩是这样描述为公共政策提供决策指导的经济学的："从基本原理来说，公共经济学并不忽视变化的过程，但是我认为我们的确可以说它们处于边缘，或者说没有得到应有的重视。"他写道，标准的方法是"比较静态"，也就是对比不同政策预计会产生的均衡结果。这不是动态研究，否则就应该去研究变化是怎样发生的、对人们产生了怎样的影响、对未来又有什么潜在影响。❶

搁置针对变化的研究无助于预测全球金融危机。大多数政府、央行和学院派经济学家都没能预见危机。他们最常用的模型对此无能为力，因为这些模型假设经济处于均衡状态，所以无法模拟或预测任何其他可能出现的状态。要让这些模型能够粗略模

---

❶ N. 斯特恩，2018。

拟现实的运转方式，那就必须对其加以主观定义、随机生成的外界"震荡"。上文引用过的世界银行前首席经济学家保罗·罗默把这些模型中"想象出来的力量"称作"精怪""妖精"和"燃素"。这正是为了强调，这些东西都是编造出来的。[1]这些模型都不能预见到全球金融危机，因为它们的设计就已经排除了金融危机发生的可能性。

打个比方，想象你有一个天气模型预测每一天都晴朗无风，而且气压和气温都是一样的。只有靠你拿着一根棍子乱戳，这个模型才会有变化。那你当然不会指望这个模型能够预测雷雨。

为了避免危险的气候变化，我们需要实现的经济的结构性变化远远超过了全球金融危机的影响。我们需要 IPCC 所说的"能源、土地、城市和基础设施（包括交通和建筑）还有工业体系的快速、广泛的变革……规模史无前例。"[2]这跟"没有人有必要的理由去改变行动，所以现状能够维持下去的情形"差了十万八千里。

政府的政策将是实现这些变化的关键。政策会参考经济分析，而经济分析又取决于经济理论。因此，我们对经济的理解会影响到人类文明的未来。需要说明的是，此处的关键不是最前沿的学术研究——是否有人在某个地方用不那么主观的东西代替了保罗·罗默的"精怪"或"妖精"是没有那么重要的。重要的是对理论的理解、解读以及投入实践去指导政策。

地球已经进入人类主宰的时代，人类活动正在成为塑造环境的主导力量，然而我们却依旧把经济当作机器。一百年前就应该

---

[1]　P. 罗默（P. Romer），2016。

[2]　IPCC，2018。

抛弃的理论直到今天都还在影响政策决定。我们还在用分配的术语定义经济效率——如何分蛋糕——对创造和变化的研究仍然没有得到足够的重视。❶ 指导各国政府应对气候变化的模型偏偏基本假定最核心的部分——大规模结构性变化——并不存在。❷

　　这种情况是难以为继的，我们要怎样才能补上这缺失的核心呢？

---

❶ 在写作本书时，得到多国推崇的英国政府的政策评价官方指南对经济效率的定义就采用了分配术语，而且明确引用了帕累托最优："实现经济效率就是指没有人可以在不损害其他人的前提下改善自己的境况。"

❷ N. 斯特恩，2018。

配置充足资源

如果说经济不是机器，那它到底是什么？为了让经济学帮助我们理解创造和变化，我们需要不同的思路。本章我将介绍一种我相信很有前景的理解经济的新方式。接下来，我们会在后面的章节探索这种经济学的新理解会对应对气候变化威胁的最佳方式得出怎样的全新结论。

新思路的种子

也正是在物理学领域最早有迹象说明，我们的宇宙或许并不像齿轮发条一样刻板、固定。牛顿力学可以无比出色地解释、预测包括星球在内的物体的运动。但是在解开旧的疑问的同时，牛顿的研究又带来了新的疑问。例如，我们该怎样预测三个质量相近、相互作用的具备引力的物体的运动？

牛顿定义了这个问题的两百年后，十九世纪的法国数学家亨利·庞加莱——就是在回信中蔑视瓦尔拉斯编造各种等式的那位——得出了一个惊人的答案：那就是没有答案。庞加莱证明了这个问题没有解析解。如果你想预测这三个物体的运动，那你只能通过模拟的方式——反反复复、无休无止地计算位置和力。❶ 这是一项重大发现，因为这证明了宇宙中并非一切都是可以预测的。

将近一百年后，20 世纪 60 年代，美国气象学家爱德华·洛伦茨（Edward Lorenz）在试图预测天气时发现了同样的问题。他发现长期的预测是不可能实现的。极其微小的初始条件差异都会在比较短的一段时间以后导致完全不同的结果，而且天气系统可以永不重复地变化下去。解析解是不存在的，模拟就是最佳形式的预测。我们现在已经习惯了这一点，我们知道天气预报不可能准确预测天气，但是可以借助于某些大型计算机，模拟短时间内天气系统的活动方式，从而告诉我们天气最有可能是怎样的。

与此同时，洛伦茨也发现了一些规律。虽然受他启发而诞生的这个新的研究领域一度被称作"混沌理论"，但是他发现，天气的活动方式并不是完全随机的。它具备可以辨识的模式、结构和有序的形式。也就是说，虽然长时段的准确预测或许是不可能的，但是我们未必不能加以理解。

十年以后，生物学家发现，洛伦茨的新数学模型让他们第一次理解了为什么某些动物种群的数量有时候看起来较多，有时候较少。之前，他们一直想要找到均衡解，但始终无法解释观察到的现象。现在，通过研究种群的内部动态，他们知道了那种不稳定的活动方式是如何产生的。❷

洛伦茨发现"混沌"导致了研究复杂系统的新领域的出现。"系统"是通过相互作用构成可辨识的整体的多个实体。"复杂"系统则是拥有许多相互作用的部分，因此活动方式难以预测的系

---

❶ Physics Central。混沌才是常态。

❷ 同上。

统，例如活细胞、人脑、有机体、森林、飓风、交通网络、城市、太空中的三块大石头还有宇宙。

这种看待世界的新方式不仅革新了物理学和生物学，而且改变了我们对宇宙本质的理解。

如果说太空中三块体积相近的石头都算复杂系统，那经济——包含更多相互作用的"石块"和其他东西，而且其中一部分实体有自己的思想——肯定也属于复杂系统。准确地说，经济是复杂的适应性系统，因为其中的各组成部分会尝试适应自身所处的状况。他们的行为会进一步改变系统本身，从而加剧系统的复杂性。因此，经济不像机器。它也不是很像天气。它更像是生态系统。

20世纪早期，托尔斯坦·凡勃伦（Thorstein Veblen）和约瑟夫·熊彼特等经济学家直观地察觉到经济中的变化可能是某种演化过程的结果。到了20世纪80年代，理查德·纳尔逊和悉尼·温特等思想家已经把这种思想发展为一门新的分支学科：演化经济学。❶

与此同时，从20世纪50年代开始，计算机科学家和组织管理研究人员在麻省理工学院的杰伊·福里斯特教授（Jay Forrester）的领导下，一直在研究处理复杂系统的实用方法："系统思考"（Systems Thinking）。这种方法专注于了解系统中各个部分的相互作用造成的反馈。我们已经在前文见到了反馈对气候系统的活动方式具有多大的意义。增强反馈会促进变化，例如气温升高会导致海冰融化，而暴露在阳光下的海水又会吸收更多热量，导致气温进一步升高。平衡反馈则像是你家里的恒温器，倾

---

❶ R. 纳尔逊（Nelson）与 S. 温特（Winter），1982。

向于减缓变化。福里斯特和他的同事发现，他们可以通过了解复杂系统中的反馈来理解系统的活动方式。他们也可以定性地预测系统可能会有怎样的表现，并且找到改变系统活动方式的有效途径。

20世纪90年代，随着冷战结束，这些新的思维方式被加速引入经济学研究。埃里克·拜因霍克是后来得名的"复杂经济学"最杰出的历史记录者。据他所说，美国和苏联突然削减国防开支导致一小批全世界最优秀的核物理学家、高等数学家和火箭科学家进入了劳动力市场。❶由于新近自由化的金融市场繁荣发展，其中许多人便进入了华尔街。在此，他们逐渐注意到教科书上描述的市场应有的运转方式和他们自己亲眼观察到的现实不相吻合。其中一些人便有了研究经济学的兴趣。正在改变物理学和生物学的复杂性科学让他们有了研究经济理论的新起点。功能强大的计算机的出现为模拟经济系统的活动方式提供了新工具。2013年，布莱恩·阿瑟发表论文《复杂经济学：经济思想的新框架》（*Complexity Economics: A Different Framework for Economic Thought*），标志着这方面的研究已经可以清晰、有条理地看待经济的运转方式，能够解释创造和变化的过程。这就是把经济看作生态系统。

把经济看作生态系统

有着后见之明的帮助，我们现在或许会觉得，经济就是生态系统。我们人类就是生态系统中的动物。为了生存，我们需要吃

---

❶ E. 拜因霍克，2010。

动植物，呼吸空气，喝水，也需要所有生物、化学和物理过程持续不断地为我们循环提供这些东西。

和其他一些动物一样，我们会把某些东西捡起来当作工具。黑猩猩会把石头捡起来当锤子；大象会拿树枝当苍蝇拍；海豚也会用海绵搅动海底的泥沙，找出藏在其中的猎物。我们同样是从环境中找到有用的物体，再根据我们的目的加以改造。只不过，我们走得比其他动物更远。我们创造了新的物品，互相交换，还把它们组合起来，制造出更多的新物品。这些物品就是我们口中的技术、商品和产品，其中某些物品的使用方式叫"服务"。制造这些物品，并且把它们换成钱的活动模式就叫"经济"。

我们称作经济的这一小类活动和其他活动一样属于我们的生态系统。它们同样受到演化过程的支配。

在我们人类这一物种的历史上，我们的肉体、文化和技术的演化是紧密相关的。研究显示，就在我们发现了用容器装水的"技术"以后，我们的肉体就演化出了更强的出汗能力，因为这种降温机制导致脱水的风险大大下降了。降温能力的增强使得我们能够以正常的体温奔跑更长时间。这就增强了我们的狩猎能力。当我们发现了运用火的技术，学会了烹饪我们狩猎、采集获得的食物以后，我们的身体不再需要把如此大量的能量用于消化，所以我们就用多余的能量演化出了更大的大脑。而更大的大脑又帮助我们开发出更加精巧的工具，并且具备了使用更加复杂的工具的文化和习俗。[1]

如此繁多的工具仿佛有了自己的生命。技术、产品、商品、

---

[1]　J. 亨里奇（Henrich），2015。

服务和企业都在竞争、组合和适应。有的在发展，有的在衰落。它们都在经济这个生态系统中演化。

把经济看作生态系统，我们就可以见到它各种不像机器的地方。这一点对我们决策具有重要的意义。

我们首先可以看到，经济不像机器那样有固定的形态和结构。它和生态系统一样持续不断地变化，持续不断地增加多样性和复杂性。埃里克·拜因霍克指出，石器时代的人类经济或许只有几十种商品和服务，而现在我们有几十亿甚至几百亿。所以和狩猎、采集时代的祖先相比，我们的经济多样性增加了至少一亿倍。从长期来看，这种持续的爆炸性增长的多样性或许才是经济最突出的特点。

众所周知，石器时代结束并非因为我们用光了地球上的石头。青铜时代不是因为青铜短缺而结束的，农业经济时代也并不是因为农业难以为继才宣告终结，希望化石燃料时代也不要是因为我们用光了化石燃料才结束。我们不必等到那个时候。在时代变迁中，我们抛弃上一代的工具和资源是因为我们发现了利用其他的充足的资源的办法。我们肯定可以如法炮制。落在地球上的阳光中的能量是我们目前全球经济运行所需的能量的七千倍，生物圈每年生产的物质是我们生产的塑料的数百倍。

从色诺芬写就第一本关于经济学的著作开始，创造财富的问题有过许多不同的名称。当代，它最常见的名称是"增长"，与"分配"相对应。布莱恩·阿瑟称为"形成"，与"配置"相对应。我或许有些偏心，但是我认为我的父亲比尔·夏普，一位原本是计算机科学家的战略咨询顾问和探索看待未来的方式的思考者，他提出的定义最有助于我们理解这个问题的本质。如果说针对某个固定时间点的经济学问题是"配置稀缺资源"，那么着眼于时间段的经济学问题就是"配置充足资源"。[1] 这些资源自始至终就在那里。我们只是必须找到能够把它们有效利用起来的新方法。

思考配置充足资源的问题，我们就会发现，经济的未来有无穷无尽的可能性，和机器完全不同。钟表指针的排列位置是有限的，汽车发动机的档位也是有限的，但是生态系统的演化方向可以说是无限的。它会持续不断地演化、增加多样性。这就意味着，它可能存在的状态是多于实际能够出现的状态的。它永远无法穷尽自己的可能性。

理论生物学家斯图尔特·考夫曼（Stuart Kauffman）用一个关于蛋白质的思想实验说明了这一点。蛋白质是由许多氨基酸（更小的分子）串成链条而组成的分子。氨基酸的不同组合可以构成许多种不同种类的蛋白质。考夫曼提问：宇宙要花多久才能创造出所有可能存在的长度为 200 的蛋白质？他随手计算的结果是，即使忽略距离因素，让全宇宙的所有粒子都以最快的速度互相反应，那也要耗费宇宙目前存在的时间的 10^{67} 倍才能创造出所有满足条件的蛋白质。那是宇宙的当前存在时间的一千万亿倍。[2]

如果说宇宙目前存在的时间还不足以创造出所有可能存在的长度为 200 的蛋白质，那这同样的时间就更不足以探索人类经济所有可能存在的状态了。我们的经济比蛋白质要复杂得多。它实际呈现出来的状态只是它可能存在的状态的冰山一角而已。我们可以由此推知，当我们决策影响经济演化的路径时，根本就没有所谓的最优选择，没有最佳的前进路线。我们最好不要白费工夫

---

[1] B. 夏普（Sharpe），2013。
[2] S. 考夫曼（Kauffman），2003。

去寻找这所谓的最优解。我们也不应该幻想经济会自发地找到最优解。安东尼奥·马查多（Antonio Machado）的诗说得好："行人啊，地上本无路，路是人走出。"我们能做的最多只是选择一个看起来符合我们利益的方向，然后尽量引导经济的演化。

无论我们选择了哪条路，我们都会开启一系列独特的新的可能性，同时阻绝许多其他可能性。机器是没有路径依赖的：无论我的汽车发动机现在是哪个档位，我都可以把它换成任意一个其他档位。生态系统则不同：任何一个时间点的选项都取决于此前发生的情况。人类只有在类人猿出现以后才能演化出来。渡渡鸟是不会再演化出后代了，因为渡渡鸟已经灭绝了。经济的所有层面都存在这种路径依赖。英国主要的道路网络依然非常类似于两千年前的罗马时代。这些道路的交叉点影响了许多城市的布局和发展。一百年前使得这些道路被用来行驶燃油汽车的选择影响了全球石油工业的发展，也由此改变了地球的气候，而现在，气候变化正在影响我们发展新技术的选择。

就像曾经一种新型细菌导致地球大气氧化，改变了所有其他生命形态的环境一样，我们发明的半导体正在推动全球经济的数字化，改变所有其他技术的环境。生态系统取决于栖息其中的成员，而经济，正如布莱恩·阿瑟所说，取决于其中的技术。也就是说，我们应该十分注意我们的所有选择的影响，包括那些看起来微不足道的影响。生态系统中没有中立行为。任何政策都会不可避免地促使某些技术比其他技术进步得更快。我们也不能认为这样不会产生长期后果。我们能做的最多只是有意识地加以选择，不要听天由命。

在尝试了解、引导经济变化的过程中，我们会发现，经济就和生态系统一样有许多种可能的运动状态。它可能会增长、崩溃、摇摆、反弹或是动荡。它很少，甚至几乎不可能处于完美的平衡或者说均衡状态。

各种反馈会使得经济的活动方式完全不同于其中任何组成部分的活动方式。❶ 在兔子和狐狸组成的生态系统中，兔子会遵从本能，不断繁殖，所以兔子越多，它们生出的小兔子就越多。与此同时，狐狸会遵从本能，捕食兔子。兔子越多，能够存活下来的狐狸就越多。这一点会反过来减少兔子的数量。这两种反馈分别是增强反馈和平衡反馈，二者相互作用，可能会导致这两种动物中某一种的数量指数增长、崩溃下跌、来回摇摆或者维持稳定，具体如何取决于二者的相对力量。这些影响种群数量的动力是无法通过研究兔子或狐狸个体的活动方式来解释的。同样，经济的动态现象——比如金融泡沫、崩溃——也是无法通过研究个人的活动方式来解释的。无论是生态系统还是经济，了解其中的各种反馈才是理解变化发生的方式和原因的关键。

如果我们要在不同选项和不同政策中做出选择，从而改变经济的某个方面，那么对比它们在某一个时间点预计会产生的效果是没有多大用处的。假如经济像机器那样每一次输入都会精确地输出可以预测的最终结果，那这种"成本效益分析"或许还是有意义的。然而生态系统般的经济会持续不断地演化，所以任何行为都不会有最终结果。就像庞加莱那太空中的三块石头一样，没有解析解，只有持续不断的运动。唯一有意义的权衡不同选项的方法就是对比它们可能会对系统的动态变化，以及这种变化的具体过程产生的影响。例如，假设我们给狐狸提供了新的食物来源，那就有可能削弱狐狸的种群数量和它们捕食的兔子的数量之

---

❶　P. W. 安德森（Anderson），1972。

间的关系。我们无法预测精确的结果，但是很可能会有更多兔子存活下来。

生态系统中的因和果的比例常常并不完全对应。"蝴蝶效应"就是一个著名的例子：因为天气系统对微小的变化特别敏感，所以巴西的一只蝴蝶振动翅膀可能会引发得克萨斯州的一场龙卷风。行星层面也有一个名气比较小的例子。天体物理学家斯科特·特里梅因（Scott Tremaine）写道："今天把你的铅笔从书桌的这一侧换到另一侧就有可能足以改变木星受到的引力，使其在十亿年后从太阳的这一侧移动到另一侧。"❶这两个例子之间唯一的区别在时间尺度。特里梅因说："其实，行星的位置在未来超过大约一亿年以后就无法预测了。"天气则是在大约一周以后会变得无法预测。经济的许多层面也有同样不相匹配的因果关系。2008 年，投资银行雷曼兄弟破产就是一个例子。这件事成了"压垮骆驼的那根稻草"，引发了全球金融危机和紧随其后的经济萧条。由此可见，如果我们想快速、有效地引起变化，我们不应该只盯着效率最高的"边际收益"，想在这里省一点，又在那里省一点。我们应该寻找具有杠杆作用的节点，就像是气候的临界点。在这种地方，轻轻地一推就能产生极大的影响。

现在应该已经可以说，经济生态系统显然和机器不同，具有很大的不确定性。我们无法预测未来的技术、其他人的行为，也无法预测经济究竟会对种种复杂的相互作用产生怎样的反应。我们无法确定我们的行为在未来可能会导致的所有结果的发生概率，因为我们甚至不知道究竟存在多少种可能的结果。因此，前文介绍的诺德豪斯为气候变化所做的那种定量的成本效益比较是

---

❶ S. 特里梅因（Tremaine），2011。

不充分的。如果我们只测量可以被测量的事物，那我们的计算过程就会遗漏重点，导致最后的分析或是意义甚微，或是具有误导性。我们需要考虑定性的信息。面对不确定性，我们能够做的最多的只是对比风险和机遇。❶

最后，在审视风险和机遇之时，我们必须意识到我们站在一个特定的视角。一台机器可能只有一个用途。其中的某个部件——比如汽车的雨刷器——可能只有一项功能。对于机器，我们可以根据其用途来评价其优劣。对于一个部件，我们也可以根据它实现功能的效果来评估其价值。生态系统则大不相同。它不是为了服务于某个高于一切的目的而存在的，我们无法由此评价其好坏。生态系统的众多组成部分各有自己独特的目的。任何一个部分的价值大小都取决于是谁在什么背景下为了什么用途而评价其价值。例如，想一想海洋生态系统中的一丛海藻。对微生物虫子来说，这可能是它们的家。对一条小鱼来说，这可能是躲避捕食者的藏身之所。对一条大鱼来说，这可能是一顿爽口的蔬菜午餐。对另一种生物来说，这丛海藻的价值完全要根据具体情况而定。那么这丛海藻究竟有什么价值？这个问题要看你是在什么时候问的谁。

经济就像是生态系统。以城市中的公园为例。它可以是流浪汉的家、慢跑者的锻炼场地、孩子们的游乐场，也可以是公园管理员的工作场所，它还可能有助于为广大市民净化空气。这座公园有什么价值？那要看你问的是谁。经济中的一切都没有单一、固定的价值，任何事物的价值都取决于使用者、用途和背景。❷

---

❶ J. 梅屈尔（Mercure）、S. 夏普（Sharpe）、J. 比纽阿莱斯（Vinuales）等人，2021。

❷ B. 夏普（Sharpe），2010。

这意味着，在我们权衡多个选项之时，如果我们单单用金钱来衡量所有可能的结果，那我们的视野就会变得比较狭隘。在这个过程中，我们衡量的方法一定是主观的。如果我们保留评估价值的不同视角，不让政治因素干扰分析过程，我们会更容易看清我们的选择。

当我们把经济看作生态系统，我们就会对自己的角色产生不同的看法。我们不是处理机械故障的修理工，我们更像是园丁，在照顾、修剪生态系统，想让它按照我们认为有利的方式生长。❶

生态系统的实践视角

这种新的理解已经开始在多个领域进入实践。

20世纪晚期，德内拉·梅多斯（Donella Meadows）将杰伊·福里斯特的思想发展为系统思维的实践。这是一种根据对各种反馈的了解而展开的分析形式。比如，她说明了制造业供应链中的各种反馈可能会导致意在维持库存稳定的行为反而会致使供给过多或过少。❷她的方法现在被用于企业管理，偶尔也会被政府采用。

人们摆脱均衡的局限，构建了新的能够模拟经济的创造和变化的过程的经济模型。英格兰银行已经采用了一个此类模型来了解英国住房市场的不稳定性。

---

❶ 我和让−弗朗索瓦·梅屈尔（Jean−Francois Mercure）还有其他同事提议将"风险—机遇分析"作为决策方法，因为这样可以贯彻上文提到的所有原则。正如均衡是复杂系统运动过程中的一种特殊情况，成本效益分析也可以算是风险—机遇分析的一种特殊情况，适用于不确定性较小、变化较少的场合。

❷ 梅多斯（Meadows），2008。

虽然很晚才得到关注，但是的确至少有一个把经济看作生态系统的模型曾经给出全球金融危机的预警。澳大利亚经济学家史蒂夫·基恩（Steve Keen）构建的模型设计简单，但可以通过复现经济反馈来模拟各种类型的复杂活动方式。❶ 这个模型显示，债务上涨和不平等很有可能引发危机。它还显示出了某个出人意料的情况：危机之前有一段看似平稳的时期，失业率和工资水平的波动性在此期间会下降。所以当许多经济学家把"大稳健"（Great Moderation）当作他们的理论卓有成效的证据，❷ 当时任英国财政大臣的戈登·布朗（Gordon Brown）把"繁荣与萧条的结束"当作他们的政策成功的证据，当时任美国经济学会（American Economic Association）会长的罗伯特·卢卡斯声称"预防萧条的核心问题其实已经解决，而且已经解决了几十年"，❸ 就在这种时刻，基恩发出了警告，我们看到的只是暴风雨前的宁静。基恩能够察觉到这一点是因为他的模型和大多数其他模型不同，没有从设计上就排除暴风雨到来的可能性。

这些初步的实践让人充满希望，但是我们要走的路还很长。政府里很少有人知道系统思维的存在。具备必要的了解，能够将其投入实践的人就更少了。指导决策的模型大多没有摆脱均衡的局限。经济学专业的学生依然在学习把经济当作机器的思想。政府参考的经济分析也仍旧把我们当作机械修理工，在用成本效益分析来权衡我们面临的选择，错误地以为我们能够精确地预知这些选择的后果。

---

❶　S. 基恩（Keen），2017。

❷　IMF，2010。

❸　P. 克鲁格曼（P. Krugman），2009。

决定要如何做出决定

我会在后续章节说明这个选择——把经济看作机器或是看作生态系统——会怎样直接影响我们制定应对气候变化的政策。在此之前，为了比较公允地评价目前主流形态的经济学，我要回顾我在上一章暗示过的警告。

在某些条件下，把经济当作机器——固定不变的系统或者认为其处于均衡状态——也许是有道理的。这个问题的关键或许是我们想在怎样的时间和空间尺度上达成什么目标。

在以分钟为时间尺度的特定地点，假设天气不会发生变化大概率是没有问题的。在绝大多数场合，我们可以假定天气处于均衡状态。如果只考虑几天的时间范围，天气固然会改变，但是我们可以粗略预测其活动方式。超过一周或者两周，预测就基本不可能了。前文也已经说过，行星的运动大致也是如此，只不过不可预测的时间段大约是一亿年以后。在生态系统中，我们或许可以确定一座今天存在的森林明天也会存在，但是我们说不准一群蚂蚁会去哪寻找下一顿大餐。我们也不知道一百年以后这座森林还能否存在。在经济领域，我们可以观察到某些结构变化迟缓，比如英国的道路网络仍然有罗马时代的痕迹，但与此同时，也有一些事物会迅速地演化，比如我家附近的电脑店里的商品。

如果我们不想造成结构性变化，如果我们只有一个单纯的目的，如果涉及的时空尺度较小，导致我们相当确定我们的行为会产生的所有后果，那么我们或许可以把经济当作机器。比如，假设我们要修好一盏坏了的灯，正在考虑是要选择买一个比较便宜的灯泡还是买一个比较耐用的灯泡，那么这种时候，简单的成本效益分析就足够了。

　　然而，只要这些条件里有一个条件不成立——如果我们想要造成结构性变化；如果我们的目的或者视角很可能不止一个；或者如果涉及的时空尺度较大，导致我们的行为会产生的后果有明显的不确定性——那我们就最好把经济看作生态系统。如果我们想要改变生产出来、卖到每家每户的灯泡的类型，那我们就需要运用前文提到的所有原则，然后做出选择，扮演好园丁的角色，而不要当自己是机械修理工。

　　在应对气候变化的问题上，我们处于哪种情况呢？这个问题的答案显而易见。为了我们未来的安全，我们需要在全球范围内迅速实现巨大的变革。结构性变化正是我们要达成的目标。这个过程必然影响很多人的利益，而且有许多不确定性。如果我们想尽可能制定出良好的气候政策，那我们最好赶紧收起扳手，戴上园艺手套。

不只是修补基础

从把经济当作机器到把经济看作生态系统，这种认知转变会改变我们对许多具体的政策选择的看法。在把目光投向这些选择之前，我们首先要在这一章考虑一个更大的问题：这种认知转变会怎样影响我们对政府角色的看法。

在我参与制定英国政府 2017 年的新产业战略的时候，我发现最令人意外的是，大多数经济学家无法给出有说服力的理由来解释为什么我们应当有一套产业战略。

所有人我们都咨询过。商界、非政府组织和社会大众赞成政府制定产业战略。他们可以轻松地告诉我们制定产业战略的必要性，而且会坦率地给出比较具体的建议。但是经济学家这个群体看起来比较矛盾。

一位来自名校的经济学家交给我们部门的报告让我厘清了这个问题。有一张幻灯片提问："合理的产业战略是怎样的？"然后给出了下面这三个答案：

（1）正统经济学观点：唯一合理的战略是没有战略。

（2）比较新的观点：政府应该扶持具有比较优势的行业。

（3）比较明智的观点：政府应该通过扶持特定行业来处理市

场失灵问题。

当时我认为这些答案看起来都不太正确。

不难看出，这里的"正统经济学观点"源自19世纪70年代的均衡经济学。既然经济必定会自发达到"均衡"状态，那我们最好的选择就是置身事外，不加干预。按照这种思想，政府的任何干预都一定会破坏经济的均衡状态，使之有所恶化。即使不曾像本书上一章那样思考经济的本质，这种结论也会让人觉得有些问题。最好的战略真的就是根本不要有战略吗？我们的人生经验很难让我们相信这种答案。

"比较新的观点"认为政府应该扶持本国具有比较优势的行业。这源于十九世纪早期颇具影响的古典经济学家大卫·李嘉图的思想。李嘉图提出，没有限制的国际贸易是有利于世界各国的，因为这样一来，各国可以集中本国的生产能力，发展自身相对擅长的产业，同时依然可以获得自身所需的所有商品和服务。

李嘉图的观点有些道理，而且无论这种看法是否适合用来指导制定贸易政策（我们无须在此讨论这一点），的确有许多国家通过国际贸易变得更加富有了。但是要用这种观点指导制定产业战略，那就会遇到一个问题。比较优势是回顾性的指标。[1] 它只能反映我们在过去擅长什么。假如经济永远不变，那重复以往的工作倒也无妨。然而只要未来和过去有所不同，那这大概就不是良好的战略了。

经济史学家埃里克·赖纳特（Erik Reinert）曾经指出，假如

---

❶ 标准做法是把某国出口的某种特定商品的份额除以该商品在世界总出口中的份额，算出"显示性比较优势指数"。结果大于一则说明该国生产该商品比生产其他大多数商品更有竞争力。唯一能用来计算这个指数的数据就是过去的数据，所以这是个回顾性的指标。

20 世纪 50 年代韩国听取了国际金融机构的建议，那它就该集中精力，继续生产、出口大米，因为这是过往数据"显示"的韩国擅长的产业。幸好韩国政府无视了这种建议，选择集中力量首先发展造船业等重工业，然后发展高科技产业。这种产业战略帮助韩国在 20 世纪从贫穷走向富裕的道路上几乎超过了其他所有国家。从 2014 年到 2019 年，韩国连续六年被彭博社评为全世界创新能力最强的国家。❶

"比较明智的观点"认为政府应该通过扶持特定行业来处理市场失灵问题。这种观点和正统观点一样源自均衡经济学。"市场失灵"的定义是单凭市场无法实现经济资源最优配置的情况。❷ 标准的理论认为有很多原因会引发这种情况，比如清新空气等"公共产品"，因为私人主体缺乏足够的动力去提供这些产品。不完全信息也是原因之一，因为买方、卖方和投资者相互作用的效率会因此下降。还有道德风险，也就是企业可以通过迫使其他主体承担成本来获得收益的情形。运用市场支配力则是指支配力较强的组织滥用自身地位限制竞争。除此之外还有"外部性"。这是指个人或企业的行为使其他主体受损或受益的情况。

和正统观点相比，市场失灵观点至少为政府制定政策提供了一些理论依据。然而，它的理论支持是有限度的：到恢复经济资源最优配置为止。超出这个限度的任何行为都会造成"扭曲"，致使资源脱离最佳用途，必定造成净损失。因此，我们可以说这

---

❶ 德国中断韩国连续六年当选创新能力最强国家的纪录。

❷ 当年制定英国产业战略之时，英国政府的政策评价官方指南将市场失灵定义为"单凭市场机制无法实现经济效率的情况"。这里的经济效率被定义为帕累托最优资源配置：实现经济效率就是指没有人可以在不损害其他人的前提下改善自己的境况。

种观点只是允许采取最低限度的必要行为。

总而言之，上述三种制定产业战略的理论依据只是涵盖了从"什么也不做"到"做最低限度的事"这个范围而已。

气候政策领域的"低限作为"思路

这种有限政府的观点直接影响了气候变化领域的政策建议。

按照均衡经济学的思路，气候变化可以算作一种市场失灵。具体说来，这是一种"外部性"：有利于个人的行为（开车或者用电）给社会造成了广泛的成本（危险的气候变化）却没有受到市场的调节。解决办法显而易见：给碳排放加上能够反映社会成本的价格。如此一来，这些成本就回到了市场之内，个人激励和公共利益也得到了统一。市场会恢复经济资源最优配置的状态。

同样的思路也可以应用于支持研发新技术。研究会产生一种"公共产品"，也就是说，其经济效益大于相关的个人主体得到的收益。这是另一种理论上应该通过政策来处理的市场失灵。

需要特别注意的是，任何超出恢复均衡所需的限度的行为都得不到理论支持。给外部性定价被认为是处理市场失灵最有效的办法，所以其他的任何政策都不是最好的选择。因此，应对气候变化的"明智的办法"就是给碳定价，资助研究和开发，然后就不应该再采取任何行动了。

任何一位优秀的经济学家读到这里都很有可能想要大喊："这不是我的建议！读一读我的工作成果，还有我同事们的工作成果！我们建议的是采取一切手段来处理气候变化！"这番话是对的。各位优秀的经济学家的确告诉我们，我们应该采取多种办法来解决这个问题。他们给各国政府提供了非常多有用的建议。

我和其他许多人都从中受益匪浅。

然而，也有一些无用的建议。均衡经济学的地位太过崇高，所以有些著名的经济学家会用这种理论对自己根本一无所知的事情发表惊人的言论。这就会让各国政府和公众感到迷惑不解，产生错误的认识，进而导致不太好的结果。

2019 年 1 月《华尔街日报》刊登的《经济学家关于碳红利的声明》就是一个例子。这份声明最初的签署人有二十七位诺贝尔经济学奖获得者、四位美联储前主席、十五位美国经济顾问委员会前主席以及两位美国财政部前部长。❶ 这是美国两党合作倡议应对气候变化的行为，无疑值得称赞，而且声明中建议实行的政策——征收碳税，并且把税收收入（"红利"）回馈给公众——有许多优点。然而，从某几个角度来看，这份声明并没有好处。声明称，碳税是最佳的政策选项，是"以必要的规模和速度减少碳排放的性价比最高的杠杆"。声明让人以为只要有碳税就足以解决所有问题："碳税可以解决众所周知的市场失灵问题，发出强大的价格信号，利用市场这只看不见的手，引导经济主体走向低碳的未来。"声明还说监管等政策"烦琐"，而且一定"效率低下"。

这三个观点都直接出自均衡经济学理论，三者都显著影响了许多国家的政策。然而，后面的章节会说明，这三个观点都是错误的。

这份声明的观点有许多支持者。世界银行声称碳定价为社会实现环境目标提供了"成本最低的办法"。❷ 国际货币基金组

---

❶ 气候领导委员会组织的《经济学家关于碳红利的声明》，2019。
❷ 世界银行，《碳定价》。

织声称"在减少化石燃料二氧化碳排放量的多种减缓策略中，碳税是最有效的，因为碳税允许企业和家庭寻找成本最低的减少能耗、改用更加清洁的替代能源的办法"。❶ 就连牛津大学的新经济思想研究所的各位研究员也颇有自信地说："给碳定价是实现《巴黎协定》的目标，减缓全球气候变化的最有效的经济手段。"❷ 我们经常能看到经济学家以碳定价最有效率为由，反对其他气候变化政策。

为了避免误会，我要说明，我并不反对碳税。恰恰相反：在一定的条件下，征收合适水平的碳税是极其有效的。然而，我认为那种觉得碳定价一定是最有效率的政策的观点是错误的。以为单凭碳税就能（以足够快的速度）解决问题的看法也是很不现实的。通过"低限作为"解决气候变化的市场失灵问题的建议是无益的。既然权威国际组织和著名学术机构都在反复提出这种建议，那么这种建议当然会深深嵌入许多决策者心中，影响他们做出的许多决策。然后，考虑到这种建议的本质，各国在此影响下会采取的行动当然会远远少于我们可能抱有的期望。

任务导向的思路

经济学家玛丽安娜·马祖卡托（Mariana Mazzucato）提出了一种完全不同的制定产业战略的理论依据。我们的公开征询收到了几千份回答。她的回答从中脱颖而出。她提出，产业战略应该以解决影响社会的问题为中心。如果我们选中的问题属于"重大

---

❶　IMF，2019a。

❷　F. 丰克（F. Funke）与 L. 马陶赫（L. Mattauch），2018。

挑战"，可能会影响全世界很多地方的很多人很多年的生活，那我们在英国得出的解决办法很可能对全世界都有意义。投资新的技术、商品和服务的好处之一则是会使得英国在未来的全球经济中变得更有竞争力。最后，我很高兴地发现，这为制定前瞻性的产业战略提供了理论依据。

按照我们把经济看作生态系统的新认识，这种"任务导向"的思路是有道理的。（产业战略涉及随时间发生的变化，所以适用的显然是生态系统论，而不是机械论）如上一章所说，经济每时每刻都在持续不断地演化。它其实有无数种不同的演进方向。它的数字化、自动化程度有可能上升也有可能下降；基因工程或纳米技术的影响有可能扩大也有可能缩小；碳强度的变化也可能有不同的方向。除此之外还有无数种我们尚未发现的技术维度。最佳路线是不存在的，方向的选择没有正确答案。我们能够做的最多的只是选择一个看起来符合我们的利益的方向。此外，如果我们想在未来的经济中具备竞争力，那就必须预测其他人的选择。

马祖卡托以过去的案例说明，当各国政府下定决心朝着选定的方向前进时，产业战略是非常成功的。❶ 她列举的典型案例是20世纪60年代美国政府力求完成的载人登月任务。1961年，肯尼迪总统提出了在20世纪60年代结束之前"送一个人登上月球，然后安全返回地球"的战略目标。设立这项任务是为了让美国在与苏联的地缘政治竞争中占得上风。为了完成这项任务，美国政府投入了大量资金，用以解决途中遭遇的种种难题。其结果就是促进了国民经济多个领域的创新，包括航空学、机器人学、纺织业和营养学。往后的几十年间，美国政府的多家机构主要出于国

---

❶ M. 马祖卡托（M. Mazzucato），2018。

防目的持续投资，显著促进了互联网的发展和现在手机中运用到的许多技术的开发。

马祖卡托发现，虽然太空、防务、公共卫生、农业还有能源等领域相互之间差异较大，但是这些领域内成功的产业战略运用的方法是有相似之处的。在选定方向之后，各国政府没有只做最低限度的事，解决市场失灵问题。事实恰恰相反：它们做了最大限度的事，极力加快这一方向的创新和发展。它们不仅投资研发，"推动"新技术进入国民经济，而且充分运用了各种政策杠杆——补贴、税收、政府采购、法律法规和投资——来塑造市场，使得市场本身也会"吸引"这些新技术进入国民经济。它们还会为新技术提供从头到尾的全面支持，从发明到示范和初次商业化，再到进军大众市场。

对于过去的重大技术转型的研究也得出了类似的结论。创新专家弗兰克·吉尔斯（Frank Geels）记录了许多案例。企业家的确有发明创新，然而政府行为却是决定变革速度的关键因素。19世纪30年代，英国政府为了改善帝国内部的通信条件，选择了补贴虽然速度更快但是成本更高的蒸汽船，用蒸汽船来运送跨洋邮件，从而加快了从帆船到蒸汽船的时代变革。这个得到补贴的市场的出现让工程师得以发展蒸汽技术和冶铁技巧，改进蒸汽船，直到蒸汽船终于毋庸置疑地胜过帆船。❶一百年后，美国政府为民用航空的诞生扮演了类似的角色。当时，美国政府补贴横跨大陆的航空邮政，投资机场和燃料添加的基础设施，还设立了新的机构来确保该产业的安全和保障。英国农业集约化得到的政府支持则包括通过提供拨款和贷款来鼓励农田排水和推广拖拉

---

❶　F. 吉尔斯（Geels）与 J. 肖特（Schot），2007。

机，为了鼓励投资而固定小麦价格，以及提供面向农民的培训项目。在从马车到汽车的变迁中，虽然是企业家在投资工厂，技术工人在生产汽车，但是政府也在制定与高速公路相关的法律法规，修建公路。政府并没有单单宣布对马粪征税，然后听天由命。

这种"塑造市场"的做法同样符合把经济看作生态系统的观点。经济的演化没有哪一步是不需要努力的。如果我们希望经济朝着某个特定的方向快速演化，那我们就没有理由想当然地以为只要做单单一件事就足够了。我们的着力点越多，就越有可能快速达成我们的目标。而且，生态系统中的因果关系经常是不相匹配的。不太恰当的干预手段可能只是白费力气。一系列相辅相成的措施则能够实现一加一大于二的效果。既然如此，我们就应该做最大限度的事。

在制定我们的产业战略的过程中，我和玛丽安娜·马祖卡托一起仔细思考了我们应该怎样运用任务导向的方法。我们一起写了一篇论文，❶并且和政府里的同事讨论了这个问题。和她共事非常愉快，因为她不怕挑战正统学说，而且具备学术公信力和意大利人的独特魅力（我说不准哪一点更重要，但是二者在我本人身上都是不存在的，所以我对二者都相当钦佩），所以能够没有顾忌地批评现行做法。我们在讨论期间最经常提出的反对理由是："我们不能对什么事都用任务导向的方法。资源是有限的。我们怎么知道该选什么？"

这是个好问题。我想，对于这个问题，我们首先必须承认，长期战略是没有绝对正确的选择可言的。没有人能够预知未来，

---

❶ R. 卡特尔（Kattel）、M. 马祖卡托、J. 瑞安-柯林斯（Ryan-Collins）与 S. 夏普，2018。

谁都不应该假装自己有这种能力。我们不应该要求经济学家干占星师的工作。

其次，我们必须审慎判断。在选择方向之时，我们可以注意那些会影响经济的、有其自身规律的长期趋势，比如，人口变化、城市化或者数字技术的传播。我们可以关注那些会在将来影响市场的措施：例如，假设世界各国都在建造间歇性可再生能源发电设施，那么未来的储能需求就很可能会上升。我们也可以关注社会需求：如果有一个问题影响了许多国家的许多人，而且正在逐步恶化，那么有助于解决这个问题的产品和服务的需求就很可能会上升。气候变化就是最好的例子。

同时，我们还可以根据专业知识、自然资源、产业供应链、机构能力或取得先发优势的机会来判断国家有多大的可能提高某个特定领域的竞争力。

在我们选择要实施的政策，选择要发展的技术之时，我们同样需要仔细判断。我们可以尽可能了解相关的反馈，预估我们想要实施的干预手段会对变化的过程产生怎样的影响。对于技术，我们可以根据专业知识评估其技术潜力和社会影响。

当然，我们依旧有可能做出糟糕的选择，犯错是难免的。但是除了审慎判断，尽量做出最好的决定以外，我们几乎没有更好的办法。我们不能指望市场自发地为我们创造出完美的经济。谨慎选择以外的另一条路是偶然选择。

如果用机械论看待经济，我们最有可能做出的偶然选择是无所作为——因为只要市场没有失灵，这种理论就认为我们没有行动的理由。无所作为最有可能有利于现有的产业和成熟的技术，因为当前的市场就是以它们为中心发展至今的，所以它们享有支配地位。同时，我们有可能会落后于更加积极地改变现状、鼓励创新的竞争对手。如果把经济看作生态系统，我们就会意识到，无所作为等于是在经济不断演化的时候站在原地不动。这自然是有风险的。

最后，我们制定的产业战略采用了前瞻性的方法。我们没有采用老一套正统学说"无所作为"的主张，没有按照回顾性的方法，走过去的老路，也没有采用解决市场失灵问题的方法。这套战略对政府的角色抱有更加积极的观点："真正具有战略眼光的政府一定不会只是修补基础，它还一定要为急剧变化的未来制订计划，设法塑造新的市场和产业，建立英国的竞争优势。"❶ 战略参照有可能在未来重塑全球经济的趋势，围绕着四个"重大挑战"而展开：为了应对气候变化而进行清洁经济转型；在快速城市化和交通堵塞日益严重的背景下发展新型交通；老龄化社会对医疗服务的需求不断增长；还有人工智能在经济活动的许多领域内的普及。

气候政策的新范式

我们的产业战略给气候变化政策提供了新的思路。多年以来，气候变化领域的口号一直是"最低成本脱碳"。气候变化被看作是一种市场失灵。制定政策的目标就是以最低限度的努力和最低的成本解决这个问题，尽量只对经济造成最低程度的"扭曲"。

两年前，我加入了能源与气候变化部，担任国务大臣安德烈娅·利德索姆（Andrea Leadsom）的私人办公室主任。她目睹

---

❶ 商业、能源和产业战略部（Department for Business, Energy & Industrial Strategy），2017。

了油气产业数以千计的英国工人因为北海油田逐渐枯竭而失去工作。与此同时，因为国家政策在英国的海岸周围创造了全世界最大的海上风电市场，新的工作岗位随之产生。她多次问她的官员："我们每年给这些清洁技术投资数十亿英镑，就没有什么办法确保英国人民得到其中的一部分岗位吗？"这是个好问题，但是她面临的局面很严峻。我们制定政策的目标是以最低成本脱碳，同时维护能源安全。按照均衡经济学的思路，在新的清洁经济中创造工作岗位并不是我们的目标。在经济资源完美配置的幻想世界中，刻意在经济的某一个部分里创造更多的工作岗位意味着抢走其他地方的劳动者——这是效率低下的人为扭曲。

这次的产业战略给了我们一个用不同的目光看待这个问题的机会。我们看到了应对气候变化是任何人都能看出来的发生概率极大、影响也极大的经济趋势。气候变化的风险一定会随着时间持续增加。政治参与、社会压力、转移投资还有技术发展都在朝着同一个方向前进。脱碳将在数十年内影响全世界所有国家的许多产业。如此看来，我们显然应该争取在这股潮流中拥有较强的竞争力。

汽车产业已经受到了影响。英国有数十万人从事汽车制造业，为英国的 GDP 和出口作出了巨大的贡献。这个全球年产值两万亿美元的产业的变革方向是有目共睹的。电动汽车的销量呈指数级增长。有预测声称，电动汽车占全球市场的份额将从当时的 1% 左右上升到接下来二十年后的大约 50%。我们可以继续"低限作为"，只处理道路交通的碳排放问题，解决市场失灵，但是我们没有理由相信这就足以让英国在汽车产业演化的过程中赢得更大的全球市场份额。我们甚至无法确定转型完成以后，英国还能有汽车产业。

但是，只要我们更加积极地应对，那就有理由相信零排放汽车转型未必不能带来净收益。新式电动汽车的行驶成本已经低于旧式汽油和柴油车（即使在油价较低的时期也是如此）。购买电动汽车的成本迟早也会变得更低，而与此同时，电动汽车性能更好、更加安静也更加环保。除此之外，如果我们应对得当，市场份额也可以借助这转型的机会有所上升。我们已经意识到"最低成本脱碳"是个太过狭隘的目标。更大的挑战是在清洁经济转型过程中取得最大的收益。

不难想象，"低限作为"这个原则是不利于快速减少碳排放的。因为要以最低成本脱碳，很多可行的政策遭到了否决，实际采用的政策也打了折扣。这里的可悲之处在于，按照政府对气候变化的重视程度，这种局面其实不是不可避免的。既然政府已经确定了气候变化目标，那出现这种情况就只能说明我们曾以为这是实现这些目标的比较有经济效率的办法。如果我们能更早一些建立更加现实的对经济的认识，那么即使没有更大的政治决心，我们也可以更有效地应对气候变化，为国家创造更多财富。

＊＊＊

在生态系统般的经济中，无论我们是想创造就业岗位，在清洁技术领域增强竞争力还是单纯想要快速、高效地脱碳，"积极有为"都很有可能优于"低限作为"。然而我的同事提出的问题还没有解决。我们不可能面面俱到，资源是有限的。我们应该选择哪个方向？

就算要"积极有为"，我们也必须确定优先级顺序，并且谨慎地制定政策。后面的三章会展示两种不同的经济学认识分别会对我们的选择和政策建议产生怎样的影响。

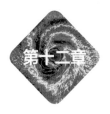

考虑周全的投资

迄今为止，在对抗气候变化的战斗中，投资的效果最为显著。如果听从均衡经济学的建议，我们是不可能取得这些成果的。

2014 年，《经济学人》（*The Economist*）杂志写道："太阳能是减少碳排放最昂贵的途径……除非碳价高于每吨 185 美元，否则太阳能不会产生净收益……各国政府应该寻求通过多种方式减排，而不应该只专注于发展特定种类的可再生能源。"[1] 关注能源政策讨论数十年的能源与气候变化教授迈克尔·格拉布（Michael Grubb）回忆称，这种建议反映了许多经济学家根深蒂固的看法。他们假定经济处于均衡状态，觉得政策应该努力达成的目标是"以最低成本脱碳"，并且认为直接补贴可再生能源是"疯狂的经济行为"。[2]

短短六年以后，形势就有了相当大的变化。太阳能和风能在全世界超过三分之二的国家都成了最廉价的电力来源，而且成本

---

[1] 《经济学人》（*The Economist*），2014b。

[2] M. 格拉布（M. Grubb）、W. 麦克道尔（W. McDowall）与 P. 德拉蒙德（P. Drummond），2017。

还在继续暴跌。无论是否考虑气候变化，所有国家都将优先选择太阳能和风能。2020 年，全世界新增发电量的四分之三来自太阳能和风能。❶能获得如此巨大的成功不是因为各国政府听了主流经济学界的建议，反而是因为它们没有听。

"应该寻求通过多种方式减排，而不应该只专注于发展特定种类的可再生能源"这个建议的言下之意是，我们的主要政策，或者说唯一的政策应该是给碳定价。上一章已经提过，世界银行、国际货币基金组织和诺贝尔经济学奖获得者都认为碳定价是减少碳排放最高效的途径。

我们已经熟悉了这种观点背后的思路。气候变化导致了市场失灵，所以我们需要加以修正，恢复市场完美配置经济资源的状态。给碳排放的"外部性"定价是最有效的办法，因为这样一来，我们就可以以成本最低的方式减少碳排放。

这种思路的谬误在于默认经济是永恒不变的。在机器般的静态经济中，在某个时间点成本最低的事情就是在所有时间点成本最低的事。然而经济的生态系统是会变化的：技术、市场和产业都在持续不断地演化。在某一时刻成本最低的事情未必是朝着指定方向引导演化的最有效的办法。

脱碳不只是"配置"经济资源的问题。脱碳需要创新和结构性变化。我们的目标是在一段时间内高效地实现这个变化。也就是说，这个问题需要考虑的不是分配效率，而是动态效率。

要选出动态效率最高的政策——有利于朝着指定的方向演变——我们首先必须了解经济中相关部分的各种结构、过程和关

---

❶ IRENA，2021。

系。就电力产业的脱碳问题而言，我们可以查看电力市场结构、技术创新的过程，以及产业和政治影响的关系。

市场结构

我在能源与气候变化部工作的那段时间，各位大臣很担心可再生能源补贴的成本上涨。当时政府的这些补贴每年要花超过40亿英镑。这笔钱看起来是很多的。尽管能源效率提升其实降低了家庭能源开支，但是各位大臣想要确保我们不是在浪费资金或者说不必要地增加消费者的成本。各家报纸只要觉得政府花了不该花的钱就会毫不犹豫地对其大肆抨击。虽然我最在意的是应对气候变化，但我也深知有必要帮助各位大臣找到最有性价比的达成目标的办法。

当时，在能源政策方面，我比较缺乏经验。我是《经济学人》杂志的多年老读者。我也接受了公共讨论中无处不在的均衡经济学的说法，所以那时我也相信碳定价是最高效的减排途径。于是，我问我的分析师同事：为什么我们不干脆只提高碳价，不再给可再生能源提供如此浪费的补贴？

他们给我解释了英国电力市场的运转方式。在批发市场中，发电企业会把电力出售给向消费者供电的企业。某些交易会通过类似竞卖的过程完成。也正是这个过程实际决定了整个市场的价格。电力供应有多种不同的来源：煤炭、天然气、核能、风能、太阳能、生物质能、水力发电，还有垃圾焚烧发电。每一种来源有不同的运行成本。在特定的较短时间段内，不同来源的电力供应会在竞卖过程中以最廉价的为首，按照成本得到采用，直到供给满足需求。❶ 这个供求平衡的节点就决定了价格。所有来源的电力都会按照这个价格交易。近些年通常是天然气发电成为这个电力的"边际单位"（marginal unit）——使得供给和需求相等的最后一个单位——决定了整个市场的价格。

如果太阳能和风能之类的可再生能源还像早些年那样比煤炭和天然气的发电成本更高，那么假如没有某种政策支持，它们根本不可能在市场中占有一席之地。在对这种市场结构有所了解之后，我们就可以比较两种政策的成本了：碳定价和可再生能源补贴。

碳价可以提高煤炭和天然气发电的成本，从而变相提高可再生能源的竞争力。如果天然气发电是决定价格的技术，那么整个市场的电价都会上升。这就意味着虽然供电企业采用核能发电等成本低于天然气发电的电力来源可以获得更大的利润，但是与此同时，消费者承担的每单位电价也更高。可再生能源补贴则更有针对性。它只需要提高采用可再生能源的利润，让它们具有竞争力即可，不需要提高整个市场的价格，也不会提高消费者使用其他技术生产的电力的成本。结果就是，可再生能源补贴可以在总成本远低于碳价的同时取得相同的效果。图 12-1 便展示了这种差异。

这是一张简图。采用可再生能源不是减少碳排放的唯一途径。我们现有的碳税其实已经强制促成了从煤炭到天然气的转型，有效减少了碳排放。从原理上看，进一步提高碳价或许还可以提高使用天然气的效率，但是没有证据显示这样做可以显著减

---

❶ 发电来源的这种排序就是市场得到电力供应的顺序，也就是从运行成本最低的一直到成本最高的。这个顺序叫作优先次序（merit order）。用英国第四大发电企业德拉克斯（Drax）的话来说，优先次序"不是由任何监管机构、经济学家甚至交易者确定的。它更像是一种自然发生的经济现象，可以解释平时是哪些发电来源在给电网供电"。换句话说，这是一种层展现象（emergent phenomenon）。

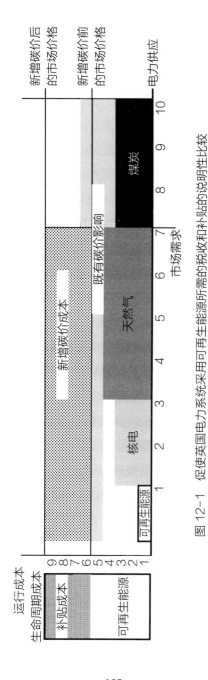

图 12-1　促使英国电力系统采用可再生能源所需的税收和补贴的说明性比较

注：面积代表市场总成本。由于天然气发电是决定价格的技术，天然气发电的成本高于天然气。显示煤炭没有供应有市场，因为碳价已经导致燃煤发电的成本高于天然气）。

— 165 —

少碳排放。在实践中，既然煤炭已经日薄西山，要实现能源供应的进一步脱碳，唯一的办法就是用某种零排放的发电方式取代天然气发电。对核能发电来说，补贴同样比提高碳价更加有效。二者的逻辑是相同的。关于"成本"还有一点需要注意：碳价会导致经济收益从产业中转移到政府手中，而补贴则正好相反；二者的经济效应不是完全相同的。但是在英国的电力系统中，公共事业公司会把碳价的成本转嫁给消费者，政府也会把补贴的成本转嫁给消费者，所以从消费者的视角来看，二者基本是相同的。如果我们搁置谁承担成本的问题，那就可以简单地说，补贴可以在经济收益再分配量远小于碳价的同时取得相同的效果。

如果考虑金融的角色，这个结论还能得到进一步的支持。可再生能源通常运行成本很低（因为不需要燃料），但是资本成本较高（建造成本高）。结果就是融资成本成了决定其总成本的重要因素。可再生能源过去的融资成本是非常高的，因为投资者不确定这些新兴技术能产生多少收益。很多发展中国家直到现在都是如此。可再生能源补贴十分有利于降低资本成本，因为补贴可以让投资者对收益更有把握。碳价则不能确保任何技术的收益，所以不太能达成同样的效果。

在我的分析师同事们给我解释了这些市场结构的问题以后，我放心了。我们的政策基本是正确的。至少，提高碳价，削减可再生能源补贴只会导致更糟糕的结果。直到后来我才明白，这种政策选择对于创新过程还有更大的意义。

创新过程

在 20 世纪 30 年代的美国，飞机工程师西奥多·赖特发现每当飞机总产量翻倍，生产一架飞机所需的劳动时间就会减少20%。❶ 他还发现这种关系稳定得出人意料。可再生能源技术的发展也遵循同样的模式。我们现在把这种规律称作赖特定律（Wright's Law）。每当太阳能板的全球累计部署量翻倍，其成本就会下降大约28%。风力涡轮机每次翻倍减少的成本则是15%左右。❷ 这种现象最终会导致惊人的进步。太阳能板现在的成本已经降低到不足五十年前的三千分之一（已扣除通胀因素）。❸

这种进步的动力来自技术创新与扩散过程中的各种增强反馈。其中一种属于研究与开发的过程：每一次发现都会提供有助于后续发现的知识。另一种被称作"干中学"：一样东西生产得越多，我们就越清楚该怎样把它做好。产品质量的提高又会导致其需求上升，进而导致更多的生产。还有一种增强反馈源于规模经济：产量越大，每生产一件产品的成本就越低。产品成本降低又会导致其需求上升，进而导致产量继续增加，成本继续下降。所有的增强反馈使得技术进步具备了自我加速的势头。图 12–2 显示了各种增强反馈相互促进的状况。它们的综合效果是极其强大的。

曾有一群研究者仔细探究三十年来太阳能光伏组件的成本到底是如何降低的。❹ 他们首先查看了太阳能板的每个部件和每种材料的成本降低幅度。然后，他们又研究了这些成本是如何降低的。涉及实验室里的工作或者生产工艺改良的归入研究与开发；经由日常生产活动逐渐达成的改进归入干中学；制造厂扩建的结

❶ T. 赖特（Wright），1936。

❷ S. 亨贝斯特（Henbest），2020。

❸ E. 拜因霍克（Beinhocker）、D. 法默（Farmer）与 C. 赫伯恩（Hepburn），2018。

❹ G. 卡夫拉克（Kavlak）、J. 麦克纳尼（McNerney）与 J. 特兰西克（Trancik），2016。

图 12-2 技术创新与扩散过程中的增强反馈

果则归入规模经济。

这些研究者发现，在前二十年，研究与开发是成本降低最主要的原因，但是在最后的十年，规模经济成了最重要的因素。干中学则是在两个时期都有相对较小，但是依然明显的作用。

最后，研究者把这些成本降低因素归入公共政策支持的两种一般形式。规模经济、干中学和私营企业的研究与开发都被认为是市场塑造政策的结果。这个判断是有道理的，因为假如没有这些政策，光伏组件市场根本就不会存在，也就不会有可以扩大的生产、可供学习的实践，私营企业也不会有理由投资这种技术。❶另一种形式的政策支持则是研发方面的公共投资。

---

❶ 无论生产方式是怎样的，电力的消费者拿到的产品是相同的——就像很多人说的，是"相同的电子"。在太阳能发电的成本远远高于煤炭或天然气的时候，如果没有政策支持，用太阳能生产的电是不可能卖得出去的。如果没有补贴这种形式的大力支持来确保市场，没有任何一家企业会有理由投资研发光伏组件，或者建造工厂来生产光伏组件。而没有了这些投资，惊人的技术进步也就无从谈起了。

这些市场塑造政策被认为是成本降低的主要因素。这些政策如此成功是因为它们强化了能够推动进步的增强反馈。它们创造或扩大了太阳能板的需求，直接导致了更高的产量和更大的规模经济，促进了干中学，加快了成本降低的速度。

碳价的效果远远没有如此直接。碳价或许可以刺激对可再生能源的一些投资，但是这绝对不是必然的。它或许反而会刺激人们更加高效地使用化石燃料，或者导致不同种类的化石燃料技术之间的更迭，或者只是迫使消费者要为完全相同的使用化石燃料的商品和服务支付更高的价格而已。在转型的早期，这些其实才是更有可能出现的结果，因为此时可再生能源的成本是比较高的。在这种情况下，碳价无助于强化新的零排放技术发展过程中的增强反馈。它完全无法给社会带来那种自我加速的势头。它也许可以暂时减少碳排放，但不能促进创新和结构性变化，也就无法推动零排放经济转型。我们不能忘记，我们需要的是尽快转型为零排放经济。只要还有碳排放，全球变暖就不会停止，气候变化的风险还会继续上升。

只要考虑到增强反馈的作用，那就不难看出，补贴可再生能源的政策具有更高的动态效率。与之相比，碳定价才是效率低下的浪费之举。这一点想来不仅在电力产业成立，任何一个可以发展清洁技术的产业应该都是如此。

产业影响力

技术不是孤立的。它们是各个产业用专门的工厂、工具和技能来设计、运用并出售的。因此，技术转型也是产业转型：它会把资源重新配置给在不同的地方制造不同的产品的不同的人。这种财富和支配力的转移必然引发矛盾：既得利益集团（比如化石燃料公司）会竭尽全力对抗捣乱者（比如可再生能源）。

在转型的早期阶段，捣乱者——新技术的发明者或运用者——是比较弱小的。他们没有过往的利润积累而来的雄厚财力，无法拿出大量的资金用于开发或宣传，同时也得不到投资者的信任。他们占有的市场份额很小，所以几乎无法影响买方或供应方。正因为他们拥有的资源很少，所以些许的支持就可以产生显著的效果。一笔政府拨款也许就可以让一种新技术得到示范和初次测试的机会。一笔补贴也许可以为其产品创造第一个市场。这些有针对性的干预措施可以开启创新和改进的增强反馈，进而促成不断增长的势头。

既得利益集团在转型之初的处境正好相反。他们享有市场支配力、政治影响力、较低的融资成本和强大的生产能力，有时候还有大量的现金储备，而且政策环境也往往有利于他们。这些资源可以用来抵御任何威胁其统治的对象。他们可用的防守策略包括资助公共宣传运动，散布关于新技术的虚假信息，游说各国政府，反对可能改变现状的政策，以及收购新兴对手，阻止新的商业模式发展壮大。❶这些策略构成了政治经济学的平衡反馈：寻求变革的动力越大，就有越多的资源被调动起来阻止变革。因此，正面对抗既得利益集团恐怕并非上策。执意为之很容易落得个白费力气的下场。

有一个简单的比喻就是物理学公式——压强等于压力除以受力面积。这个公式可以解释为什么尖头桩子更容易插进地里。如果说你可以用你的经济资源施加一定量的力，那么，想要形成更

---

❶　F. 吉尔斯（F. Geels），2014。

大的压强来推动变革，你就需要把这股力集中在一小块区域内（比如，新技术占有的 10% 的市场），而不能把它分散在面积较大的地方（既得利益集团占有的 90% 的市场）。以这种方式看待产业结构就很容易看出，在转型初期，动态效率较高的政策是扶持新产业的政策，而不是着力于旧产业的政策。到了转型末期，旧技术只占少数份额的时候，这个结论或许就要反过来了。

德国是推动全球清洁能源转型贡献最大的国家之一，具有较高的个案研究的价值，可以说明两种选择的差异。学者安东尼·帕特（Anthony Patt）和约翰·利耶斯坦（Johan Lilliestam）解释说，德国当初开始扶持太阳能光伏发电的时候，太阳能发电的成本比燃煤发电每千瓦时高了大约 50 美分。❶ 要给太阳能发展的机会就必须用政策补上这个差距。

用太阳能生产的每单位电力需要高额的补贴，但是因为太阳能发电总量很小，所以这笔财政支出的总额和整个经济相比微不足道。这些补贴让这个新产业得以生根发芽，并且开启快速的技术改进的过程，最终让今天的我们全体受益。

如果德国选择了另一条路，试图通过对旧技术施压来弥补成本差距，帕特和利耶斯坦估计"需要每吨二氧化碳 700 美元的初始碳价，应用于涵盖电力市场 90% 供给的化石燃料发电机，可能也要应用于钢材和水泥等其他产业。这样做会重创德国工业，并且急剧提高居民消费价格。这当然在政治上是行不通的"。

＊＊＊

总而言之，均衡经济学的政策建议是禁不起推敲的。从市场结构、创新过程和产业影响力出发，我们都能得出相同的结

---

❶　F. 吉尔斯，2014。

论——要推动电力产业脱碳，补贴可再生能源技术是比碳价效率更高的手段，也更有可能快速实现我们想要的结果——让化石燃料继续埋在地里。这三个因素中的后两个因素可以说明，这个结论对于任何一个其他产业应该都是成立的，至少可以在转型的早期阶段成立。

各国政府无视均衡经济学的建议，取得了包括它们自己在内，所有人都不曾预想到的迅速进步。2020 年全球太阳能发电总装机容量达到了 2006 年对这一年的预测值的十倍以上。❶ 看来，增强反馈的确非常强大。

其他产业也有类似的情况。世界银行有两位富有远见的经济学家斯特凡纳·阿勒加特（Stephane Hallegatte）和朱莉·罗森贝格（Julie Rozenberg）在 2019 年写道："今天，可再生能源在世界上许多地方都比煤炭更加廉价，各大汽车制造商都在开发多种型号的电动汽车，还有城市开始向电动公交车转型。这一切是专注于新投资的政策取得的成果，而不是碳税。"❷

这一点应当成为我们的共识。我们可以直观地感受到，只有先创造出了新事物才能比较轻松地淘汰地位稳固的旧事物。把经济看作生态系统，我们就可以援引大量的理论和分析来佐证这个直观的判断。除了电力产业以外，我们还需要实现其他产业的脱碳，包括农业、建筑、汽车、卡车、钢铁、水泥、造船和航空。想要更有希望快速、高效地实现这个目标，我们就不应该再把战略性投资的成果当作是次优策略偶尔带来的意外之喜。我们应该开始承认，这其实是最好的选择。

---

❶　E. 拜因霍克、D. 法默（Farmer）与 C. 赫伯恩（Hepburn），2018。

❷　S. 阿勒加特与 J. 罗森贝格（Rosenberg），2019。

技术中立的错觉

如果认同了战略性投资的意义，那接下来就必须解决一个重要的问题：我们应该投资什么？

均衡经济学告诉我们应该保持"技术中立"。我们应该制定政策，确定想要的结果，然后让市场决定把资源分配给哪些技术。

然而，前文已经说明，在生态系统般的经济中，没有真正的中立行为。任何干预措施都会影响其演化，有利于一部分成员，不利于其他成员。

再次以海洋生态系统为例。我们知道海藻的价值取决于你是在什么时候问的谁。假设我们派一位潜水员去拔光所有海藻。我们可能会以为这属于"鱼类中立"的干预措施，因为我们并不打算针对任何一个其他物种。但是在海藻上生活或是躲在海藻里的小型生物可能会因为海藻消失而陷入危险。同时，把海藻当午餐的大型鱼类则可能有很多可以替代海藻的其他食物。要对生态系统中几千个物种都产生同样的效果是不可能的。生物学没有公平竞争环境的概念。

经济也是一样的。从事技术相关工作的人——研发者、工程师、企业家——很清楚这一点。研发是不可能做到"技术中立"的。你必须有研究、开发的对象。抉择是不可避免的。决策者应该也有同样的认识。任何政策，包括不作为的政策在内都会有利于一部分技术，同时不利于其他的技术。由于经济是技术的体现，❶这些看似不起眼的抉择会共同塑造未来的经济。

英国电力系统脱碳的故事可以作为例子，说明为什么这些抉

---

❶　W. B. 阿瑟，2013。

择不可避免，又十分重要。

按照欧盟竞争政策的要求，英国设计的对可再生能源的支持是"技术中立"的。这当中涉及一些有趣的法规和理解层面的扭曲。可再生能源技术被分为三个不同的类别：一类是比较成熟的技术，比如陆上风电和太阳能发电；另一类是比较不成熟的技术，比如海上风电和生物质能；至于最后一类技术，我还没有见过了解它的人。每个类别中的每种技术都标有该技术能够得到的最高补贴水平。然后，这个最高水平会被当作竞卖的"成交价"，用来签订固定价格的发电合同。为了确保每种技术得到的支持力度是相等的，每个成交价的制定目标都是要让相应技术的装机容量的比例和最大可能装机容量的比例保持一致。比如，假设市场中太阳能发电的最大装机容量是 100 亿瓦（10 吉瓦），而风力发电是 20 吉瓦，那么假如 50% 被选为共同的比例，二者的成交价的制定目标就是要分别实现 5 吉瓦的太阳能发电和 10 吉瓦的风力发电。

如果读了这段话你感到有一点头疼，别担心，其他人的感受也是一样的。我见过很多人觉得我们政策中的这个部分非常费解。

我们当时的首席科学顾问戴维·麦凯（David MacKay）爵士就曾经指出，这里的问题在于，没有人知道任何一种技术的"最大可能装机容量"是多少。[1] 这些数字都是某个顾问凭空做出的猜测。既然这些数字是主观的，那由它们得出的其他数字也都是主观的，包括那些成交价。这种政策不是技术中立的政策，而是对技术盲目无知的政策：这是偶然选择而不是谨慎选择。

幸好我们还采用了其他方法来制定政策。首先，划分多个类

---

[1] D. 麦凯（D. MacKay），2015。

别，让相同类别的可再生能源技术彼此竞争是为了让海上风电等"比较不成熟的技术"也有机会在市场中立足。其次，在每个类别中也有多项政策在支持这种或那种技术，而这些决策不是盲目做出的。

在比较不成熟的技术类别中，我们曾经面临海上风电和生物质能发电之间的取舍。

海上风电当初是均衡经济学家不看好的选项。2014 年，《经济学人》杂志说"不幸的是，海上风电贵得惊人"，然后引用了经济学家迪特尔·赫尔姆（Dieter Helm）的话，称海上风电"是人类已知边际减排成本最高的途径之一"。❶（看来，赫尔姆忽视了，我们追求的减排和结构性变化从来都不是边际变动）

但是，海上风电有几大优势。英国的自然禀赋特别适合海上风电：海岸线长、宽广的大陆架提供了浅海，而且来自大西洋和北海的风很少中断。英国的产业也具备许多合适的技术，比如由世界一流的海上石油和天然气产业发展出来的水下工程的专业技术。此外，英国社会的呼声也有利于发展海上风电：英国社会强烈支持采取行动应对气候变化，还有一些团体很厌恶煞风景的陆基风力涡轮机。

在更加看重最低边际减排成本的那些人眼里，生物质能看起来更有吸引力。2014 年有分析称，将燃煤电厂改造为用生物质能发电（也就是烧木屑）的成本显著低于利用海上风力发电。❷但是，这个生命周期碳减排的过程包括在北美伐木，把木头劈成木颗粒，把它们运过大西洋，用卡车装运到改造后的燃煤电厂，

---

❶ 《经济学人》（*The Economist*），2014a。
❷ D. 艾普尔亚德（D. Appleyard），2014。

然后烧掉。这个流程让人不禁心生疑惑。同时，我们也不由得怀疑，烧木头——并不属于人类文明的最新发现——真的是推动英国的技术进步，为英国创造就业岗位和发展机遇的好办法吗？

不论是靠运气还是靠谨慎的判断，最终，地理、技术和政治方面的综合考虑战胜了均衡经济学的主张。我们选择了海上风电这条路。政府投资扶持海上风电的研发，支持其初次商业化，为其开放了大陆架和电网，并且用包含补贴的固定价格合同创造了海上风电市场。我们的"技术中立"的市场设计一度看起来即将偶然地选择把一大笔额外补贴交给生物质能发电。各位大臣十分担忧。众多官僚费了不少心思才想出解决办法。我们还修改了规定，只为把市场朝着正确的方向友善地推上一把。

结果极其成功。过去十年，海上风电的成本下降了不止三分之二。按照最新达成的合同，海上风力发电厂将以低于市场价的价格出售电力。这意味着，将来不再是海上风电产业得到政府的补贴，而是政府会得到海上风电产业的补贴。

有一位同事和我一同委托发起了一项独立研究，想要弄清楚如此惊人的成本降低究竟是如何实现的，以便和其他国家分享经验。根据研究报告的估算，过去十年大约 80% 的成本降低都是产业政策的结果。❶ 就和太阳能的例子一样，这些政策推动了干中学和规模经济的增强反馈。

海上风电的成本降低使得其市场、产业和供应链逐渐发展壮大。现在英国有超过一万三千人从事海上风电产业。这些高生产

---

❶ T. 詹宁斯（T. Jennings）、H. 安德鲁斯·蒂珀（H. Andrews Tipper）、J. 达格利什（J. Daglish）、M. 格拉布（M. Grubb）与 P. 德拉蒙德（P. Drummond），2020。

率的就业岗位有很多分布在国内比较不富裕的地区。这种发展状况促使政府进一步提供了政策支持：六年以前，我们的目标是，到 2030 年，海上风电装机容量达到 20 吉瓦，而现在，我们的目标是在 2030 年达到 50 吉瓦——超过原有目标的两倍。在海上风力发电成本还是市场价的三倍的时候决定补贴这种技术肯定是需要各位大臣鼓起勇气的，尤其是考虑到那些颇具影响的报纸给了经济学家取笑政策的平台。但是现在，既然增强反馈已经有了良好的势头，反对补贴海上风电的声音自然会越来越小。

开发海上风电的国家越来越多。许多国家想要向英国学习。目前看来，使用海上风电的国家有望进一步降低成本。生产海上风电的国家也有希望进一步增加就业岗位和出口。相比之下，很难证明燃烧木颗粒这个曾经更加廉价的选择会有比海上风电更大的潜力。

＊＊＊

尽管许多颇有影响力的经济学家提出了反对意见，但是我们依然取得了这些成果。不妨设想一下，假如能得到更多有益的建议，我们是否还能取得更多成就？我们无从得知有多少投资清洁技术的计划因为政府选择只给碳定价而未能实行，又有多少决策者做出了盲目的技术选择。

对人类而言，恐怕很难有其他战略性投资能够和为了维持安全、稳定的气候而开发技术相提并论。我们不应该因对经济本质存在错误理解而错过这种投资。而且，在进行这种投资之前，我们还应该考虑周全。

第十三章

监管带来免费的午餐

毋庸置疑，"监管"这个词名声很差。在经济学领域的公共讨论中，"监管"的名声比"补贴"还差，经常被冠以"成本高昂"或者"繁重"这样的形容词，或者干脆被替换成讨厌的老生常谈——"冗政"。

这种态度不难理解。行政监管产生阻碍或误导作用或者引发有害的意外结果的例子不胜枚举。没有人会认为这种经济是有效率的。

然而，有些时候，行政监管却是最高效的手段。交通法规基于安全和公平，使得交通系统能够有效运行。比如，交通法规告诉你可以在道路的哪一侧开车。这条规定不仅让道路变得更加安全，而且也是交通系统得以运行的基础。没有人会建议不再强制要求大家在正确的那一侧开车，改成只是鼓励大家这样做。显然，那样的政策缺乏约束力、效率低下。同样，也不会有人提议为了"减少冗政"而彻底废除这条规定。这样做显然只会急剧降低交通系统的效率，而不会提高效率。

如果说监管遭到了过分的贬低，均衡经济学是脱不了干系的。只要我们认为经济处于资源最优配置的状态，那我们肯定也会认为任何监管都会破坏这种完美的状态。就算我们认定发生了市场失灵，必须采取行动加以解决，我们也会尽量避免监管干预。从原理上看，税收等通过价格实现的手段可以精确地"给外部性定价"，使得经济恢复完美的平衡状态。相比之下，监管则显得笨重：它会提出僵硬的要求，而不是加以激励，所以缺乏前者那样的精确性。

毫无疑问，经济学界对法规还有更加深刻、细致的理解，但是"监管效率低下"这种粗浅的认识依然流传甚广。某些权威经济学家和机构仍旧在宣扬这种看法。政府也难免受其影响。

气候变化政策领域也不例外。回想第十一章提到的《经济学家关于碳红利的声明》。这份声明若无其事地把监管当作需要避免的事——"用价格信号代替烦琐的监管将促进经济增长"——甚至还一本正经地表示取消监管"将为企业提供长期投资需要的监管确定性"。

国际货币基金组织抱有类似的反对态度。它发表的气候变化经济学报告声称监管"往往僵硬，并且难以高效协调多个产业和企业"，❶它认为碳税效率更高。

我见过英国政府和其他国家的政府受到这些观点的影响。监管效率低下这个令人信服的假设使得我们不太愿意全力运用监管去推动经济脱碳。但是这个假设真的有道理吗？

办好事情

把经济看作生态系统的理论并没有反对监管的假设。监管的

---

❶　IMF，2019b。

效率如何取决于我们想改变经济的哪个部分，这个部分又是怎样运转的。

经验告诉我们，监管在某些情况下可以是实现脱碳的最佳手段，比其他政策更加有效。其中最显而易见的大概是那种人们对现状足够满意，不想改变的情况，哪怕有些时候，改变明明是有利的。

经典案例就是建筑物中的能源效率。即使能耗降低节省的费用可以轻松超过初期投入也还是有很多人没有提高自家的能效。正如行为经济学所述，我们并不都是追求利益最大化的人。有时，我们会觉得要获得那额外的一些利益太过麻烦，所以就不费那个劲了。风险规避、习惯、短期思维还有懒惰都有可能导致我们不采取看起来有利于经济利益最大化的行为。在这种情况下，成本不是阻碍变革的因素，所以通过价格发挥作用的政策很有可能无济于事。而监管可以立竿见影地去掉一个比较不经济、不环保的选项，取得更好的效果。这也正是全球建筑建设联盟（Global Alliance for Buildings and Construction）这样具备专业知识的建筑业机构认为强制性标准是提高建筑能效的最佳手段的原因之一。

照明是个类似的例子。能源政策专家迈克尔·格拉布写道，在 2010 年前后，发光二极管（LED）技术的进步已经使得这种灯泡的成本低于传统的白炽灯泡，能效也高了十倍。可尽管如此，有些人依旧在买白炽灯泡，也许是因为他们比较熟悉这些传统灯泡。研发、标准和政府采购都发挥了作用，促使我们朝着更加高效的灯泡转型，然而成本优势还不足以给转型画上句号。于是，很多政府决定通过禁止白炽灯泡进入市场来为转型画上句号。这就简单有效地制止了人们在昂贵而且危害气候的产品上进

行不必要的消费。❶

　　监管不仅可以改变个人的行为。有时候，监管也是影响企业行为的最佳途径。

　　英国的住宅能效低下不只是因为有我这样懒惰的业主，这也是房地产市场的运转方式导致的结果。假如住宅楼从一开始就是按高能效标准建造的，那所有人都会轻松很多，因为业主就不必花钱、费心去提高能效了。但是在英国以及其他许多国家，房地产开发商首先要付出很高的成本取得土地，然后还必须压低售价和市场上所有住宅竞争。这就给开发商造成了巨大的压力，迫使它们尽可能降低建造成本。❷建造隔热效果较差的住宅就是房地产业应对这种压力的一个办法。通过监管杜绝这种做法可以十分有效地改变房地产业的行为。

　　还有证据显示，监管是目前推动零排放汽车转型最有效的政策。汽车制造商如今纷纷斥巨资开发电动汽车，因为这显然是市场前进的方向，但是只要有可能，大多数汽车制造商都会尽量推迟转型。现在汽油和柴油车的利润依然比电动汽车要高得多。把生产内燃机的工厂改造成生产电动机的工厂需要高额的资本投入。大多数企业只有到真正别无选择的时候才愿意做这种事。

　　要用燃油税之类的方式改变这种局面是比较困难的。假如整个产业都还没有改造工厂，展销厅里只有汽油车，消费者当然只能花更多的钱买汽油。英国的车辆购置税和燃油税加起来相当于大约每吨二氧化碳 300 英镑的碳价（是白宫经济顾问委员会提出

❶ M. 格拉布、W. 麦克道尔（W. McDowall）与 P. 德拉蒙德（P. Drummond），2017。

❷ J. 瑞安-柯林斯（J. Ryan-Collins）、T. 劳埃德（T. Lloyd）与 L. 麦克法兰（L. Macfarlane），2017。

的"碳的社会成本"的将近 10 倍）。这或许有助于鼓励消费者节省燃油，但从长期来看没有促使任何人改换电动汽车。❶

相比之下，限制汽车每行驶一千米的碳排放量或者要求每家企业提高出售的零排放汽车比例的政策已经卓有成效地迫使汽车制造商去投资新技术。这种政策在目前欧洲、中国和美国的加利福尼亚州正在经历的转型中发挥了关键的作用。❷

就像上一章所说的那样，了解市场和产业的结构可以帮助我们找到动态效率最高的政策。有时，了解到的情况和经验会告诉我们，监管才是最佳选择。

免费午餐假说

即使在公认必须用监管解决某个问题的时候，我们一般也还是会觉得，监管是有成本的。其实另一种观点也已经存在了一段时间。

1991 年，哈佛商学院的经济学家迈克尔·波特（Michael Porter）论证称，设计得当的环境监管政策其实有助于促进创新，提高竞争力。这和传统的观点不同。传统的假设认为企业已经在全力追求利益最大化，所以任何限制它们选择的政策都必然会损害它们的利益。

波特提出，监管可以提醒企业哪些地方或许资源效率低下，又有哪些地方有改进技术的机会。监管也可以鼓励投资，这样做可以减少不确定性，同时制造压力，推动创新和技术进步。虽然并不总

---

❶　J. 沃森（J. Watson），2012。
❷　国际清洁交通委员会，2019。

是如此，但是在很多情况下，这些额外的创新可以轻松抵消合规成本。就像其他人解释的那样，波特并不认为监管一定是免费的午餐。他的观点是："在很多情况下，或许有免费的午餐。"❶

2011 年，有一群学者研究了波特的假说是否经得起这二十年的理论考验，符合观察所得的证据。❷ 他们的结论是，这个假说看起来还不错：支撑该假说的理论论据"比乍一看给人的感觉更加可靠"；相应的经验证据也"已经得到相当程度的认可"。

几年以后，包括朱棣文（Steven Chu）在内的一群研究者为这场讨论做出了新的贡献。朱棣文是诺贝尔物理学奖获得者，曾在奥巴马总统在任期间担任美国政府的能源部部长。

朱棣文显然相当关心气候变化。他想利用自己在政府内工作的机会推动相关领域的进步。他有一个目标是提高能效标准，但是他发现这是一项严峻的挑战。"监管政策很难得到通过——哪怕是毫无争议的措施，"他有一次在采访中说，"你也知道，能源部是管理电器标准的。监管需要达成的目标是，监管政策出台以后，拥有和使用电器的成本应当低于出台以前。这是必须满足的条件。但是即使满足了，也还是有人反对。"❸

反对者主要是强烈厌恶监管的企业，因为它们不愿意自己承担合规成本，而让消费者享有好处。但是能源部的经济分析也没能充分帮助朱棣文说明监管的意义。

朱棣文惊讶地发现，能源部考虑新的能效标准之时，他们对经济影响的分析完全没有评估技术的潜力。他们假定产品的价格

---

❶ S. 安贝克（S. Ambec）、M. A. 科恩（M. A. Cohen）、S. 埃尔吉（S. Elgie）与 P. 拉诺伊（P. Lanoie），2010。

❷ 同上。

❸ D. 德罗莱特（D. Drollette），2016。

会保持不变。"这有点奇怪，"他回忆道，"因为看起来每次都会高估实施这些标准的成本。"❶

朱棣文十分关心监管能否带来免费的午餐，所以他开始在业余时间着手研究。这将是他扬名物理学界以来发表的第一篇经济学论文。随着研究开始得出结果，他发现实际的收获比他预想的还要多。"真有免费的蛋糕可吃，"他对一位记者说，"性能更好，成本更低，节省大量的资金。我说的大量是指拥有成本下降到三分之一、四分之一。真的非常惊人。"❷

朱棣文等研究者翻阅了历史数据，查看能源效率和冰箱、洗衣机还有空调的成本。这些电器的成本都是随着技术改进而逐渐降低的。每一种电器的数据都显示，在实施了能效标准以后，成本降低的速度有所提高。效果令人惊讶：成本降低的加速是显著而持久的。❸

在探讨结果的时候，朱棣文和他的同事们注意到了他们的观察结果有别于"经典监管影响分析"，也就是标准会"促使市场达到新的均衡，让电器价格变高而运行成本变低"。他们的结论是，他们的研究成果和越来越多的其他证据一样，说明了标准可以促进创新，推动价格下降，而不是上升。

演化视角的解释

均衡经济学一直难以解释创新。毕竟，均衡的定义就是

---

❶ 《政客》专业版（POLITICO Pro）。

❷ 同上。

❸ R. 范巴斯柯克（R. Van Buskirk）、C. 坎特纳（C. Kantner）、B. 格克（B. Gerke）与朱棣文（S. Chu），2014。

"没有人有任何直接理由改变行动，所以现状能够维持下去的情形"——也就是说，在这种情形下，根本没有理由去创新。❶瓦尔拉斯的均衡经济模型把商品和服务的存在视作理所当然，假设它们已经在市场之中。现代的均衡模型则假设有一定程度的技术进步，但并不模拟技术进步，也不能解释技术进步是怎样发生的。

把经济看作生态系统则有助于解释创新和变化的过程，帮助我们理解波特提出假设、朱棣文加以观察的"免费午餐"效应。

生态系统经由演化的过程发生变化。演化包括变异、选择和复制。举例而言，一群甲虫里面可能有一些是绿色的，还有一些是棕色的——这是一种变异。其中一类变种比另一类更加成功：绿色甲虫被鸟类捕食得更多——这是一种选择——所以棕色甲虫活得更久，繁殖得更多。甲虫会把自己的颜色基因遗传给后代——这是一种复制。渐渐地，这群甲虫会朝着更有利的性状演化，也就是棕色。

演化是持续不断的。上一轮变异、选择和复制的输出结果就是下一轮的输入条件。就像达尔文发现的那样，这可以解释新性状的产生、物种的起源和多样性与复杂性的增加。这是一条强大的公式。

经济是我们人类的生态系统的一部分：是我们的工具和实践的集合。我们当然应该想到它是会演化的，就像我们的文化的其他方面一样。技术和商业模式在不断地变异，市场加以选择，脱颖而出者则会得到广泛的复制。在经济围绕着某一套技术重新配置以后，后来者获得成功的条件会随之发生变化。一百多年以前，奥地利经济学家约瑟夫·熊彼特就指出了经济的演化模式。

---

❶　J. 布莱克（J. Black），2003。

近期也有研究者论证说明，用于描述生态系统中不同物种之间的竞争的数学等式同样可以描述市场中不同技术之间的竞争。❶

在生态系统中，一个特定物种的演化速度取决于它对环境的适应程度。物种越不"适应"环境，它受到的选择压力——"适者生存"——就越大。选择压力越大，演化速度越快。❷

如果我们把经济中的创新理解为一种演化过程的结果，那要促进创新，我们就有两个选项。我们可以通过支持研发来促进变异，让更多新创意和新技术进入经济。或者，我们可以通过改变市场来加大选择压力，让市场中现有的成员不再那么适应环境。

朱棣文的能效监管属于第二种方法。法规改变了环境，不符合能效新规的产品不能在环境中生存下来。企业必须适应新的环境，所以它们会比以往更快地创新。

均衡经济学可以根据"公共产品"会引发市场失灵来为研发提供理论支持：研发给社会带来的利益大于企业所得利益，所以企业对研发的投资力度不会达到对社会最优的水平。但是均衡的逻辑难以同样支持改造市场。既然资源已经处于最优配置状态，没有受到市场失灵的影响，那么改变市场环境，促进经济中某一部分的创新应该会拖累经济中另一部分的创新。净效应预计为零。❸

生态系统论则不同。我们之前已经说过，在不断变化、选项

---

❶ J. 梅屈尔、H. 波利特（H. Pollitt）、A. 巴西（A. Bassi）、J. 比纽阿莱斯（J. Viñuales）与 N. 爱德华兹（N. Edwards），2016。

❷ J. 史密斯，1976。

❸ 例外的前提大概是经济中某一部分的创新产生的"溢出"——可以横跨多个产业提供价值的技术或改进——多于经济中另一部分的创新。因此，伦敦经济学院（London School of Economics）的研究者比较了能源、汽车、燃料和照明领域的"清洁与肮脏技术"的知识溢出的相对强度。他们的结论是，因为清洁技术产生的溢出看起来是多于肮脏技术的，所以政府有理由更加支持投资清洁技术的研发。

无限、无法确定的大背景下，资源最优配置是根本不存在的——无论是对整个经济而言，还是在企业或个人的层面都是不存在的。我们只能尽力在黑暗中摸索。

我们都需要面对的一个选择是决定要将多少资源用于"利用"我们现在的环境，又要将多少资源用于"探索"新事物。在个人层面，这个选择可能是决定要最大化目前的工作的利益（为了职业晋升或者生活安逸），还是要花一些时间和精力去找新的工作。对企业而言，这个选择可能是决定要花更多资金宣传目前的产品还是加大力度投资新产品的研发。❶

对经济的影响不是零和的。爱因斯坦决定少花时间干专利局职员的工作，多花时间发展相对论，这并不意味着一定要有另一个人做相反的事才能维持经济的均衡。他的决定为人类的创新带来了净收益。同样，企业可以决定把更多的资金用于寻找下一项改变市场的创新，减少利用现有产品获取利润的力度，但是与此同时，不一定要有另一家企业做相反的事。改造市场的监管措施可以给经济领域的创新带来净收益。

我的同事马克·泰勒（Mark Taylor）给了我一个例子。虽然只能算是道听途说，但是我觉得很有意思，因为这个例子发生在我们大多数人以为一直在极速创新的地方：F1赛车比赛。马克在迈凯伦车队（McLaren Racing）当过十二年的首席空气动力学专家，迈凯伦车队是这项运动的历史上最成功的车队之一。F1车队愿意耗费巨资从事创新，完善赛车的每个细节，只为圈速能够减少百分之一秒。这项运动的管理机构会为了安全、公平竞争和赛事的精彩而给赛车的设计制定规则。赛车发动机的大小、轮

❶　E. 拜因霍克，2010。

胎的宽度，以及各种部件的尺寸、功能、重量和材质都受制于这些规定。

有时候，这些规定好几年都没有明显的变化。也有一些时候，赛事官方觉得比赛变得太危险或者太无聊了，就会一口气大幅修改很多规定。我曾经问马克："车队创新最快的是什么时候？是规定不变的那些年还是规定有变化的那些年？""你说呢？"马克说，"当然是规定有变化的那些年。"毕竟，需求是发明之母。

***

我们把经济看作生态系统的新理解有望改变管制政策长期受到冷遇的局面。原来，监管可以成功、有效地实现脱碳，而且同时可以促进创新。我们应该比过去更加积极地运用这种工具，这对我们对抗气候变化的战斗有利无害。

把演化理论、经济模型和对产业与政策切合实际的理解这三者结合在一起的工作目前只是初具雏形。扶持相关研究快速发展肯定对各国政府大有好处。学习如何通过塑造市场来促进创新的政府可以更有效地提高国民经济的竞争力，胜过囿于旧思想，把经济当作机器的政府。

第十四章

卡在一档

现在该谈一谈税收了，或者更加具体地说，碳定价——经济学家最爱的气候变化政策。虽然秉持传统观点的经济学家和认同其看法的决策者都大力赞美碳定价，但是有很多活动人士和学者知道单凭碳定价不可能赢得对抗气候变化的战斗，所以对它相当鄙夷。因此，碳定价基本可以说一定是所有气候变化政策中最有争议的一项。

碳定价也是政治斗争的焦点，尤其是在美国、澳大利亚和法国。多年以来，实施碳定价的立法提案一直被视作反映美国国会应对气候变化的意愿（实际上是反映了他们缺乏这种意愿）的镜子。在澳大利亚，碳定价曾经是几次选举和总理被刺事件的热点。在法国，碳定价则引发了大规模示威和五十年来最激烈的骚乱。

这一切真的值得吗？其实投资和监管往往效果更好。碳定价真的重要吗？尽管碳定价得到了过分的关注，但是我认为，和绝大多数人的认识相比，碳定价既有更差的地方，也有更好的地方。究竟如何当然取决于实际做法。

政府实施碳定价的方法主要有两种。一种是税收，另一种则是排放权交易制度。

税收比较简单。政府对排放的每一吨碳收取固定的费用，一般是由电力产业这样需要脱碳的产业里面运营的企业缴纳这笔费用。

排放权交易制度比较复杂。在这项政策覆盖范围内运营的企业必须购买碳排放许可权。碳排放权可以在每年年初从政府手中购买，然后在这一年内与其他企业交易。碳排放权的配额是有限的，而且通常会逐渐减少。这个碳排放权交易市场就是碳价的来源。

这两项政策有多个方面的差异。它们可以只覆盖国民经济的某一个产业或多个产业。它们的严格程度可以有所不同：碳税的高低或者碳排放权配额减少的速度。由税收和碳排放权交易产生的收入可能会留在政府手中或者被重新投入产生了这些收入的产业。除此之外还有许多细节设计可以微调。但是总体说来，一项碳定价政策通常可以归入这两种方法中的一种。

均衡论下的同效

那么，哪一种更好？

均衡经济学的观点是，这两种方法基本上是同样优秀的。哈佛大学的经济学家罗伯特·斯塔文斯（Robert Stavins）对比这两个选项，解释了原因。❶

斯塔文斯写道，碳定价有两个基本的理论依据。其中一个我们已经讨论过了：环境污染是一种"负外部性"——给社会造成的成本没有反映在市场中的活动。这种市场失灵可以通过给外部性定价来消除。因此，碳税当然是这个问题的解决办法。

另一个理论依据的基础是认为环境污染是个产权问题。我们

---

❶ R. 斯塔文斯，2020。

都想通过造成污染的活动获得利益，但是环境的承载能力有限。所以，我们应该建立一个市场，把"污染权"卖给出价最高者。从这个角度看，排放权交易制度——售卖污染许可权——是理所应当的解决办法。

重要的是，斯塔文斯也已经说明，其实这两种经济学理论依据在更深的层次上是相同的。二者的结论都是要给污染的原因定价（对我们来说就是碳排放）：收税是直接手段；排放权交易是间接手段。无论用哪一种手段，理论预测的结果都是，只要减排的成本低于碳价，企业就会减少碳排放。它们会采用所有成本低于碳价的减排手段，同时不会采用成本更高的手段。

二者都被视为高效的手段，因为它们对所有市场主体和所有活动开出的都是相同的减排价格（至少在政策范围内）。❶ 所以成本最低的减排措施会最早落实。没有市场主体被迫采取不同于此的行为。面对碳税，每家企业都可以用减排成本最低的方式改变自己的活动。至于排放权交易，市场可以确保减排成本最低的企业会实现减排，并且把自己的许可权出售给减排成本较高的企业。无论如何，结果都是在减排成本最低的地方实现减排。经济资源得到了最优配置。我们达成了气候政策梦寐以求的目标：以最低成本脱碳。

在此基础上，斯塔文斯展开了详细的理论对比，然后得出结论，从评价碳税和排放权交易制度的效果的三个关键标准来看，二者"完全相等"：它们对减排的激励程度、减排的总成本以及它们对相关企业的竞争力的影响。他认为，二者在其他方面有不同的优点和缺点——碳税在行政实施方面更容易，而排放权交易

---

❶　正式的说法是，这两种方法使得所有污染源的边际减排成本相等。

更容易和其他经济体的政策衔接起来——但是他最终的结论是："碳税和排放权交易制度的具体设计可能比这两种手段之间的选择更加重要。"

这不是斯塔文斯独有的结论，而是主流观点。我引用斯塔文斯的话只是因为他表达得最清楚。

主流选择

许多政府已经听从经济学家的建议，实施了某种形式的碳定价。根据 2020 年世界银行的统计，全世界一共出台了 61 项碳定价政策，覆盖的经济活动产生的碳排放量超过了全球碳排放量的五分之一。❶

因为均衡论认为碳定价的两种方法在经济上具有相同效应，所以这里的政策选择被视作偏好问题。各国政府可以选择确定成本而不确定减排的速度（碳税）或者选择确定减排速度而不确定成本（排放权交易）。斯塔文斯发现环境利益集团往往表现出"一种支持排放权交易胜过碳税的偏好，一部分原因在于这些利益集团偏爱有助于让成本变得模糊，但是让收益变得清晰可见的政策"。❷

如果我们只是统计两种政策的数量，那二者看起来是难分高下的。全世界共有 31 套排放权交易体系和 30 项碳税或是已经生效，或是即将实施。❸然而，只要我们细看每项政策影响的经济体规模和覆盖的排放量，那二者之间的差异就非常明显了。欧

---

❶ 世界银行，2020。
❷ R. 斯塔文斯，2020。
❸ 世界银行，2020。

盟、中国和美国加利福尼亚州更加看好排放权交易制度，所以后者覆盖的全球碳排放量比例比碳税要高得多。如果我们忽视所有碳价还不到每吨 10 美元这个象征性水平的政策，那么两种政策之间的差距还会变得更大：排放权交易体系覆盖的碳排放量大约达到了碳税的 5 倍。

这是正确的选择吗？

逻辑漏洞

均衡论对两种碳定价政策的看法是以一个重要的假设为前提的。它认为二者效应相同是因为都可以在每个时间点上成本最低的地方实现减排。而制定政策的目标当然是在一段时间内最有性价比地减少碳排放。如果我们假设做每个时间点上成本最低的事必然导致在一段时间内成本最低，那么这两个政策就是效应相同的。

如果经济永恒不变，那这个假设是没有问题的。减排的菜单明天和今天不会有任何区别。我们可以不停地点菜单上最便宜的那一项，直到达成减排目标。

然而，只要经济会随着时间的推移而改变，这个假设就不成立了。有的减排方式用得越多成本越低，因为它会产生促进变化的势头。其他减排方式则未必有这样好的效果。回想我们在第十二章讨论过的英国对清洁电力技术的选择：扶持海上风电推动了技术创新的增强反馈，使得海上风电的成本在十年内降低了不止三分之二。如果我们当初选择的是补贴烧木颗粒，我们恐怕不会见到同样的效果。

打个比方，设想你在骑自行车。在每个时间点上，挂一档骑车都是最轻松的。但是如果你想最省力地绕着街区骑，一档就不是最理想的选择了。你最好用更高的档位，产生一些向前的势头。虽然在某些时候这样比较费力，但是总体说来，在这整段时间内，这是更加轻松的选择。

在某个时间点上最省力和在某段时间内最省力是不一样的。分配效率和动态效率是不一样的。这是色诺芬当初已经意识到，但被瓦尔拉斯给忘了的道理。决策者需要明白其政策想要实现的目标是哪一个。否则，我们只会吃力不讨好。

动态变化的差异

减排的挑战性都在于要在一段时间内改变经济结构——从化石燃料时代的技术、产品和制度转向清洁燃料时代完全不同的替代品。要快速、高性价比地实现这一点属于动态效率方面的挑战。我们已经知道，对此，把经济当作机器，继续抱着均衡的思想是没有用的。我们必须把经济理解为生态系统。为了挑选出最好的政策，我们需要考虑各种能够促进变化或维持现状的反馈。

詹姆斯·汉森（James Hansen）会本能地考虑各种反馈。他担任过二十多年的戈达德太空研究所（Goddard Institute for Space Studies）所长。在领导研究金星大气以后，他意识到，有一些方法可以照搬过来研究地球的大气层。他由此对气候科学产生了强烈的兴趣。1988 年，他在美国国会发表简报，成为最早推动气候问题变成政治讨论焦点的科学家之一。他尤其关注那些可能会加剧全球变暖，致使人类陷入险境的反馈。

汉森已经成为气候变化领域英雄一般的人物，因为他敢于说出真相，即使面对严厉的政治恐吓也不屈不挠。我最初对气候变化产生兴趣的时候，最早读到的那一批书里面就有他的著作。有趣的是，我发现，汉森不仅把气候科学解释得一清二楚，对美国政治的内情相当了解，除此之外，他还对气候变化政策有一种非比寻常的独到见解。他看待政策会本能地思考政策会造成怎样的动态变化。对于碳定价的两种方法，他意识到二者的效果是不同的。❶

在排放权交易制度下，所有实现了减排的公司购买碳排放权的需求都会降低。由于碳排放权的供给有固定的配额，需求降低自然会导致价格降低。价格降低则其他公司减排的动力也会降低。总之，任何减排行为都会削弱继续减排的动力。也就是说，这种制度创造了一种平衡反馈。它是天然自限的。

碳税的效果则并非如此。无论其他公司在做什么，每家公司每排放一吨碳都必须缴纳同样的税款。这种政策没有创造平衡反馈。汉森继续说明，如果把税收收入作为红利平均发还给相关产业的所有公司，反而还能创造出一种增强反馈。假如一家公司减少了自己的碳排放，那它交的税就少了，碳税的总税款也少了。其他公司收到的红利自然会随之减少，但是它们自己每排放一吨碳要交的税却是不变的，所以它们的净税是增加了。在这种情况下，任何减排行为都会增强继续减排的动力。这就创造了一种倾向于促进变化的增强反馈。

汉森由此得出结论，这两种碳定价的方法有根本性差异。因为增强反馈倾向于促进变化，而平衡反馈倾向于防止变化，他提出，税收与红利是最好的政策，排放权交易则是最差的政策。❷

---

❶ J. 汉森，2009。

❷ 汉森是用个人而非公司来说明这个差异的。我在此用公司举例是为了和本章其他地方对这两种政策方法的描述保持一致。这并不影响对比的逻辑。汉森没有明确考虑不发放红利的碳税这个选项，但是我们可以根据他对其他选项的描述来推断其优先级。

　　我曾经在英国政府中以汉森的论证为依据，数次想要影响关于碳定价的政策讨论。我一次也没成功。有一大问题是，很多人不知道反馈是什么（这不是英国独有的情况——其他国家的政府官员也问过我什么是反馈）。这只是一个例子而已。对政策影响最大的知识往往不是学术研究的最新成果，甚至也不是政府内部的最佳做法，而是我们的基础教育的遗产和较早时期的思想。我们有多少人在学校里学过反馈？

　　有一次，一位资深经济学家友好地和我坐下来探讨。他想知道为什么我如此担忧我们对碳定价政策的选择。在我说明理由之后，他拿出纸笔，开始画供给和需求曲线。他开始从基本原理出发，思考市场要怎样才能达成均衡……

　　我撞了太久的南墙，所以偶然看到荷兰研究者埃米尔·查平（Emile Chappin）的研究令我非常开心。❶他为了博士论文构建了一个模型，对比碳税和排放权交易制度对电力产业的价格和碳排放造成的影响。他的尝试的特别之处在于他使用的模型的类型：个体为本模型（Agent-based models）。

　　个体为本模型与各国央行和政府频繁使用的均衡模型大不相同。个体为本模型不像均衡模型那样从一开始就假设好系统的活动方式。这种模型和天气预报的模型一样，不会假设每天都晴朗无风。它假设的是系统的各个部分是怎样相互作用的。然后，它

---

❶　E. 查平，2011。

会模拟这些相互作用，继而得知系统会怎样活动。❶所以我们可以观察、预测各种各样的运动状态。均衡是可能出现的，但只是许多状态中的一种而已。个体为本模型已经成功模拟了资产泡沫和崩溃、技术创新以及不平等加剧等经济现象。❷

查平用他的模型模拟了电力市场中公司决策选择要掌握、使用哪种发电技术的行为。他比较了两种碳定价方法导致的结果：碳税和排放权交易制度。为了确保公平，他首先模拟了排放权交易制度，然后以这次模拟产生的平均碳价作为碳税。也就是说，这两种政策是在匹配程度相等的情况下展开对比的。

结果令人吃惊。碳税在三个方面胜过了排放权交易制度。它的减排速度更快。它在生效期间产生的电力成本更低。它还导致新技术从现有技术那里取得了更多的市场份额，也就是说，在对比期结束以后，市场继续减少碳排放的能力更强。查平的模型证实了汉森的直觉。

---

❶ 个体为本模型模拟的是环境中的人或者公司等一个个"个体"的行为。这些个体的决策规则是预先设定的——这就是这种模型的输入条件——虽然在某些模型中，这些个体可能会逐渐学习、调整决策规则。对于个体为本模型，有一种合理的批评是，如果决策规则不现实，那模型得出的系统的活动方式也会是不现实的。这是对的，所以个体为本模型的设计者必须基于最佳的可获得依据设定尽可能贴近现实的决策规则。个体为本模型不可能达到均衡状态，所以不能像均衡模型那样给出精确的"最优"数值作为政策问题的解。但是英格兰银行前首席经济学家安德鲁·霍尔丹（Andrew Haldane）曾经这样呼吁在宏观经济学中更多地使用个体为本模型："对于宏观经济学的大多数问题而言，精确描述问题是怎样产生的引发的错误或许远远多于不精确地给出该问题的数值解。"均衡模型想要求出精确的数值，但为此做出了影响巨大的假设，划定了"问题是怎样产生的"。而个体为本模型提供了探索问题本质的一种方法。俗话说得好，大致正确总好过准确地犯错。

❷ W. B. 阿瑟，2013。

以最高成本脱碳

汉森的系统思维和查平的个体为本模型说明大多数经济体的政府采用的碳定价方法是错误的。和另一种方法相比，这种方法速度更慢、成本更高。考虑到应对气候变化的紧迫性，这个错误是我们无法承受的。

但是实际情况是否有可能更加糟糕？既然我们知道了排放权交易制度无法让我们以最低成本脱碳，那么看起来，我们还应该更加仔细地审视这种制度。

我们来想一想电力产业脱碳究竟需要什么。简而言之，我们需要把依靠煤炭和天然气的系统换成依靠太阳和风的系统。这种转型的主要经济难点是修建大量基础设施：太阳能板、风力涡轮机、电池、电网还有平衡电力供求的智能设备。如果我们假设新系统的运行成本和旧系统完全相等（这是保守的假设，因为实际很有可能更低），那么转型的成本就是把旧的资本存量换成新的资本存量的成本。我们可以粗略地把这个成本看成单独一笔不得不花的钱。❶

我们已经知道，新技术的成本会在它得到应用以后快速下降，但是最初，这个成本是非常高的。在转型初期，提高燃煤效率或者把煤炭换成天然气的减排成本远远低于安装风力或太阳能

---

❶ 这种极其粗糙的估算当然有很多需要注意的地方。最明显的是，学习的速度是有极限的。新系统不可能一蹴而就地安装起来。此外还有偶尔被称作"调整成本"的费用，比如获得技术工人和稀缺资本的成本。如果转型速度较快，这些成本可能也会比较高。沃格特-希尔卜（Vogt-Schilb）、穆尼尔（Meunier）还有阿勒加特在他们的论文《气候政策：从最昂贵的选项出发也有了道理》（*Climate policy: when starting with the most expensive option makes sense*）中探讨了这个粗糙的估算，提出了这些观点。

发电设备。因此，在转型初期，选择在每个时间点上成本最低的减排方式的政策会倾向于提高化石燃料系统的效率。从长期来看，这都是白费力气。既然我们要把所有的化石燃料基础设施存量都换成零排放技术的基础设施，那为什么还要在把它们都丢掉之前提高它们的效率？这就像是给快要拆掉的公寓楼换窗玻璃。花一块钱都是浪费。

排放权交易制度费了许多力气却只是鼓励了在每个时间点上成本最低的减排方式。它还阻碍了昂贵但必要的替换资本存量的任务。这就极度延长了我们把资金浪费在提高化石燃料系统效率上的这个阶段。从转型的整个过程来看，这是以最高成本脱碳。

要实现最低成本的转型，我们必须做相反的事：集中全力应用零排放技术。这样做的成本在一开始是最高的，但是接下来就会随着技术成本下降而逐渐降低。我们越早着手替换资本存量，我们可能浪费在改良旧系统上的资金就越少。当然，如果我们真的关心减排，那就应该在两方面齐头并进——强制要求化石燃料系统尽可能提高运行效率，同时尽快将其换掉——只不过，这里我的重点是对比这两种截然相反的方法的性价比。

在具有无限可能的经济中，既然没有最佳的前进路径，那当然也没有最糟糕的路径。我们不难想出比排放权交易制度的成本更高的政策。比如，我们可以纯粹为了娱乐在每周二新建一座燃煤电厂，然后每周四就把它炸掉。在这种语境下，说它是"以最高成本脱碳"是有些夸张了。但是，在合理的政策选项这个有些模糊的范畴中，我认为这样的批评是合适的。既然性价比最高的转型方式是在最初采取成本最高的措施，那么一套设计目的恰好相反的制度基本就是最没有好处的制度。用上面自行车的比喻来说，排放权交易就像永远卡在了一档。

错上加错

到目前为止，我们只探讨了排放权交易制度可能会对一国的一个经济部门造成怎样的影响。但是这种政策的拥护者通常抱有更加远大的目标。

按照均衡经济学的思路，我们应该尽可能扩大排放权交易体系，覆盖更多经济部门，甚至尽可能覆盖更多国家。限额交易体系覆盖的经济活动的范围越广，就越有机会找到在每个时间点上成本最低的减排方式。

世界银行表示各国政府正在按照这项建议行事，把排放权交易制度拓展到多个经济部门，乃至州界和国界之外。2020 年，瑞士的排放权交易制度和欧盟接轨。美国的新泽西州和弗吉尼亚州也加入了区域温室气体减排倡议（Regional Greenhouse Gas Initiative）。这是由美国东北各州运营的区域碳市场。❶

我怀疑，推动这种扩张的不只是经济逻辑。排放权交易这样需要大量官僚管理的政策会持续吸引官僚来从事相关工作。这些官员往往会对自己付出不少心血的政策产生一种特殊的情感。即使在体制内升职、调动以后，他们也会继续支持这项政策。这种反馈——大概可以证明气候政策领域的增强反馈并不都是有益的——使得政策具有一种自我维持和扩张的趋势，让人特别难以将其废除。英国的政府官员不仅仅是在努力在国内落实碳排放交易，他们还在积极地将其推广到国外。

我们现在已经有充分的认识，知道这种市场接轨和扩张很有可能适得其反。当你的目标是在一段时间内高效地促成改变的时

---

❶ 世界银行，2020。

候，追求分配效率是错误的选择。找到廉价的减排方式的机会越多，昂贵但必要的行动就会被拖延得越久，浪费在不必要的过渡措施上的资金也会越多。

当排放权交易制度被应用到多个产业以后，电力这样"比较容易"减排的产业会拉低碳价，导致碳价不足以激励钢铁这样减排"比较困难"的产业去采用清洁技术。在电力产业完全脱碳之前的这一整段时间里，碳市场都只会激励钢铁产业去投入更多资金提高化石燃料基础设施的效率。这样做虽然可以暂时减少碳排放，但无助于长期地改变。从全局来看，这样做只是增加了转型的成本。如果覆盖这两个产业的碳市场是互不相干的，那至少它们可以按照各自的节奏前进：钢铁就不必等待电力了，而且总体说来，浪费的资金会更少。

把排放权交易制度应用于多个国家会造成类似的结果。比较先进的国家的脱碳措施比较难以实现，所以会首先让位于比较落后的国家采取的比较容易的脱碳措施。这或许看起来对先进国家有利，因为它们可以暂时减轻减排力度，但是从全球的视角来看，这只是在拖延必需的投资，增加转型的总成本。

不仅如此，平衡反馈还会进一步造成负面影响：一国采取的加速脱碳的措施只会拉低碳价，削弱其他国家跟进的动力。我记得有一次在能源与气候变化部，我们在考虑产业脱碳的新政策的时候，这一点曾经被指出来。当时，英国还属于欧盟碳排放交易体系。这套体系是覆盖所有欧盟成员国的能源密集型产业和电力产业的一套庞大的碳排放交易制度。我们知道我们所考虑的政策可以帮助英国产业减少碳排放。但是我们也知道，如果这些政策成功了，只会降低波兰燃煤发电的成本。这听起来不是什么好消息。

地域扩张的范围越大，这种结果就有可能越糟。卡洛塔·佩雷斯（Carlota Perez）在研究过去的技术大革命时发现，这些革命通常肇端于当时的全球经济的"产业核心"所在。❶然后，技术革命会传播开来，最终触及经济边缘的国家。第一次产业革命——属于铁制机器、机械化棉花产业、水轮与运河——始于18世纪70年代的英国，然后才向外传播。蒸汽和铁路的时代开始于19世纪30年代的英国，然后首先来到欧洲和美洲，继而传播至全世界。接下来的革命则是由美国和德国领衔，开启了钢铁、电力和重型工程的时代。接着，在20世纪，从石油、汽车和大规模生产再到信息和电信的一次次革命都首先发生在美国，然后经由欧洲传播至全世界。

在这每一个案例中，革命的动力都是产业领先全球的国家的技术能力和金融资本。如果我们希望清洁技术革命迅速推进，那我们肯定需要如法炮制。把身为产业核心的国家实现变革的动力转移给边缘国家是没有好处的。

我们可以类比第一次产业革命的一项技术：水轮。河水流经平原会不受限制地寻找阻力最小的路径。它会变得宽阔起来，蜿蜒曲折，缓缓流动。把水轮放在这种地方只能得到极少的能量。但是如果河水被迫流入一条狭窄的沟渠，它就会加快速度，变成猛烈的激流。放在这里的水轮就可以快速旋转，产生大量有用的能量。

产业投资就像河流，政策则可以塑造地貌。如果政策允许投资寻找阻力最小的路径，那么朝着指定方向变革的速度就会变得极慢。想要提速，政策就一定要强迫投资流入狭窄的沟渠，制造压力，确保唯一的出路通往指定方向的经济变革。而给予投资更

---

❶ C. 佩雷斯（Perez），2014。

多流动空间，削弱这种压力的政策是没有好处的。

＊＊＊

我们在本章的开头提问怎样的碳定价政策可能效率最高——这是一个重要的问题，因为碳定价是许多经济学家和经济机构极力倡导的气候变化政策。我们已经知道，排放权交易这种全世界应用最广的碳定价方法在现有选项中效率最低。它会创造一种平衡反馈，导致高成本的缓慢转型。

更加关键的是，我们已经有理由相信这种政策的基本前提——在一个时间点上最小化成本即可在一段时间内最小化成本——大错特错。遵从这种逻辑只会让我们卡在一档，而且我们遵从得越久，卡得越死。

再谈追悔莫及的失控临界点

在上学的时候，为了坐得更加舒服，我们经常身体后仰，把椅子翘起来，用椅子的后腿支撑，让前腿浮空。时不时就有人略微后仰过度，摔倒在地，遭到全班嘲笑（还有老师的斥责）。偶尔还会有人感觉到椅子快倒了，赶紧抓住面前的课桌，保持平衡，然后尽量表现得若无其事。

椅子靠着两条腿完美维持平衡，略微一动就会往前落下或者向后倾倒的这个点就是临界点。在这个点上，轻轻一推就可以让人在椅子上的这个系统进入完全不同的状态：从挺直的坐姿到丢人的摔倒。

气候的临界点到处都是，而且从我们的视角来看，这些临界点都是坏消息。我们希望尽可能地把气候维持在我们的文明发展壮大的这段时间的水平。临界点很危险，因为它们有可能造成我们不了解的新情况。会导致格陵兰冰盖完全解体、全球海平面额外上升六米的临界点就是我们非常不想超过的临界点之一。或许这就是世界各国现在把控制全球变暖的目标从升温 2 摄氏度以下改为 1.5 摄氏度以下的主要原因。

在经济领域，我们的目标正好相反。为了消除碳排放，我们需要促成大规模的变化，而且要尽可能提速。于是，轻轻一推就能造成剧变的临界点就成了充满机遇的宝藏。在我和本书第四章提到的临界点专家蒂莫西·伦顿一起写到的两个案例中，临界点看来已经帮助许多国家排放温室气体的主要产业实现了世界上最快的转型。❶

煤炭退出电力产业

当我在能源与气候变化部工作的时候，我曾经花了一些时间了解我们的发电方式是怎样实现如此迅速地脱碳的。就绝大多数排放温室气体的产业而言，英国的表现平平无奇，但是在电力产业方面，我们是全世界脱碳最快的国家。❷

我们的许多政策和其他国家区别不大。和其他所有国家一样，我们补贴了可再生能源。随着太阳能板和风力涡轮机出现在全国各地，它们逐渐占有了原属于化石燃料的发电份额。和其他很多发达国家一样，我们控制了空气污染，提高了燃煤电厂的运行成本。我们和其他所有欧盟国家还有其他许多国家都对电力产业实施了碳定价，从而抑制燃烧煤炭和天然气。这些政策都无法解释为什么我们的步伐比其他国家更快。

我们唯一与众不同的地方就是碳税。欧盟的碳定价是通过排放权交易体系实现的。正如上一章所说，这种方法内置平衡反馈。这往往意味着它的效果有限。而英国的碳定价是通过固定的

---

❶　S. 夏普与 T. 伦顿（Lenton），2021。

❷　I. 斯塔费尔（Staffell）、M. 詹森（Jansen）、A. 蔡斯（Chase）、E. 科顿（Cotton）与 C. 刘易斯（Lewis），2018。

碳税实现的。我们由此以更加显著的幅度提高了燃烧化石燃料的成本。我知道这项政策一定很重要，因为行业组织经常游说我们，希望我们将其废除。在气候变化政策领域，这种情况通常说明你做了有用的事。

有一天，我偶然看见了一组图表，然后从中认识到了为什么碳税如此重要。在电力批发市场中，发电成本最低的发电厂可以首先供应市场。其他发电厂按照成本，从低到高相继排在后面，直到需求得以满足。这就是所谓的"优先次序"。长期以来，燃煤电厂的发电成本一直低于燃气电厂，所以在市场中享有优先权。从 2015 年晚些时候开始，碳税和排放权交易体系一同扭转了形势：它们导致煤电（碳强度更大）的成本超过了气电。如此一来，二者在优先次序中地位互换。天然气得到了优先权。煤炭只能屈居人后。这就是超过了临界点：每吨 18 英镑的碳价这样轻微一推就引发了系统的结构性变化，产生了不相匹配的巨大影响，导致燃煤电厂发电——并且提供税收——的时长急剧缩减。

我上网搜索了发生这种变化以后的情况。显然，即使在超过这个临界点以前，我们的电力产业也已经在减少使用煤炭，因为可再生能源占有了煤炭的市场份额，而且污染控制和碳定价提高了煤炭的成本。在优先次序中的地位变化是最后一根稻草。所有这些因素叠加在一起使得系统超过了第二个临界点：燃煤电厂的赢利能力的临界点。2016 年 4 月，公共事业公司的分析师彼得·阿瑟顿（Peter Atherton）评论称："煤炭的经济性已经在过去的 18 个月内急剧恶化……碳税的增加……使得经济性从小幅赢利变成了亏损。"❶

---

❶ 《卫报》（*The Guardian*）。

既然燃煤电厂无利可图，公共事业公司就没有了继续运营这些电厂的动机。许多燃煤电厂被关闭、拆除。有些巨大的冷却塔被炸得颇为壮观，给旁观者带来了乐趣。煤炭退出电力市场的速度加快。2012 年煤电的市场份额曾有大约 40%。到了 2020 年，这个数字下降到了不足 1%。

石油退出交通产业

如果说英国在电力产业方面表现优异，那么挪威在道路交通方面的成绩甚至更加出色。全世界几乎所有的汽车都是靠汽油或柴油运行的。电动汽车正在快速普及，但是在 2019 年，电动汽车的销量只占了全球的 2%~3%。在政策力度较大的国家，这个比例会更高——中国的电动汽车销量接近 5%。但是当你列表整理好所有国家的电动汽车占汽车销量的份额以后，你会发现挪威的数据鹤立鸡群：它的市场份额已经稳稳超过了 50%，比全球平均值高了差不多 20 倍。[1]

挪威有很多扶持电动汽车发展的政策，但是其中有一点是独一无二的。税收和补贴的共同作用使得电动汽车的购买成本低于同等水平的汽油车。[2]这激活了消费者偏好的临界点。在汽油车更便宜的时候，大家偏爱购买汽油车。当电动汽车变得更便宜以后，大家就转投电动汽车了。挪威以略微超过其他国家的政策输入力度取得了不成比例的巨大成果——全世界最快的零排放道路交通转型。

---

[1]　IEA，2019。
[2]　挪威电动汽车政策。

目光短浅地看待形势

这或许听起来不像是只有天才能想明白的事。让清洁技术变得比高碳技术更廉价好像是任何人都知道的目标。对我们当中的许多人来说，这是一件理所应当的事情。所以，让人惊讶的点在于这种例子竟然如此稀少。英国的电力产业以及挪威的道路交通都是特例。

我相信原因在于，决策者在均衡经济学的指导下，没有去寻找临界点。我曾询问给英国电力产业制定碳税的官员，他们是否有意创造从煤炭到天然气的临界点。没有人给出肯定的回答。其实，他们原本的政策是要把碳价不断地提高到很高的水平。据我所知，英国的碳价能够提高到刚好激活临界点——并且成为我们唯一取得极大成功的脱碳政策——纯粹是意外之喜。

在均衡经济学的世界里，脱碳是西西弗斯（Sisyphus）的任务。在古希腊神话中，诸神因为西西弗斯实施谋杀、行为专横而罚他永远不停地将一块巨石推上山顶，但是巨石每次都会在快到山顶的时候滚下山去。诺贝尔奖获得者威廉·诺德豪斯的经济模型和其他类似的模型与西西弗斯的故事如出一辙。假设某一年我们花了一些钱减少一些碳排放，这些模型认为这个效果只是暂时的：第二年要减少同样数量的碳排放，我们就还得再花同样多的钱。无论我们多么努力地想要把巨石推上脱碳之山，巨石总是会滚下来。我们每年都要从同样的位置重新开始。

在这种经济观点的指导下，决策者看到的是一种绝望的境况。均衡经济学不认为存在山顶。它假设经济形态是永恒不变的，所以只要我们现在身处山坡，那我们会永远都待在这山坡上。因此，它给出的建议是，我们应该以最省力的方式来执行这项看不见希望的任务。

具体说来，传统的建议是，我们的唯一目标就是要让推动巨石耗费的力气和稍微往山上走一点的收益维持一致。用专业术语来说，那就是边际成本等于边际收益即可实现经济效率。稍微再花一点钱，稍微降低一点危险的气候变化的风险。

这种方法的问题在于，结果完全是主观的。我们根本没有办法客观估算危险的气候变化对社会构成的总体风险。那些试图估算的模型只是把主观的数字代入了主观的等式，所以懂行的专家说这些模型"比无用还要糟糕"。如果用这些模型来计算所谓"正确的"碳价，那这个碳价究竟能否产生效果就只能听天由命了。

打个比方，我们可以再次请出那只温水里的青蛙。他已经想办法从科学顾问那里拿到了风险评估。现在，青蛙知道自己必须离开这锅温水，以免为时过晚。他问他的首席经济学家："我该怎么办？"

首席经济学家拿出纸笔，开始工作。他估算了青蛙愿意为避免每一度升温而付出的成本。他的依据是青蛙平时在家开空调的成本。然后，他估算了青蛙从锅的侧面往上每爬一厘米，逐渐远离温水要耗费多少能量。他把耗费的能量转化为食品消费，然后根据青蛙平时每周的超市账单把这些食品换算成美元，从而算出经济成本。最后，他把这两个等式放在一起，找出从锅的侧面往上爬耗费的额外力气刚好可以和远离温水的额外收益抵消的那个点。他对青蛙说："最有效率的解决办法是你从锅的侧面往上爬 4.73 厘米。"

青蛙看不懂这些等式，但是觉得它们看起来很厉害，而且如此精确的回答听起来非常权威。他接受了这项建议，从锅的侧面往上爬了 4.73 厘米。但是过了一小会儿以后，他有些担心。他要持续不断地用力才能继续待在锅的侧面，而且这样做其实并没有解决问题：虽然他远离了温水，但是水温依然在升高。他现在不会被煮熟，但有可能会被蒸熟。

青蛙决定换一个方法。他问首席经济学家，这口锅的侧面有多高。首席经济学家测量了高度，告诉他："10厘米。"青蛙铆足了劲，跳到了11厘米高，跃出锅的侧面，安然落在凉爽的地方。然后，他舒舒服服地坐下来放松，思考接下来该做什么。

解放西西弗斯

幸好经济不是永恒不变的，就像大地不是平的。脱碳未必是西西弗斯的任务。或许有些减排方式的确只是暂时有效的，但是还有一些方式是永久有效的。如果我们拆除一座燃煤电厂，新建一座风力发电场，那这座风力发电场可以为我们生产几十年的零排放电力。等到设备无法维修的时候，我们大概还会用另一座风力发电场来加以替代。

设想你正在现实世界，而非希腊神话的冥界把一块巨石推上山。在上山途中的大部分路段，你都需要耗费很多力气才能把巨石推动一小段距离。如果你特别用力地猛推，巨石还会顺着势头再前进一点，但是很快就会停下来，并且开始滚回来。重力一直在试图将巨石拖回山脚，也就是你的起点。然而，在靠近山顶的某个地方，山路会变得平坦。在这里，你可以比较轻松地把巨石往前推。然后，你就会找到临界点：轻轻一推就能将巨石推过山顶，然后从另一边推下山去。阻力消失了。取而代之的是自我加速的变化。巨石最终来到了完全不同的新地方。你，或者说西西弗斯终于可以休息了。

如图15-1所示，我们可以把技术转型看作类似的过程。新技术的早期研发可以把巨石推过平地，进入下坡。这个过程需要大量的投资。你在途中任何一个地方中断投资（双手离开巨石），新技术都很有可能消亡（巨石滚回起点）。政策也可以把巨石往上推：政府采购、补贴或者监管可以帮助新技术站稳脚跟，并且为其提供不断增加的市场份额。然而，在新技术还不具备充分的竞争力的时候，撤销政策支持会导致旧技术再次完全支配市场。但是，只要坚持下去，我们就有可能找到临界点。在那以后，新技术无须政策扶持也可以自行发展壮大。投资者会抛弃旧技术，把所有资源都投入新的生产方式。促成改变的力量会胜过阻力。转型会拥有自我加速的能力。

图 15-1　技术转型示意图

这是一种常见的现象。大多数成功的技术都经历过某个临界点，并且由此从束之高阁的珍稀物品变成一种"新的标准"做法的普通工具，以出乎所有人预料的速度普及开来，取代旧的技术。竞争力、消费者偏好或投资者信心都有临界点，而且这些临界点也是可以相互作用的。也正是因此，经济学家鲁迪·多恩布施（Rudi Dornbusch）才说出了那句名言："经济学里事情发生需要的酝酿时间比你想得更久，然而一旦发生后进展速度又比你想得更快。"

政府的政策并不总是涉身其中。对于很多领域的经济活动的未来走向，社会并没有明确的战略利益，因此我们大可以袖手旁观，让市场代劳。但是，在气候变化方面，我们有很深的利害关系。我们需要清洁技术取代化石燃料，而且我们知道必须通过政策给予强力的帮助才能以足够快的速度实现这个过程。

前文提到的两个快速脱碳的案例都是在全球转型的大背景下发生的，所以有很多基础性工作早已完成。就电力产业而言，几十年的研发支持已经使得太阳能和风力发电变成了可行的技术，把它们往山上推了一段路。鼓励应用这两种技术的政策又给了它们继续向上的推力：补贴、电网连接，以及帮助它们和煤电、气电顺利竞争的电力市场改革措施。随着进一步的推进，上山的路会变得更加平坦：我们部署的风能和太阳能发电设备越多，它们的成本就越低，性能就越好，继续部署的难度也会越低。现在看来，这块巨石就算还没有翻过山顶，也已经很接近山顶了。太阳能和风能目前在几乎所有国家都是最廉价的发电方式，所以应用这两种发电技术的动机已经越来越接近纯粹的商业或经济利益。下山的路上还需要越过一些凸起的大型土块和危险的裂隙，但是转型已经具备了自我加速的势头。

道路交通也是类似的：研究提供了电动汽车所需的技术；监管措施要求制造商去生产电动汽车；补贴鼓励消费者购买电动汽车；投资充电基础设施则是为了使用电动汽车。随着汽车产业转而投资这项新技术，其成本正在迅速下降。这块巨石还没有翻过山顶。电动汽车的生产成本依然高于汽油车，而且大部分是亏本出售的。如果一口气撤销所有政策支持，汽车企业很可能迅速抛弃电动汽车，让市场回到最初汽油和柴油统治的时代（山脚）。但是我们已经看得见山顶了。再多推一些年，我们就能抵达电动汽车足以自行在市场中竞争的那个节点。过了这个点，消费者就会越来越倾向于购买电动汽车，制造商会倾向于生产电动汽车，哪怕是完全不关心气候变化的政府也会主动支持这场转型。

山上的巨石是个简化的比喻。正如地球系统具有许多层面的许多临界点——从一种昆虫的生存到一个生态系统的可持续性——经济的任何一个部门也都是如此。所以我们有理由心怀希望：有很多机会可以让变革的速度提高到出乎我们意料之外的水平。其中有一些临界点比较容易找到，但是它们共同的特点就是，轻轻一推就能产生巨大的效果，所以它们可以让我们的政策变得格外高效。既然我们急需提高全球经济脱碳的速度，那我们完全没有理由不去寻找这些机会。

看见更多山顶

在动身寻找临界点之前，我们还需要走出一些误区。我们已经知道政府受到均衡经济学的影响，忽视了山顶的存在，还听从其建议，采用了一种主观决定的"正确的"碳价来衡量自己的步伐。不仅如此，各国政府还错误地采纳了将相同的碳价应用于所有经济部门的建议。❶

---

❶ 这是均衡经济学的标准建议。在此，我只列举一个例子。2017年，经济学家迪特尔·赫尔姆为英国政府所作的《能源成本报告》的核心建议之一就是将相同的碳价应用于所有经济部门。

我们在上一章已经讨论过，提出这种建议是为了在减排成本最低的地方实现减排。如果地平说成立，经济状况永恒不变，那这个理由是没有问题的。应用于整个经济的统一碳价会帮助我们找到每个时间点上成本最低的减排方式。但是，既然现实世界的经济状况会持续不断地改变，这个建议就很有问题了。此刻成本最低的措施未必是一段时间内成本最低的做法。眼前最轻松的步骤未必是越过山丘的最佳路径。

环顾四周，我们会发现每一个排放温室气体的经济部门都有自己独特的脱碳图景。电力产业是一座我们已经接近顶峰的山：近些年，每吨 18 英镑的碳价在英国产生了巨大的效果；很快，我们就不需要碳价了。道路交通则是一座更高的山：多年以来，相当于每吨 300 英镑的碳税都几乎没能促进英国的零排放汽车转型，而法国的燃料税虽然引发了为期数月的社会抗议，但根本没有推动脱碳进程。钢铁更是一座我们基本还没有开始攀登的悬崖峭壁。建筑业则是因为提高能效可以同时节约资金、减少碳排放，所以更像是一块略微向下倾斜的平地，虽然我们还需要小心一些凸起的土块。

在这种形势下，正如图 15-2 所示，横跨多个部门的统一碳价肯定效率奇低。足以在道路交通产业将巨石推过山顶的力度对电力产业而言远超所需，同时又对钢铁产业毫无意义。对建筑业来说，这更是好比莫名其妙地用高高的吊车把巨石吊起来运到平地的另一边去，明明只要滚过去就可以了。我们没有条件如此浪费。

为了提高效率，我们应该采用更加精确的方法。首先，我们应该运用有针对性的投资和其他所有必要政策来推动每一个产业的巨石上山。然后，我们应该在合适的时机加以合适的力度——可以通过税收、补贴或监管来实现——把巨石推过山顶。这样一

横跨整个经济体的单一碳价是极其低效的

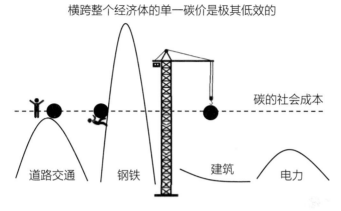

图 15-2　对整个经济体生效的统一碳税造成的动态效率低下

来，我们就没有耗费超出必要水平的力气。最后，我们大可以心满意足地在旁边看着巨石从山的另一边滚下山去。

如果我们认识到这才应该是政策的目标，那么英国在电力产业和挪威在道路交通领域取得的成功就不会只是特例。既然知道了寻找的目标，我们就可以找到许多机会，复制这种迅速的进步。

目前，我们已经可以看见周围的一些山顶。形势一点也不差。我们肯定不在冥界。我们可以看见多个产业的清洁技术战胜排放温室气体的旧技术的临界点，而且其中一些临界点并没有那么遥远。不出十年，电动飞机短途飞行的成本就有可能低于喷气燃料飞机。素肉可以在成本更低的同时具备和动物肉一样的口感，让我们不必再砍伐森林（为了牧牛而把森林改为草地），也不必让奶牛继续打嗝、放屁，从而减少大量的碳排放。^❶可再生能源电解水制氢的成本有希望低于化石燃料制氢，为脱碳以后的产业创造新的机遇。这每一个临界点都可以成为政策的目标。一

❶　Systemiq, 2020。

旦投资为我们打好基础，那么只要我们想用碳定价，我们就可以用恰当水平的碳价来推动每一个产业开始自我加速地转型。

在这种形势下，努力促使市场转向可持续发展的企业可能会激活投资者信心的临界点。而宣传人士和非政府组织可能会找到公众认识的临界点。[1]有些临界点比较难以发现，还有一些临界点比较难以抵达。我们能做的最好的准备工作就是丢掉地平说一般的对经济的认识，也丢掉由此产生的所有指导建议。只要动身去寻找，我们就会找到一些临界点，而且，在前进的路上，我们还会看见更多。

更快五倍？

假如我呼吁的对经济的认识的变化得以实现，我们是否就足以达成全球脱碳速度提高五倍的目标，避免危险的气候变化？

英国从煤炭到清洁能源的转型经历非常振奋人心。英国通过有针对性的投资、监管措施的改进还有激活临界点的税收措施，使得英国电力产业过去十年内的脱碳速度大约是全球平均速度的八倍。[2]挪威的道路交通转型速度和全球平均速度之间的差距甚至更大。这两个例子说明，遵从经济学的新理念的政策的确可以大大推进转型进程。

但是我们必须注意，这两个国家的优异表现离不开全球的大背景。英国能够应用风电和太阳能发电，以及挪威能够让电动汽

---

[1] J. D. 法默（Farmer）、C. 赫伯恩（Hepburn）、M. C. 艾夫斯（Ives）等人，2019。

[2] 2010 年至 2019 年，英国电力产业的碳密集水平每年下降 8.9%（德拉克斯 Drax：电力观察季刊 Electric Insights Quarterly，2020 年 7 月至 9 月。而同期全球电力产业的平均碳密集水平每年下降 1.1%）国际能源机构：追踪能源 2021。

车开上街头的前提都是许多国家早已付出多年的努力，使得这些技术能够投入实践。为了促使全球经济脱碳速度提高五倍，我们不仅需要力度更大的国家政策，而且需要力度更大的国际行动。那是本书第三部分的话题。

第十六章

革命性

　　思想转型或许和技术转型颇为相似。最初，新思想未经检验、尚显生疏，还经常遭受排挤。它们需要有第一块用武之地——足以证明自己的价值——才能在社会或者我们的认识中传播得更加广泛。在传播途中，它们会遭到反对，尤其是那些利益受其威胁之人的反对。新旧思想的斗争会横跨许多层面。最终，如果新思想足够强大，能够战胜旧思想，那我们就会以它们为核心，塑造全新的知识体系和行为模式。

　　从均衡经济学到演化（或"复杂"）经济学的转变就是这种转型。❶ 希望此前的章节已经足以说明，演化经济学的新思想明显胜过了均衡经济学的旧思想：它们可以更好地解释我们看到的现象，更好地预见怎样做才是有效的。但是这并不意味着它们会立刻被接受。转型依然处于早期阶段。新思想在经济分析和建议的市场中只占了一小块份额。

　　有很多不同的主体可以推动技术转型：新产品的发明者、新

---

❶ 有不同的研究者在不同的时代使用过"演化经济学"和"复杂经济学"这两个标签。"复杂"比较新，而且包含了其他互通的学派。二者都把经济理解为复杂适应系统，认为其中变化的过程本质是演化。我在这里将二者视作可以互相替换的术语。

企业的投资者、新标准的宣传者以及改变经济游戏规则的政府。如果系统中不同地方的人以互相促进的方式行动，发生变化的速度会快得出人意料。经济思想很有可能也是如此。本章要介绍的一些主体就是在积极准备朝着演化经济学理解前进。

学者

新思想和新技术一样往往是通过以创新的方式组合既有事物而产生的。开创新经济思想的学者会从过去的一些伟大思想中汲取灵感。

我们在第十一章见过的那位经济史学家和发展经济学家埃里克·赖纳特提供给政府的实际建议包含了 1850 年以前产生的经济思想——他认为经济学在那个时候拐错了弯。曾用不均衡模型预见全球金融危机的史蒂夫·基恩属于自称"后凯恩斯主义者"的经济学家——他们追随的凯恩斯曾经在 20 世纪 30 年代提出开创性的新理论，用以描述不平衡而且不断变化的经济的活动方式。复杂经济学的主要思想家布莱恩·阿瑟则是把超级计算机的数字运算能力和政治经济学的旧思想结合在一起，获得了新的认识。

由于均衡经济学具有统治地位——是这个由思想组成的生态系统中的主导者——这些捣乱的新思想家只能在边缘地带活动。这里的边缘既是实际的边缘，也是比喻意义的边缘。大学能够得到的经费一般取决于它们在公众认知中的成功水平。而成功的主要标准就是在同行评审的权威期刊上发表的学术论文的数量。发表需要编辑认可，而权威经济期刊的编辑基本都是均衡学派的拥护者。一位学院派经济学家越是离经叛道就越会被排挤到学界的边缘。这种平衡反馈循环会防止学科的变化（或者说至少会减缓变化的速度）。

因此，埃里克·赖纳特在靠近北极圈的驯鹿放牧人身边研究经济学。史蒂夫·基恩干脆脱离了大学体系，他现在的工资是众筹的。也正因如此，牛津大学重要的新经济思想家（他们在此得到了慈善资助）的那篇开创性论文《后碳转型中的敏感干预点》没有发表在经济学期刊上，而是发表于《科学》期刊。

好消息是，虽然学术界很重视权威机构和期刊，但是外界的看法并非如此。我们这些外行一般只是想了解优秀的思想而已。只要我们能用这些思想获得一些好处，我们就不在乎这些思想来自何处或者发表在什么地方。所以，新经济思想前沿的学者能够在困扰全世界的难题那里找到他们的思想的第一块用武之地。

金融稳定性问题就是其中之一。想要预测或者避免金融风暴，那些假设经济就像完美的夏日那样静止不变的理论和模型并没有多大用处。担心金融市场的不稳定性和系统风险的央行，以及其他人已经开始留意新的思想，对其产生了兴趣。多因·法默和他共同研究复杂经济学的同事发现英格兰银行有一位客户愿意用他们的建模工作来解释、预测英国住房市场的不稳定性。伦敦市重要的金融机构英国精算师协会（IFoA）已经委托研究将经济学用于精算行业。这项研究强调了均衡经济学范式的缺陷，表示需要更加多样的经济思想。❶史蒂夫·基恩等新经济思想家已经参与了 IFoA 正在进行的研究与讨论项目。

产业战略和创新政策是另一块试验田。很多政治领导人本能地感到自己应该制定一套战略，增强本国重要产业的竞争力，吸引投资，创造高质量的就业岗位，增加对全球市场的出口。如果没有其他原因，各国政府通常会控制用于公共研发的大量资

---

❶ 精算师协会。经济建模。

金，并且需要决定这些资金的去向。我在参与制定英国的产业战略之时发现均衡经济学难以令人信服地解释为什么国家要有这样一套战略，也难以解释这种战略应该做些什么。"创新"这个词甚至都没有出现在英国政府的政策评价指南上，仅仅在附件里占了极小的篇幅。玛丽安娜·马祖卡托和她的创新与公共目的研究所（Institute for Innovation and Public Purpose）正在利用这个机会，讲述"企业家型国家"成功的道理，呼吁制定任务导向的政策。事实证明，他们的主张颇受欢迎。欧盟、经济合作与发展组织还有英国政府都有兴趣把这些新思想付诸实践。

第三块试验田和本书关系最密切，那就是可持续发展。气候变化、生物多样性减少、污染和必要资源枯竭的挑战太过艰巨，所以我们不仅需要新的解决办法，而且需要新的思想。凯特·拉沃斯（Kate Raworth）的《甜甜圈经济学》（*Doughnut Economics*）❶——综合了新经济思想，探讨如何在满足社会需求的同时不超出"地球限度"（planetary boundaries），也就是科学家认为人类可以安全生活的环境限度——引发了世界各地的市政府、企业、政治领导人、经济学学生以及关注此事的公民的巨大兴趣。相对而言不太知名的是，让弗朗索瓦·梅屈尔等不均衡模型构建者还有弗兰克·吉尔斯等技术转型专家纷纷发现，为了达成净零排放的目标，各国政府开始有人对他们的建议产生了兴趣。

学生

对经济来说，学生是重要的消费者。目前，很多学生是并不满

---

❶ K. 拉沃斯（Raworth），2018。

意的消费者。引进最优秀的新经济思想或许非常有利于学习技术、社会学还有环境科学的学生，但不利于经济学学生。那种排斥一切看似敌对的思想的反馈循环在经济学系发挥着免疫系统的作用，让经济学学生的眼界变得越来越狭隘。很多学生在开始经济学课程的时候还抱有解决现实问题的梦想，想要解决贫困、不平等和气候变化问题，但是很快，他们就会放弃这些梦想，因为他们会发现，想要获得学位，他们就得在这三年里不停地解数学方程。

当然，解数学方程并没有什么不对。但是我们可以让那些纯粹想学数学的人去研究数学。凯恩斯曾有名言说经济学家"在某种程度上必须是数学家、历史学家、政治家和哲学家。他必须理解符号而诉诸文字。他必须在特殊中看见普遍，又在具体中看见抽象。他必须了解过去，研究当下，展望未来。他必须巨细靡遗地关注人类的天性和制度"。

这种气魄为什么不见了？

曾有一群关心本学科状况的经济学学生展开相关研究。他们发现在英国几所顶级大学的核心经济学模块的期末考试中，绝大多数试题只是要求学生套用经济理论，不加批判地将其应用于假设的情境，解出一系列出题人设计好的数学方程，得到"答案"。至于理论是否有证据支持，情境是否现实，模型是否合适或答案是否有用，都是不必考虑的问题。超过四分之三的试题"根本没有批判性或独立思考"。❶

对于这种情形的不满导致主张"重新思考经济学"的学生运动得以发展起来。这场运动发端于二十世纪九十年代，又在

---

❶ J. 厄尔（Earle）、C. 莫兰（Moran）与 Z. 沃德-珀金斯（Ward-Perkins），2017，第 51 页。

2008 年全球金融和经济危机以后发展得更为迅猛——那个时期，许多学生震惊地发现大学课程难以解决现实中具有巨大影响的经济问题。这场运动给大学里的经济学系造成了压力，促使它们改革课程。运动还努力联系各国具有批判性思维的经济学家，并且大力提倡增加经济学的多样性。在某些国家，该运动还呼吁改革公用经费拨款方式，以便鼓励大学包容持有不同观点的思想家。该运动的分支目前活跃于四十多个国家和地区，遍布各大洲。❶

　　2017 年，参加该运动的一些学生和学者会聚伦敦，呼吁开展"经济学改革"。这一年正是欧洲宗教改革 500 周年。他们受此启发，想要把当时的神学的地位对比现在的经济学。他们论证称，新古典经济学已经变成了一套自我指涉的思想体系：这种演绎逻辑过程以一些基本假设为前提，但是这些基本假设本身是不容置疑的。这就使其更像是宗教而不是科学。和中世纪欧洲的天主教神学一样，新古典经济学在 21 世纪主导了很多公共讨论，有众多神职人员教学的方式鼓励原封不动地照搬而非批判性评价，而且其内容的实质就是在论证"事物之所以如此是因为它们必然如此"，服务于社会中有权有势者的利益。❷ 各位学生领袖和史蒂夫·基恩还穿上修道士的服装，用充气锤和蓝丁胶把列举《经济学改革三十三条论纲》的告示"钉"在了伦敦经济学院的前门，在玩笑中重现了当年马丁·路德的重大时刻。

　　这次著名事件非同寻常地引发了主流媒体对经济理论本质的讨论。六十五名学者联名写信给《卫报》，支持《经济学改革三十三条论纲》。他们表示："终结经济学领域不健康的学术垄断

---

❶ 《关于我们》。
❷ 新天气研究所（New Weather Institute），2017。

不仅是为了让这门学科变得更加有效、民主，这也是抓住我们全体生存、繁荣的机会的关键。"[1] 建制派经济学家站出来为自己辩护，声称他们很重视解决现实世界的问题，强调他们的研究方法和领域都是多样的，并且争论在这样一个在他们看来经常忙于统计分析的学科中，理论具有怎样的意义。

在学生们提出的要求中，经济学建制派最难反驳的就是，经济思想应当是一种市场竞争，而非垄断。这一点成了这场学生运动最重要的根本原则：提倡经济学多元化，反对学术一元化。这是个很有力的论点，而且，打个比方，假如大学课程的设计者或者大学经费的管理机构将其付诸实践，产生的影响将是十分显著的。不过，单凭这一点恐怕是不够的。市场自由化本身不足以淘汰旧技术，必须有新的产品。这个道理在经济思想中同样成立：尽管旧的认识世界的方式已经暴露出明显的缺陷，但是在更有说服力的方式出现之前，它是不会被淘汰的。[2]

慈善家

如果说学生们呼吁多元化的声音无法给新生的演化经济学思想提供充分的支持，那么慈善家或许愿意更进一步。

我们也许会期待优秀的思想在正面交锋中战胜差劲的思想，但是如果双方的资源是不对等的，正面交锋就非常困难。研究需要的时间、模型的开发、理论的发展还有收集数据验证假设都是要花钱的。同样，召开会议交流思想以及请政策智库这样的中立

---

[1] 《卫报》。

[2] T. 库恩（Kuhn），1970。

机构来解读、传播思想也是要花钱的。

均衡经济学在 20 世纪的传播得到了针对性投资的支持，因为有些人希望它能够成功。在企业的捐款资助下，发展自由市场理论的学术会议得以召开，赞同这套理论的教授得以在大学中任职，向公众传播这些思想的图书得以出版，智库也在影响政治家和记者。某些企业甚至花了钱去影响神职人员的看法。均衡经济学最激进也最有影响力的学术中心之一芝加哥经济学派就是在一家家具制造商的支持下走到一起的。其奠基人之一弗里德里希·哈耶克后来写道，如果"少数人的观点要想有机会成为多数人的观点"，富豪的财力支持就是必不可少的。❶

均衡经济学的思想看起来就是这样凭借规模收益递增的增强反馈逐步发展壮大的。资金扶持帮助其传播开来，继而得到更多的支持和更多的资助。智库也越来越壮大，数量越来越多，影响力越来越强。随着 1979 年玛格丽特·撒切尔当选英国首相，1980 年罗纳德·里根当选美国总统，以这种经济学理解为基础的政治哲学成了政界的主流。由于均衡经济学的世界观太过成功，就连二十年后美英两国比尔·克林顿（1993 年至 2001 年担任总统）和托尼·布莱尔（1997 年至 2007 年担任首相）的中左翼政府也仍旧将其奉为圭臬。这套理论不再是政治讨论的焦点，因为它已经主导了讨论。

财力雄厚的赞助方开始认为必须转变经济思想才能应对气候变化危机，并且更好地处理扶贫、发展和公共卫生等其他问题。2009 年金融危机之后由乔治·索罗斯出资成立的新经济思维研究所开始挑战"自由市场原教旨主义……（这种思想已经）危害

---

❶ P. 米罗夫斯基（Mirowski）与 D. 普勒韦（Plehwe），2009。

经济、社会乃至整个地球"。他们要通过支持研究和公众参与来"悉心培养新的经济思维"。❶ 休利特基金会（Hewlett Foundation）在 2020 年宣布出资 5000 万美元来"发展一种可以取代新自由主义的新学术范式"，以便更好地应对社会的重大挑战，比如气候变化。❷2021 年，以 100 亿美元的经费新近成立，旨在应对气候变化的贝佐斯地球基金聘请了一位"未来经济学"主任，表明了他们也要做类似的事。

我们不禁要想，如果这些世界上最富有的人都对主流经济学抱有鄙夷的态度，这当中是存在相关关系还是因果关系呢？至少在一两个案例中，我们或许可以说，无视过时的理论和致富之间具有因果关系。被沃伦·巴菲特称作得力助手的亿万富翁投资人查理·芒格（Charlie Munger）曾经把这一点当作他成功的原因之一："其他所有人都极端相信有效市场理论，这真是帮了我们的大忙。这是个高素质行业集体发疯的有趣案例。"❸

在 2021 年年末格拉斯哥的 COP26 气候变化谈判中，我出席了一家慈善基金会举办的私人会议，参与讨论经济学的未来。在场的一位资深经济学家开玩笑说，目前这种形态的经济学界已经变成了搁浅资产——投了钱，但没有有用的产出。其他人顺着他的比喻说经济学需要一场"公正转型"，让均衡模型构建者去重新接受教育。我由此想起了我和一位英国名校教授的对话。那位教授开发了一个不均衡模型，但是我觉得他没有充分地把这个模型的优点介绍给我在政府里的同事。我问他为什么要如此谦虚。他给出的一个理由就

---

❶ 新经济思维研究所。《我们的目的》。

❷ 休利特基金会宣布发起为期 5 年、耗资 5000 万美元的全新经济社会倡议，用以支持逐渐壮大的运动，取代新自由主义。

❸ BBC 广播 4 台。《和平克一起思考》（*Think with Pinker*），2021 年 11 月 25 日。

是担心传统的模型构建者会加以批评。他告诉我，构建均衡模型要花很多的时间和资金，所以模型构建完毕以后，为了获得满意的收益，构建者需要确保模型能在足够长的时间里提供政策建议。他们不会乐意见到新的竞争对手进入市场，给他们捣乱。

也许这件事无须提醒，但是这个例子的确可以说明，任何转型都会遭遇多种阻力。为了克服这些阻力，我们不仅需要投资新技术或新思想，提供"推力"，而且需要来自强大的需求的"拉力"。

政府

政府可以创造对新思想的强大需求，因为政府的职责就是解决大量的问题。就像政府采购可以提高新技术从缝隙市场进入大众市场的速度，政府采纳新思想同样可以帮助它们脱离边缘地带，成为公共讨论的焦点。要让新的演化经济学观念帮助政府推行可以更加高效地应对气候变化的政策，那首先当然必须让政府采纳这种思想。

朱棣文冰箱的故事可以说明，如果你的政治目标不符合均衡经济学，那么依然尊奉均衡经济学范式的政府机构和工作流程可能会严重阻碍你的行动。朱棣文不得不在业余时间开展学术研究才能证明他自己的部门中的经济学家的假设是错误的。

我在英国见过相同的现象。我已经讲述过我在 2016 年为其工作的能源大臣安德烈娅·利德索姆曾经发现她几乎没有办法让她部门里的官员尝试在清洁能源转型中尽量创造更多的就业岗位。在主导了政策讨论的正统经济学理论中，这个问题根本不值得认真对待（在均衡状态下，为经济的某一个部分创造更多工作岗位只意味着你大概夺走了其他某个地方的工作岗位）。两年以后，政局变迁。时任首相特雷莎·梅要求优先制定产业战略。然而政府中的大部分经济学家都不认为有必要制定产业战略，尤其是不单单想要解决市场失灵问题的那种产业战略。这种情况同样严重阻碍了首相将她的目标落实为政策。

后来，鲍里斯·约翰逊首相把"向上拉平"英国不同地区的经济状况视作他要完成的头等大事之一。很多人向他的政府反映，这个问题的根源就在政府自己的经济决策过程。于是，约翰逊政府开始加以研究。其间暴露出来的一个问题是公共投资和地区经济不平等之间的增强反馈循环。一座城市或一个地区的生产力越高，改善当地基础设施预计会产生的收益就越高，所以促进生产的公共投资把这里优先选作投资对象的概率也会越高。研究报告的结论是，如果政策的目标是促成转型变革，那么决策的过程应当评估反馈和临界点等系统动态过程。❶

在近距离目睹政府对经济学的运用具有这种惰性以后，我觉得我们需要尽快促成两件事：新经济思想从学术界进入政府，以及把新理论应用于气候变化政策。

2019 年，我在英国政府内工作的部门是处理国际气候变化的。由于英国在全球碳排放中只占了大约 1%，所以我们未来的国家安全和繁荣取决于我们影响世界上其他国家的能力。因此，我们在伦敦有一个一百人左右的部门负责想办法处理全球碳排放问题。在 2016 年到 2021 年，我们得到的预算有 58 亿英镑（我们的"国际气候资金"）。值得赞扬的是，其中有一小笔资金是专门留给新方法的试验。我当时决定要看一看我能不能用这部分资金来处理经济学的问题。

---

❶ 英国财政部（HM Treasury），2020。

　　我开始梳理发起新项目的理由——这个项目要让对全球碳排放影响较大的多个国家把演化经济思维应用于脱碳决策。我发现我可以援引几个权威的声音来支持自己的主张。闻名世界的气候变化经济学家、英国财政部前高官尼克·斯特恩曾经写道，我们的经济模型"基本假定（气候变化）最核心的部分并不存在"。OECD 秘书长安赫尔·古里亚（Angel Gurria）曾说："没有系统思维就无法理解我们生活的世界。"能源与气候变化教授、政府电力市场改革技术专家小组组长迈克尔·格拉布曾经抱怨称："大多数经济模型和经济学家的许多政策建议仍旧忽视了我们对学习和创新的认识。"

　　理由逐渐梳理完毕，但是我还必须知道其他国家的人是否也认为这是个需要解决的问题。我已经知道欧盟的气候变化决策深受均衡经济学影响，而且，正是英国多次以成员国身份（在 2020 年 1 月脱欧之前）推动欧盟走上了这条乏善可陈的路。在美国工作的学者们告诉我，他们那边的情况比英国要差得多。但是那些新兴的大型经济体的情况是怎样的呢？无论是好是坏，他们在 20 世纪的经济学学术传统的确比我们更加多样。

　　早些时候，我在印度和阿杰伊·马瑟（Ajay Mathur）交谈过。他曾是印度政府高官。在和我对话的时候，他是印度最著名的气候与能源智库 TERI（能源与资源研究所）的所长。我向他介绍了项目的基本思路：我们要从有必要的真正的政策决定着手，运用演化经济学的理论、模型和决策框架来评估不同的政策选项，并且对根据这种方法得到的建议和传统的基于均衡的范式得出的建议加以比较。我比较详细地陈述了这些想法，然后我有些紧张地停了下来，因为我不知道他会作何反应。阿杰伊的答复比我预想的要坚决得多。他说，这绝对是有必要的，"这将是革命性的"。

　　我们的项目就是在诸如此类的讨论中诞生的：能源创新和系

统转型经济学项目。其目标是在中国、印度、巴西、欧盟和英国将演化经济思维应用于涉及碳排放的政策决定。我相信这是全世界第一个有政府支持的此类项目。

在格拉斯哥的 COP26 气候谈判中，该项目发布了第一份报告。这是来自所有参与国的众多专家共同努力的成果。他们研究了这些国家迄今为止在低碳转型中最突出的一些成就，想要从中总结出值得学习的经验。

英国最傲人的成就是它在 10 年内把海上风电的成本降低了大约 70%，让海上风电逐渐变成了比燃气发电更廉价的发电方式。巴西的陆上风电市场增长的速度胜过了其他所有主要新兴经济体。巴西将陆上风电的成本降到了低于燃气发电和生物质能发电的水平，创造了提供 15 万个就业岗位的产业。中国和以德国为首的欧洲都为太阳能发电的巨大技术进步做出了重要贡献，使得这种在 2014 年还被批评为"减少温室气体排放最昂贵的途径"的技术仅在 6 年以后就成了"有史以来最廉价的电力来源"。印度则在高效 LED 照明转型中取得了惊人的成功：不到 10 年就把 LED 灯泡的成本降低了 90%，让 LED 灯泡的安装数量增加了几百倍，并且由此让数亿家庭第一次用上了电灯。

这些事例存在种种细节差异，但是也有两个突出的相似点。首先，在每一个案例中，针对性投资都是关键：补贴、优惠融资政策还有政府采购都扮演了重要的角色，而碳定价基本无关紧要。其次，在每一个案例中，那些至关重要的政策的实施都"顶着主流经济分析和建议的反对，而非受其支持"。❶

---

❶ M. 格拉布（Grubb）、P. 德拉蒙德（Drummond）、J. F. 梅屈尔（Mercure）等人，2021。

报告推荐使用一种新的方法：以经济演化的本质为基础，采用不均衡模型来认识政策对经济变化过程的影响，并且在评估可量化的成本和收益的同时，也评估重要的不可量化的风险和机遇。报告展望交通和产业脱碳涉及的困难的政策抉择，以此为例，说明了这种新方法给出的建议不同于以均衡为基础的传统分析方法。

这些来自多个国家的专家几乎是临时添加了一条结论，表示他们的研究结果对气候变化国际合作具有重大意义。在均衡的世界里，低碳转型这样刻意为之的变化一定是有成本的，所以气候变化外交是一种负和博弈。如果碳排放不可避免地要和经济福利挂钩，那我们所有人都必须努力争取属于自己的那块蛋糕。但是在不均衡的世界里，转型是可以产生经济利益的。于是，气候变化外交成了正和博弈：我们可以通过团结合作来增进利益，并且更快地取得这些利益。我们会在后文继续探讨这个话题。

全面发力

和气候变化问题上所有必要的转型一样，对经济更有益处的思维方式的转型也需要尽快完成。均衡经济学从小众理论发展为主流思想花了五十年。我们没有条件再花五十年来把它换掉，因为我们需要尽快得到更好的经济建议来指导转型变革，减少碳排放。

本章提及或尚未提及的所有主体都可以加快变革的步伐。学者可以走在前沿，研究并检验新的理论和模型。学生可以呼吁改革经济学教育，壮大运动的声势。政府可以调整给大学拨款的方式，打破现在不利于经济学研究多样性的反馈循环。政府还可以采用不均衡模型和分析来指导气候与能源政策决定。如果同时也用了传统的方法，那各位官员就可以对比这两种分析形式，判断哪一种更有利于解决问题了。公民则可以要求自己选出的代表去确保政府采取这些措施。

非政府组织也可以给针对气候变化的新经济思想提供需求，同时还可以成为其研究结果的传播渠道。过去有一些非政府组织觉得均衡经济学当然是正确的，所以一直支持符合均衡经济学思路的气候与能源政策。如果它们现在去关注二者的差异，将来它们就能运用新的观念，着重宣传更加高效的政策。慈善家则可以加大资助力度，支持学者或者一线的活动人士。

但是，我们或许会问，万一这一切都是错的，我们该怎么办？许多长期支持均衡经济学的人其实初衷是好的。他们当中并非所有人都想把它过度简化，用来给某一种政治哲学提供理论依据。更没有多少人真的想让那些原本旨在维护个人自由，在均衡经济学的学术运动中创建起来的智库变成维护既得利益的公关工具。新的演化经济学理解或者宣扬这种理解的运动是否真有可能到头来造成类似的危害？

我的观点是，我们无从得知，而且这就是我们必须承担的风险。人类认知的任何进步都是既可以为善，也可以为恶。演化经济学理解只是一件工具。正如玛丽安娜·马祖卡托所说，它用生物学的数学取代力学的数学来描述经济，从而具备了更强的解释力和预测力。没有人会轻视气候变化的挑战，所以我们最好用合适的工具来做这项工作。我们需要迅速地给全球经济重新布线。只有一把锤子是远远不够的。

第三部分

外交

第十七章

可以预见的失败

　　我第一次参与联合国气候变化谈判是在 2012 年的多哈。我和众多谈判代表、非政府组织活动人士、科学家还有其他的很多人一起在这座因石油而致富的岛上度过了两周。酒店门前停满了法拉利，无数游艇在海湾中飘摇。报纸每天都在提醒我们，埃米尔正在领导对抗气候变化的战斗。在周六夜晚，当局派来公共汽车，带我们经过一排排闪闪发光的炼油厂，来到了沙漠里一个看起来平平无奇的地方。在这里，我们可以参加传统的"非政府组织聚会"，避开当地人的视线，畅饮啤酒。

　　为了了解流程，我主动提出要给英国代表团当外援。和其他同事一样，我或是在谈判室审查文件，争论措辞和标点的改动，或是在我们的代表团办公室吃饼干，把报告发回伦敦。偶有空闲，我就去参加边会和展会，看看科学家和非政府组织在说些什么。

　　我目睹的情况不同于我此前接触的任何一次外交谈判。我经历过的正式谈判的焦点通常是各方试图解决的问题中的实质性内容。贸易谈判的目标是取消关税。反恐或网络安全谈判涉及警务合作与情报交流。人权对话则会提到政治犯。但是气候变化谈判的焦点似乎是程序。

我发现只有会议中心外围的走廊上的科学家、非政府组织活动人士和形形色色的专家在讨论降低气候变化威胁的实际解决办法。这里也有政府代表。他们在展示自己的成就和各种发展援助项目取得的成果——和气候变化谈判毫不相干的事情。看来，实质性内容被降格交给了边会来讨论。气候变化外交是怎样落入如此奇怪的境地的？

* * *

在我的多哈之行的 20 年前，154 个国家和地区在里约热内卢的地球峰会上签署了《联合国气候变化框架公约》（UNFCCC）。该协定提出了一个明确的目标："防止气候系统受到危险的人为干扰。"

为了朝着这个目标前进，《联合国气候变化框架公约》要求一部分缔约方——最发达的国家——到 2000 年将全年温室气体排放量维持在 1990 年的水平。由此，《联合国气候变化框架公约》为后续 20 年的气候变化外交确定了大致的模式。思路很简单：气候变化源自温室气体，所以谈判的目标应该是协商确定每个国家应当减少的碳排放，从而将全球碳排放维持在安全的限度之内。

虽然这些年来，气候变化谈判变得越来越复杂，但是尝试通过协商确定各国经济整体的长期减排目标依然是谈判的核心焦点，所以本章还是会用这个标准来衡量谈判的成果大小。

气候变化谈判遭遇的第一个难题就是没有任何一种在各国之间分配全球碳排放量的方案能够得到一致同意。有许多不同的方案得到了讨论，其中最受欢迎的一种是"紧缩趋同"——其思路是所有国家都应该趋于相同的人均碳排放水平，同时按照全球减排目标逐步缩减这个人均水平。该方案至少在谈判中得到了非洲、亚洲一些国家的口头支持，[1]但是包括这个方案在内，没有任何方案能够获得一致赞同。这种结果想来并不奇怪。我们可以打个极端的比方。国际领土争端是不太可能通过协商确定相同的人均占有土地面积来解决的。保守地说，在各国认为关乎核心利益的问题上，这种方案是行不通的。

第二个更加麻烦的难题是，有些国家甚至拒绝在正式的谈判中讨论国家减排目标的水平。由发展中国家组成的最大的谈判集团反复要求讨论目标，然而各国在这个问题上未能达成共识。少数涉及减排目标的协商——主要是在美国、欧盟和日本之间——是未经谈判流程，在私底下展开的。包括这些略显特殊的例子在内，各国在 1997 年《京都议定书》——第一份重要的国际气候变化协定中——承诺的减排目标都是每个国家自行确定的。它们也许或多或少参考了其他国家的目标，但是无论如何，这些目标并未经过谈判流程协商确定。[2]早在此时，实质性内容就被撇在了一边。

世界各国在京都取得的成果是 37 个工业化国家同意量化其排放量的限制幅度，相当于承诺在 2008 年至 2012 年把平均排放量降低至比 1990 年减少 5% 的水平。包括大型新兴经济体在内的发展中国家并未承诺量化的减排目标。我们应该如何评价这个成果呢？一直有人赞扬《京都议定书》推动实现了一部分国家的减排，促进了低碳技术的投资，并且帮助建立了核算排放量的惯例。但是，为了"防止气候系统受到危险的人为干扰"，我们必

---

[1] 1997 年 12 月 11 日《联合国气候变化框架公约》讨论的书面记录。

[2] J. 迪普莱奇（Depledge），2022。

须将全球排放量减少到零。全世界最强大的一批国家承诺要在10年时间里解决掉这个问题的5%感觉不像是多么巨大的成功。况且，25年以后，全球碳排放量依然在上升。

另一个问题也逐渐浮出水面：尽管各国在京都承诺的减排目标其实不高，但并非所有国家都愿意坚守承诺。美国参议院甚至早在《京都议定书》确定内容之前就一致通过了一项决议，反对签署任何不要求发展中国家同期减排的气候变化条约。虽然该决议实际等于让美国不可能批准《京都议定书》，但是只要签署《京都议定书》的克林顿政府继续执政，美国或许仍会采取符合其国际承诺的行动。然而，2001年，乔治·W.布什当选总统以后立刻表明了他对这项协定的反对。他在给参议员的一封信中写道："我反对《京都议定书》，因为它免除了全世界80%的人口，包括中国和印度等人口大国的减排义务，而且会严重损害美国经济。参议院95比0的投票结果说明大家显然一致认为，就解决全球气候变化问题而言，《京都议定书》是个既不公平，也不高效的手段。"❶ 布什总统还在这同一封信中质疑了气候变化科学，并且声称他不会出台措施限制燃煤电厂的二氧化碳排放量。就这样，世界上温室气体排放量最大的国家确定了它要停止深入参与国际谈判。

2011年，加拿大意识到自己无法达成当年提出的"具有法律约束力"的减排目标，所以宣布将在第二年退出《京都议定书》。加拿大曾经承诺要在2012年把温室气体排放量降低到比1990年减少6%的水平，然而实际情况却是排放量反而在这一

---

❶　乔治·W.布什白宫档案，《总统的一封信中的文字》（*Text of a Letter from The President*）。

时期上升了大约 16%。❶ 加拿大环境部部长彼得·肯特（Peter Kent）表示《京都议定书》"激进、不负责任"，并且声称，为了规避没能达成目标的 140 亿加元的处罚，加拿大必须退出《京都议定书》。反对党政治家梅甘·莱斯利（Megan Leslie）反驳称，《京都议定书》并未规定处罚，政府决定退出只是为了保存颜面。她对记者说："就好像我们是学校里那个知道自己会不及格的孩子，所以我们只好在真的不及格之前退课。"❷

这些事件暴露了《京都议定书》的结构性缺陷：没有促使缔约方参与、遵守协定的有效的激励措施，也没有针对相反情形的惩罚手段。正如国际关系专家斯科特·巴雷特（Scott Barrett）所说，要让条约实际生效，二者往往缺一不可。❸ 没有激励和惩罚来确保遵守协定，各国就可以干脆放弃承诺。没有激励和惩罚来确保参与协定，各国就可以为了避免受到不遵守协定的制裁而退出协定。

按照《京都议定书》的规定，未能达成减排目标的国家可以从其他国家那里购买排放许可权或者与其他国家的减排成果抵消，由此完成协定的要求。这就是加拿大环境部部长所指的"罚款"。但是这种规定无法有效确保缔约方遵守协定，因为不参与协定是不会受到处罚的。美国可以不参与《京都议定书》，加拿大也可以选择退出。除了国际批评以外，二者没有受到任何惩罚。搭便车——本国不采取减排措施，只是在旁边看着其他国家努力解决气候变化这个全球性问题——看起来更有吸引力。

---

❶ 《温室气体排放量》。

❷ 《加拿大成为第一个退出〈京都议定书〉的国家》。

❸ S. 巴雷特（Barrett），2008。

我们可以类比 1968 年签订的《核不扩散条约》(*Nuclear Non-Proliferation Treaty, NPT*)。NPT 有两大安全目标：防止核武器扩散以及推动核裁军。它还有一个经济目标：促进和平利用核能的国际合作。

对于第一个目标，也就是防止核武器扩散，NPT 有一条激励参与和遵守条约的规定：只有签署了该条约，并且遵守国际原子能机构的保障措施的国家有资格参与裂变物质贸易和其他形式的民用核能合作。而且，国际社会在有必要的时候对不参与、不遵守该条约的行为做出应对。伊朗被发现违背了义务以后，就从 2006 年开始遭到了联合国安理会施加的一系列制裁，包括禁止提供核相关材料与技术、禁止重要人物入境、武器禁运、资产冻结和其他针对个人与组织的金融限制。朝鲜在 2003 年退出 NPT 以后也受到了类似的制裁。这或许就是 NPT 能够比较成功地防止核武器扩散的原因。虽然这项条约签订的时候，有人觉得很可能还是会有很多国家掌握核武器，但是真正掌握的国家寥寥无几。除了条约承认的五大核武器国家以外（美国、俄罗斯、中国、法国和英国），其他为人所知的拥核国家只有印度、巴基斯坦、朝鲜以及有可能拥有核武器的以色列。

但是对于条约的另一个安全目标，也就是核裁军，NPT 并没有可靠的激励或惩罚手段来确保遵守。得到承认的五个有核国家承诺要"就及早停止核军备竞赛和核裁军方面的有效措施，以及就一项在严格和有效国际监督下的全面彻底裁军条约，真诚地进行谈判"。从这个目标来看，NPT 取得的成果就相当有限了。虽然美国和苏联通过一系列双边协定大幅削减了彼此的核武器库存，但是在 NPT 签订的五十年后，这五个得到承认的核大国还是丝毫没有核裁军的迹象。

我在外交部的第一份工作属于"制裁团队"。我们负责给联合国安理会或者欧盟设计针对被那些自封的国际社会代表认定威胁了国际和平与安全的政府或个人施加的限制措施。

后来我得到了第一份在外交部的有关气候变化的工作。我自然地注意到这边的不参与和不遵守的问题跟核不扩散条约中的问题是相似的，但是我们的反应却大相径庭。假如国际社会同样重视气候变化与核扩散的威胁，那我们就应该拿出制裁不参与 NPT 的国家的决心来解决不参与《联合国气候变化框架公约》的问题。照理说，加拿大在退出《京都议定书》以后应该受到某种形式的制裁。我对我的部门主管指出了这一点。他颇有分寸地表示我可能不应该把这个想法写下来。我们都对这种随意背弃气候变化承诺的行为感到义愤填膺，但是我们也都明白，纠正《京都议定书》的这个结构性缺陷在政治上是行不通的。

2008 年，愿意应对气候变化的贝拉克·奥巴马当选美国总统。达成全球协定的希望再次出现。虽然谈判的结构没有改变，但是如果有更强的政治推力，或许会有足够多的缔约方承诺减排，取得有意义的结果。在 2009 年哥本哈根回合的气候变化谈判之前，大家希望发达国家能够协商确定《京都议定书》到期以后的这段时期（2013 年至 2020 年）的量化减排目标，同时中国、印度和巴西等大型新兴经济体会承诺在同一时期实现较为宽松的减排目标，但是要接受某种形式的国际核查。❶

这两方面的希望在哥本哈根会议上都落了空。美国不接受新协定像《京都议定书》那样要求工业化国家做出具有法律约束力的量化减排承诺，因为参议院显然不会批准。事实证明，共识是

---

❶ W. 斯威特（Sweet），2016。

不可能达成的。

这次会议的最终成果——美国、中国、印度、南非和巴西的谈判结果《哥本哈根协议》"得到了"大会的"关注"，并且后来获得了其他国家的支持——比较特殊。它并没有以国际协定的形式规定各国的具体减排份额，而是明确允许每个国家自行决定减排目标。虽然各国曾经尝试将减排目标作为谈判的话题，《京都议定书》也至少在形式上是有法律效力的共同承诺，但是《哥本哈根协议》公然放弃了这种尝试。它只规定各国要在第二年1月底之前把各自的减排目标传达给气候变化谈判的秘书处。❶也就是说，这项协议只有程序，没有实质性内容。

协商减排目标之路并未止于哥本哈根。但是到了2012年，我到多哈第一次参与《联合国气候变化框架公约》进程的时候，外交的焦点正在转移。多哈会议终于确定了《京都议定书》的第二承诺期，但是其意义却变小了。日本、俄罗斯和新西兰意识到不参与也不会有什么后果，所以就退出了。最后只有欧盟和少数其他国家——总共占了全球排放量的不到15%——接受了具有法律约束力的量化减排目标。大多数国家在多哈更有兴趣确定将来的会议程序，它们决定未来要达成一项在2020年开始生效的全新协议。形势越来越明了。这项新协议会更接近《哥本哈根协议》，而不是《京都议定书》。它会同时缺乏国际协定的形式和实质性内容，允许各国自行决定减排进程。其实，各国已经放弃了协商分配全球排放量这个从一开始就碰壁的尝试。

在此期间，全球温室气体排放量继续上升。2012年，全球二氧化碳年排放量比1990年这个国际谈判的基准年份增加了大

---

❶ 《联合国气候变化框架公约》。《哥本哈根协议》(*Copenhagen Accord*)。

约 60%。❶ 有一项分析显示，尽管《京都议定书》的确减少了参与国的排放量，但是该协定对全球温室气体排放量的总影响"从统计角度来看近乎为零"。❷

对于这段历史，有一种解读是，假如各国领导人更加果敢，外交官更有技巧，失败原本是可以避免的。正如历史学家威廉·斯威特（William Sweet）在《从里约到巴黎的气候外交》（*Climate Diplomacy from Rio to Paris*）中所说，在哥本哈根会议草草收场以后，有两派观点迅速出现：一派责怪美国不承担起应有的责任，导致协定根本无法达成；另一派则指责印度人宁愿破坏谈判也不愿意采取行动。斯威特本人的结论是："简而言之，哥本哈根集二十年来气候外交的所有糟粕于一体。问题并非过于复杂。过程并非不可控制。但是所有主要参与方，从欧盟、美国到印度和七十七国集团（发展中国家组成的大型谈判集团）在外交方面都怯懦无为。"❸

或许我也只是个怯懦无为的外交官，但是我认为这个结论是把问题想得太过简单了。的确，有些最重要的参与方或许原本可以在谈判中更有作为。布什总统任内的美国政府和斯蒂芬·哈珀（Stephen Harper，2006 年到 2015 年担任总理）任内的加拿大政府都执意维护化石燃料的既得利益，所以它们故意散布虚假信息，质疑气候变化科学，以此为借口，在国内外都不作为。❹ 至于欧洲人，我的印度朋友告诉过我，我们自诩正义的样子在世界上其他地方的人看来有多么讨厌。既然参与方是这个样子的，想

---

❶ 《2013 年全球碳预算》（*Global carbon budget 2013*）。
❷ R. 艾歇勒（Aichele）与 G. 费尔伯迈尔（Felbermayr），2013。
❸ W. 斯威特（Sweet），2016。
❹ J. 霍根（Hoggan）与 R. 利特尔莫尔（Littlemore），2010。

要达成强力、有效的协议当然一定是道难题。但是话说回来，20世纪60年代的苏联也并没有多么乐意签署军备控制条约。既得利益和狭隘的民族主义从未缺席冷战期间的全球地缘政治，但是各国依然签订了务实有效的《核不扩散条约》。要在气候变化领域达成同样有效的条约怎么会如此困难呢？

当今世界，富裕的工业化国家只是少数。比较贫穷的大多数国家当然会强烈抗拒做出任何它们认为会阻碍其发展的承诺。此外，化石燃料为全球经济提供了超过80%的能源。这些燃料的供应方对本国政治拥有强大的影响力实属意料之中。所以我在气候变化谈判中亲眼看见的情形以及我相信我们在阅读这段历史之时都能见到的那些景象其实并非外交方面怯懦无为的结果。事实恰恰相反：各个国家、政府和领导人已经果断、坦诚地说出了他们认为符合其利益的事情。

我们必须面对现实。我们应该扪心自问，协商分配全球排放量是否真的可行？或者，既然我们无法改变这场博弈的参与方，那我们是否应该改变博弈本身？

如何培育协定？

戴维·维克托（David Victor）是国际关系学教授，专攻环境与能源问题。他参加过第一次和第二次《联合国气候变化框架公约》的"缔约方大会"。他对自己目睹的情况感到绝望，于是直到二十年后的第二十一次大会才再次参加。在这二十年里，他致力于探索除了正式谈判以外的应对气候变化的办法。

戴维的观点是，前二十年的气候变化国际谈判采用的方法是注定要失败的。其根本性错误就是想一口气把所有事情都谈妥。

我从戴维那里学到的是，成功的协定是需要时间逐渐发展的。我们不能直接从货架上买到成品协定，而必须把它们逐渐培育起来。

在我和戴维还有系统转型专家弗兰克·吉尔斯合作完成的一份报告中，戴维解释道，在国际合作中，问题的本质和参与方的利益决定了怎样做才是有效的。❶可以说有两个根本性因素决定了各个参与方会如何看待自己的利益，理解其他参与方的情况：它们对眼前的问题的认识程度，以及它们在如何分工去解决问题方面具有何等程度的共识。

在想办法应对问题的早期阶段，各方对问题的认识往往是不充分的，也很难说具备多少关于分工解决问题的共识。在这种条件下，无法想象要怎样才能达成强力、全面的协定，但是这并不意味着我们完全无能为力。"实验主义的学习"是最有可能生效的合作方法。各方可以由此测试可能的解决办法，分享知识，增长经验和认识。❷

共识加深以后，各方就有可能采用更加深入的合作形式了。它们要有规划地做出一致或协调的行动，继续使用此前发现有效的办法，将其应用于更大的范围。

等到共识和对问题的认识都相当充分以后，国际合作即可采用最强力的形式："订立契约"。此时，各方会通过详细的协定明确规定每一个参与方必须采取的具体行动。法律或者一整套可靠的针对参与和遵守的激励与惩罚措施将确保对等原则得以贯彻。

关键在于，认识和共识都是会随着时间而变化的。只要我们

---

❶ D. 维克托（Victor）、F. 吉尔斯（Geels）与 S. 夏普（Sharpe），2019。
❷ C. F. 萨贝尔（Sabel）与 D. G. 维克托（Victor），2022。

注意培育、发展二者，国际合作就可以由浅入深。如果实验主义的学习让我们找到了可行的办法，那建立行动共识的难度就会随之降低。如果我们在一致的行动中大规模应用这些办法，并且由此获得了更多关于怎样做才有效的信息，同时也得到更多人对这些行动的支持，那如同"订立契约"一般的协定就真的有可能达成了。

在了解了这种关于如何逐步建立合作的观点以后，我们可以去关注三个方面的问题。它们在每个时间点上都会影响我们增进认识和共识的可能性，进而影响我们达成有效的协定。

第一个方面：问题的范围。范围越大，我们可能就越难认识问题，找到潜在的解决办法。也就是说，把非常复杂的大问题分解成多个比较容易处理的小问题是有利于国际合作的。例如，没有人尝试用国际协定来解决世界贫困问题。这个问题太大，根本无从着手。而债务免除或公平贸易方面的国际合作固然充满争议、困难重重，但至少这两个问题不至于漫无边际，所以还能有国际协定。国际发展援助则专注于解决特定地点的特定问题。其目标更小，但时不时会取得成功。

第二个方面：参与方数量。谈判的参与方越多，涉及的利益就越多样，达成共识的难度就越高。这一点，我们都有日常生活中的经验——想象有一家人在讨论要看什么电影。换句话说，需要满足的人越多，最小公分母就越难找（所以全家人一起看的电影往往是迪士尼电影）。

第三个方面：谈判涉及的时间长度。协定覆盖的时间越长，参与方对自己的承诺就越没有把握。每一个参与方都知道自己现在能做到什么，不能做到什么，但不是很确定自己未来或许能做到什么。至于这些行动最终会产生怎样的结果，那就更加难以确定了。所以办理按揭的时候，时间最短的利率最低。固定利率的按揭贷款持续时间越久，不确定性就越大，银行愿意提供的条件也就越差。

如果把这些因素都考虑在内，那么看起来我们最好的选择就是展开一次问题的范围尽可能小、参与方数量尽可能少、谈判涉及的时间长度也尽可能短的国际合作。然后，随着认识和共识逐渐增长，问题范围可以扩大，参与方数量可以增多，谈判涉及的时间长度也可以延长。

我们可以在环境保护、安全和贸易领域成功的国际合作案例中看到这些原则的应用。在介绍这些案例之前，我想先举一个更加贴近日常生活的例子。

协定就是某一种关系正规化的结果——双方或更多参与方协商确定在某些涉及共同利益的问题上彼此之间的行为方式。所以不妨类比两个人的爱情关系。最初，这两个人互相缺乏认识——彼此都不了解；二者对于他们将来在一起可能会有怎样的未来也没有多少共识。他们首先使用了实验主义的方法：约几次会。这个时候，协定的范围很窄，承诺涉及的时间也很短：他们约定在周六晚上见面去喝酒。这种方法让他们增进了彼此之间的认识。如果他们希望在这个过程中见到的结果，他们或许会决定协同行动，扩大范围，增加合作的时间。如果这一步同样很顺利，共识也继续加深，那他们或许会更进一步，采用最强力的合作形式：订立契约。到了这个阶段，合作的范围与深度都得到了显著的拓展；承诺的时间大大延长；双方的对等责任甚至写进了一项得到法律保障的协定里。我们都知道，有很多途径可以获得美满的爱情，失败的途径也多如牛毛。但是如果我们试图省略前期的所有步骤，直接跳到订立契约这一步，大多数人都知道这恐怕是不会成功的。至于达成一份不只有两个参与方的协定……最好别有这种想法。

在安全、贸易和环境领域取得成效的国际合作中也有类似的协定逐步发展的模式。对于下面的这些例子，我要再次感谢戴维·维克托。在我们和弗兰克·吉尔斯一同发表的报告中，这些例子还有更加详细的描述。❶

限制核武器试验的国际合作最初的范围很窄，只是要减少核武器试验对环境和公众健康造成的危害而已。在一系列实验证明了可以在地下试验核武器（并且探测到对方的试验）以后，冷战中的两个超级大国签订了 1963 年的《部分禁止核试验条约》（*Partial Test Ban Treaty*），同意不在大气和海洋中试验核武器。后来的实验与建立互信的行为继续逐步促成了范围、深度、持续时间和参与度都更进一步的多项协定。1974 年,《限制地下核武器试验条约》（*Threshold Test Ban Treaty*）限制了地下核武器试验的规模。1996 年，多国政府签署了旨在彻底禁止核试验的《全面禁止核试验条约》（*CTBT*）。虽然该条约因为有几个重要的国家尚未批准而至今未能生效，但是它和早期的其他协定一同构成了强力的规范性约束。除了朝鲜以外，1998 年以后没有任何国家试验过核武器。而且从 1991 年开始，全球就几乎没有核武器试验了。

贸易协定或许是订立契约的特征最明显的国际合作领域。协定往往非常详细，明确奉行对等原则，并且会确立解决争议的程序和机构，可以惩罚不遵守协定的行为。但是贸易协定的范围、深度和复杂性是随着时间逐步增长的：从专注设置关税和政府采

---

❶　D. 维克托（Victor）、F. 吉尔斯（Geels）与 S. 夏普（Sharpe），2019。

购的比较简单的协定到涵盖大范围的经济、社会和金融政策的非常复杂的协定。这种进程是在反复的实验和学习中完成的。各国实验了不同的贸易措施，在世界贸易组织等争议解决论坛上检验了其正当性，并且逐渐发展出一套共识，用以确定哪些是保护劳动者、环境或公众健康的正当行为，又有哪些属于保护主义行为。这种共识的每一次发展都给范围更广、更加深入的协定打好了基础。

当然，这个过程并不是单向的。国际贸易共识可能会减少，协定也可能会被撕毁。变化的方向不是固定不变的。我在此想要说明的是，涉及范围较广、具有深度、切实有效的国际贸易协定不是一蹴而就的。这种协定诞生的前提是首先有一段比较漫长的过程，从比较小的目标着手，逐步建立认识和共识。不仅如此，无论在什么时候，要签订一项特定深度的协定，在两国或者少数国家之间签订的难度通常总是会小于在较多的国家之间签订。

在环境问题的国际合作历史上，最突出的成功案例大概就是1987年签订的旨在制止损害大气臭氧层的《蒙特利尔议定书》。这项合作的发展完整地经历了上文提到的三个阶段。

首先，虽然臭氧耗竭的原因已经明确——冰箱、喷雾器和灭火器等产品含有的氯氟化碳和其他化合物——但是我们当时还不清楚可以用哪些物质或者技术加以替代。《蒙特利尔议定书》设立的技术委员会联系了每个经济部门中消耗臭氧层物质的生产商和消费者，协同开展新产品和新流程的实验，了解怎样的做法是可行的。这个分享知识的步骤为协同行动奠定了基础。在每一个产业，最有影响力的政府和行业主体都围绕着技术标准协同合作，迅速实现了全球市场的转型。与此同时，发展中国家得到了国际基金的帮助。只要它们建立了一个国家部门来规划、落实每个产业的消耗臭氧层物质的逐步淘汰过程，它们就能得到这个国际基金对它们遵守协定行为的支持。随着技术进步，解决办法的可行性也变得愈发明显，订立契约的方法有了实行的可能。有条款规定，不遵守《蒙特利尔议定书》将遭到贸易制裁。同时，《蒙特利尔议定书》的缔约国同意不与任何非缔约国开展受控的消耗臭氧层物质的贸易。这就创造了促进参与的强大激励，导致所有国家都选择了加入。最初共有四十六国签署的《蒙特利尔议定书》和早先的《维也纳公约》成了联合国历史上最早得到所有国家批准的条约。

《蒙特利尔议定书》效果显著：它迅速促成了关键的转变。消耗臭氧层物质的排放量从逐年上升变成了逐年下降。联合国前秘书长科菲·安南（Kofi Annan）称之为"或许这就是迄今为止最成功的国际协定"。❶

忽视历史教训

前二十年的气候变化谈判基本忽视了这些历史教训。合作的范围被扩大到了极限：整个气候变化问题，包括所有温室气体的全球排放，当然也包括适应问题，都要在一次谈判过程中得到解决。参与度也被拉到了极限：几乎所有国家都参与了谈判。谈判涉及的时间段很长：讨论的主题不是某个国家眼下采取的行动，而是该国未来十余年整个经济体的温室气体排放。而且，尽管各国对将来低排放技术的可行性和成本缺乏足够的信心，同时还更

---

❶ 美国国务院，2017。《蒙特利尔破坏臭氧层物质管制议定书》（*The Montreal Protocol on Substances that Deplete the Ozone Layer*）。

加缺乏关于解决这个问题的责任应当如何在各国之间分配的共识，但是气候变化大会却试图直接跳到订立契约这一步，签订具有法律约束力的协定。

由此看来，这种尝试的失败并不奇怪。因为范围太大、时间段太长、对解决办法的信心尚且太低，所以行动和承诺难免缺乏效力，遵约机制也很难在谈判中建立起来。参与的国家太多，需要协商的问题也太多，所以谈判各方不欢而散是很自然的结果。这几乎集所有不利条件于一身。

值得称道的是，这二十年的外交努力至少建立了各国定期召开会议讨论气候变化问题的惯例，并且或多或少促进了务实的合作。但是，假如我们能够用更加高效的手段来运用这么多年的政治资本，而不是将其用来尝试完成不可能完成的任务，我们可以实现的进步是不是会大得多呢？假如我们早早地改变了这场博弈本身，让实质性内容不会被撇在一边，我们能取得的成果又会是怎样的呢？

＊＊＊

在多哈的两周谈判结束的时候，我们英国代表团的团长兼欧盟首席谈判代表皮特·贝茨（Pete Betts）疲惫地把头靠在桌子上。各国代表陆续离开会议中心。我们少数几个人坐在会议中心的柜台那里一边喝啤酒，一边作不正式的汇报。皮特坐在他的上司、能源与气候变化大臣埃德·戴维（Ed Davey）旁边，没喝几口就睡着了。

皮特·贝茨是《联合国气候变化框架公约》外交的传奇人物。在那次多哈会议上，他曾经在关键时刻申明态度。第一周的谈判毫无进展。然后，在某次讨论"强化行动德班平台特设工作组"的未来会议上，当某位谈判代表看起来坚决反对任何妥协的时候，皮特站了出来。"够了，"他说，"我们到这里来是为了谈判，不是为了单纯重申自己的立场！"他重新提起了此前得到小岛屿国家和其他一些发展中国家支持的多种妥协方案，然后要求对方提出更有建设性的方案。他发言结束以后，房间里到处都是热烈的掌声，而且不只是欧洲人在鼓掌。几个最有影响力的国家的代表在会场前面展开了磋商。我们找到了妥协方案，文本也得以商定。这是实现突破的一刻。谈判终于有了些许进展。在此次会议结束之际，各国同意将来就由这个"特设工作组"推动谈判，促成新的全球气候变化协定。目标是在 2015 年商定协定内容，然后使其在 2020 年生效。❶

皮特在两周谈判的最后把头靠在桌子上就像是这个令人厌倦的过程的缩影。但是他在关键时刻的行动促使这场博弈迈向了新的阶段，很多人因此重燃希望。

---

❶ 《联合国气候变化框架公约》。《多哈气候途径》(The Doha Climate Gateway)。

第十八章

有史以来最大的公关赌博

　　快进三年，来到 2015 年年末。这次巴黎气候变化大会结束后，各位首席谈判代表没把头靠在桌子上，而是高举双手，热烈庆祝。世界各国的领导人立刻将《巴黎协定》誉为外交胜利。联合国秘书长潘基文称之为"多边主义的巨大成功"。美国总统贝拉克·奥巴马称《巴黎协定》释放出"强烈的信号，说明全世界决心走向低碳的未来"。❶ 中国外交部认为《巴黎协定》是一份"全面、均衡、有力度的"协定。

　　专家们的反应较为克制，但也普遍是乐观的。科学家赞扬这是向前迈进的重要一步，不过同时也指出我们开始减排的时间已经比较晚了。在称赞之余最有怨言的当然是环保非政府组织。绿色和平组织领导人库米·奈杜（Kumi Naidoo）说："我们无法单凭这项协定脱离困境，但是它可以让我们的道路变得不那么崎岖。"❷

　　我个人的观点更接近库米·奈杜，而不是潘基文。我和其他很多人一样为了这项协定付出了不少心血。但是根据我对它的了

---

❶ 《〈巴黎气候协定〉：这份历史性的联合国气候协定包含哪些内容？》

❷ 《卫报》。

解，我很难相信我们的世界可以由此避免危险的气候变化。虽然我幸运地猜对了谈判会延期二十七小时，在我们办公室里赢下了所有人的赌金，但是哪怕最乐观地说，我的心情也是五味杂陈的。

皇帝的新气候条约？

下面我会简单总结《巴黎协定》的内容。

《巴黎协定》第一，确立了一些共同的目标。各国同意将努力把全球气温较工业化前水平升高的幅度控制在远远低于 2 摄氏度的水平，同时"努力追求"将其控制在 1.5 摄氏度以内。为了达成这个目标，各国同意将尽快达到全球温室气体排放的峰值，并且在 21 世纪下半叶实现全球净零排放（"温室气体源的人为排放与汇的清除之间的平衡"）。同时，《巴黎协定》声明了共同目标包括增强适应气候变化的能力、使资金流动符合减排与增强适应能力的路径。

第二，《巴黎协定》规定了一套程序。各国同意将分别通报"国家自主贡献"，阐明各自为了减排和增强适应气候变化的能力而规划的目标与行动。各国同意每五年通报一次新的"贡献"。同时，每个国家通报的新一期贡献在原则上应该是"逐步增加"的。各国也同意，核算减排量应当促进环境完整性、透明、精确、完整、可比和一致性，并且避免双重核算。

第三，《巴黎协定》鼓励、支持了特定的合作形式。发达国家将提供资金，支持发展中国家减少温室气体排放，适应气候变化。各缔约方同意要加强合作，共同适应气候变化、减少温室气体排放、发展技术以及保护森林等碳汇。它们也同意，各国可以在自愿的基础上展开国际排放贸易，例如，某国取得的减排成果可以被算作另一个国家的贡献。

《巴黎协定》的局限显而易见。最明显的是，商定共同目标不等于商定用以实现该目标的各国行动。就像学者斯科特·巴雷特针对目标说的那样："问题在于，这是全球的目标。所有国家都有责任实现这个目标就等于所有国家都没有责任。"❶《巴黎协定》确定了一系列共同目标，但任由各国随心所欲地选择用以实现目标的行动。这个程序具有法律约束力，但是实质性内容却是可以随意选择的。

我们可以拿纳税申报表打个比方。假设政府有严格的法规，规定了你一定要填好哪些表单，给出哪些信息，提供哪些可以证明其准确性的证据，并且要求你一定要用特定的核算原则来计算金额，还要求你每年一定要在某个日期之前提交表单。可与此同时，你的税率却是完全由你决定的。只要你想，你甚至可以取得净收益。所以现实中的纳税申报表不是这样的。合作体系只有在有办法确保个体行为符合共同目标的时候才是有效的。

另一个更能让人警醒的例子是 1928 年的《凯洛格—白里安公约》(Kellogg—Briand Pact)。其官方名称是《关于废弃战争作为国家政策工具的普遍公约》(General Treaty of Renunciation of War as an Instrument of National Policy)。这项公约的签署国包括了当时世界上所有的强国。它们同意彻底摒弃战争，只用和平手段解决任何可能出现的国际争端。该公约强有力地表达了各国期盼和平的共同愿望，但既没有设计激励和惩罚措施，也没有构建国际合作的基本框架，所以无法确保各国会采取符合该目标的行动。在该公约生效的十年后，第二次世界大战爆发。

---

❶ S. 巴雷特（Barrett），2014。

或许正因如此，在《巴黎协定》达成之时，我们的能源与气候变化部的首席科学顾问戴维·麦凯写道："四十年来，关于合作的实证与理论文献证明了个体承诺并不等于强有力的集体行动。"[1]假如这个道理是正确的，那我们怎么能指望《巴黎协定》会有效呢？

经常有人提到《巴黎协定》可能会通过三种方式帮助全世界应对气候变化。我会把这三者分别称作同侪压力、过程效应和自我实现。

由于缺乏任何有意义的资金激励、贸易制裁或者其他影响参与方利益的手段，过去的气候变化谈判一直都在依靠同侪压力。显然，同侪压力在过去并未产生足够的效果。但是对于《巴黎协定》，大家希望，既然减排目标是明确以"国家自主贡献"的形式公布的，那么各国应该会把这件事当作国家荣誉，继而导致"目标随时间螺旋式上升"。[2]假如每个国家都相信其他国家会秉持《巴黎协定》的精神，那每个国家都会觉得自己必须完成自己应尽的义务。我从没见过有人拿《凯洛格—白里安公约》来支持《巴黎协定》，但是如果要举这个例子，他们可以说，前者的确产生了规范性力量，最终作为法律依据之一支撑起征服他国领土是非法行为这一假设。[3]大家希望《巴黎协定》产生类似的效果。

"过程效应"指的是政府内部的工作。论点是，既然《巴黎协定》要求各国每五年重新通报减排计划，那各国政府就必须定期审查这些计划。在审查的过程中，它们会发现原本可能会忽视的可行

---

[1] D. 麦凯（MacKay）、P. 克拉姆顿（Cramton）、A. 奥肯费尔斯（Ockenfels）与 S. 斯托夫特（Stoft），2015。

[2] 强化行动德班平台特设工作组，ADP.2014.6. 非正式文件。

[3] 《凯洛格-白里安公约》（Kellogg–Briand pact）。

措施。有一位学者告诉我，他目睹了英国的《气候变化法案》通过五年一次的"碳预算"制度在英国政府内部产生了这种效应。

自我实现的论点是，《巴黎协定》会给市场发出强烈的信号，导致投资者把资本从化石燃料转移到清洁技术。随着技术进步、市场扩大，各国政府会对自己的减排能力产生更大的信心，进而提出更高的新目标——形成一种增强反馈。

在《巴黎协定》的准备阶段，这最后一个论点至少在英国是主流观点。这种看法其实是豪赌。它需要两个条件中有一个成立。其中一个条件是，各国会因为《巴黎协定》和国家自主贡献而加大国家政策的力度。而这一点只能用同侪压力或者过程效应来解释，所以其实只是复述了这两种可能引发变化的机制而已。另一个条件则是企业和投资者会罔顾事实，相信《巴黎协定》的实质性内容大于程序，然后因此改变自身的行为。

在《巴黎协定》颁布的几周前，我在伦敦市的一次活动上遇见了一些投资者。他们看起来非常不清楚《巴黎协定》可能会有什么内容。"它会商定碳价吗？"有些人问我，"它会禁用煤电吗？"假如他们会一直这样无知，那我们或许还有希望。但是最后肯定所有企业和投资者都会做好功课，至少搞清楚有没有政策直接影响他们所在的产业。接下来怎么办？他们会不会跟《皇帝的新装》里那个孩子一样看着一丝不挂的《巴黎协定》哈哈大笑？

自我实现和同侪压力这两个论点都告诉我们，只要所有人都足够相信《巴黎协定》是有效的，那它就会真的有效。这听起来或许有些不可思议，但并非不可能。认识可以改变现实，建立互信可以促成合作，政策意图声明可以影响投资者。经济变化的路径依赖性意味着即使我们后来发现最初其实是过分自信，已经采取的行动也仍有可能足以推动我们继续前进。

这听起来是不是太乐观了？的确。我们现在是把人类文明未来的希望寄托在了一场公关豪赌上。

《巴黎协定》是否有效？

我写这本书的时候距离《巴黎协定》达成已经过去了六年。有很多人在问："《巴黎协定》是否有效？"

研究排放量和低碳技术的趋势的专家一般会说："我们确实在进步，但是还远远不够快。"无论我们怎样衡量进步，这个判断看起来都是大致正确的。

首先，我们可以看到全球排放量仍旧在上升。过去十年，全球二氧化碳排放量平均每年增长大约1%。这个速度接近20世纪90年代的增长率，但是大幅低于21世纪第一个十年平均每年3%的增长率。❶

2015年各国按照《巴黎协定》通报的"预期国家自主贡献"的减排目标显示全球排放量将在大多数目标覆盖的时期内继续增加——从2020年到2030这十年。然而，各国目标显示的上升坡度小于某些分析师此前估算的"一切照旧"的轨迹。许多人认为这一点可以证明《巴黎协定》的效果。

近些年，越来越多的国家提出净零排放的目标，一般是2050年左右。英国是最早的一批。2019年6月，英国立法将2050年的减排目标从较1990年水平下降80%提高到下降100%，或者说净零。2020年9月，中国宣布争取在2060年前实现碳中和，显著推动了净零运动。日本、韩国和美国（在唐纳德·特朗

---

❶ 《2020年全球碳预算》（Global carbon budget 2020）。

普下台，乔·拜登当选美国总统以后）都紧随其后。到 2021 年年末，宣布净零目标——大多是在 21 世纪中叶达成——的国家覆盖了全球 GDP 的 90%。❶

这股净零的潮流令人振奋，但是就像众多分析师和抗议者指出的那样，这些长期目标和大多数国家近期的目标与行动之间依然有巨大的差异。❷ 到 2021 年 11 月，从各国的目标来看，2030 年以前的这十年，全球排放量依然会略有上升。❸ 同时，根据各国目标预测的 2030 年的全球排放量和足以将全球升温幅度控制在 2 摄氏度以下的水平之间的巨大差距自《巴黎协定》签署以来还几乎没有缩小。❹ 根据联合国环境规划署的报告，许多国家就连这些还不够高的目标都有无法达成的迹象，而且某些国家的一部分政策是直接有害于实现目标的。❺

更加务实地衡量进步的办法是观察清洁技术在经济领域传播的速度。以这个标准来看，我们也严重偏离了轨道。国际能源机构的估算结果是，四十六种低碳技术中只有六种技术得到应用的速度符合各国商定的减排目标的要求。❻ 不过，我们仍然有理由抱有希望。2020 年全球太阳能发电总装机容量达到了仅仅十五年以前专家预测水平的十倍以上，❼ 同时，包括风电、电池和电动汽车在内，其他几项技术的进展也超出了专家的预期。

---

❶ 《进度追踪——净零气候》（*Progress Tracking – Net Zero Climate*）。

❷ UNEP，2020。

❸ 气候行动追踪组织（Climate Action Tracker），2021。

❹ UNEP，2015；以及 UNEP，2021。

❺ UNEP，2021。

❻ IEA。《追踪清洁能源进展》（*Tracking Clean Energy Progress*）。

❼ E. 拜因霍克（Beinhocker）、D. 法默（Farmer）与 C. 赫伯恩（Hepburn），2018。

归因问题

这一切都符合"确实在进步，但是还远远不够快"的观点。不过，想要回答"《巴黎协定》是否有效？"这个问题，我们就必须理解我们取得进展的方式和原因。

气候科学有一整块研究领域都致力于解决归因问题：了解气候的哪些变化在何等程度上是人类活动排放温室气体的结果。研究者仔细估算过多种水平的火山活动、太阳辐射强度和空气污染对全球气温造成的影响，以便将其和温室气体的影响区分开来。测量大气中二氧化碳的多种同位素的浓度可以帮助我们区分燃烧化石燃料排放的二氧化碳和自然存在的二氧化碳。热浪这样的极端事件发生以后，我们可以通过模型来对比该事件在当前气候条件下发生的概率和它在过去气温尚未升高的气候条件下发生的概率。这些手段可以帮助我们了解我们经历的极端气候有几分是气候变化所致，气候变化又有几分是人类活动所致。

如果我们想了解当前全球经济的变化有几分是《巴黎协定》所致，那我们就应该尝试对这个归因问题也付出同样大的努力。这个任务更加艰巨。在气候科学领域研究因果关系至少不必考虑动机问题。据说物理学家默里·盖尔曼（Murray Gell-Mann）说过："想象一下，假如电子会思考，物理学会变得多困难。"[1] 这正是政治经济学要面对的问题。有很多因果缠绕在一起，我们也永远无从确定某些事情之所以如此发生，但我们还是必须尽可能地加以分析。

---

[1]　S. E. 佩奇（Page），1999。

（1）政策还是意外？

如果我们要对比减排目标和"一切照旧"的预测，那我们预测的"一切照旧"的排放量就十分关键。而后者主要取决于我们对经济增长的预测——增长的速度和质量。

2008 年至 2009 年全球金融危机爆发以后的十年时间里，许多国家的经济增长是低于预测的速度的。欧盟就是因为增长的速度大幅降低而提前八年达成了原定 2020 年实现的减排目标。中国的经济增长也有所减缓，从 20 世纪 90 年代和 21 世纪 00 年代每年大约 10% 的增长速度下降到了 10 年代每年大约 7%。❶ 诸如此类的情况导致 IMF 从 2011 年到 2016 年每年都在下调世界经济增长预测。❷ 同时，过去十年，中国经济一直在经历结构性变化。其增长的重点正在从重工业转移到碳强度要低得多的服务业。由于现在中国的温室气体排放量位居世界第一，这种转变对全球排放量具有显著的影响。综合来说，这样就已经大体可以解释 2015 年根据"国家自主贡献"预测的结果和当初预测的"一切照旧"的轨迹之间的差异了。这不是政策，而是意外。

但是，低碳技术的发展和应用的进步显然要归功于政策。各国政府在太阳能和风力发电具备商业价值之前就已经有数十年都在资助研发。最初，二者的市场都是因为政府补贴才存在的。同样，监管措施也促使照明、供暖、制冷、建筑和汽车产业朝着能效更高的设计和更加低碳的技术前进。

---

❶ 《1961—2022 年中国 GDP 增长速度》。

❷ Yield Report.《IMF 增长预测连续出错》。

（2）目标还是行动？

在政策推动了进步的领域，我们还可以区分政府出台这些政策是为了达成像《巴黎协定》中预估的那样的减排目标还是出于其他原因。

英国有以五年为周期的"碳预算"制度，用以确保短期的排放符合我们的长期目标。在电力、建筑、交通、工业和土地利用方面出台政策都要考虑碳预算的制约。欧盟有一套类似的自上而下的办法：各成员国商定一个总体减排目标，然后为了达成这个目标而或是协同或是单独实行政策。对于英国和欧盟，我们可以说减排目标比较明显地推动了政策行动。

绝大多数发展中国家和新兴经济体的情况则不同。极少数国家有碳预算制度来把减排的需求置于其他政策优先事项之上。中国和印度采用可再生能源、提高能效主要是为了能源安全、空气质量（减少空气污染，保护公众健康）还有产业机遇这三个政策优先事项。减排在优先事项列表上最多只能排在第四。在这样的国家，整个经济体的减排"目标"一般是通过估算目前已有政策可能会导致的排放量来达成的。换言之，是政策行动——气候变化以外的原因所致——在推动减排目标。

以中国为例。中国的总体目标是在2030年左右达到排放峰值。大多数专家认为这个目标是谨慎的——和中国的"一切照旧"的预测数据相比，或许甚至是"一切照旧"再加上一些缓冲值。我们缩小范围，看一看电力产业。中国在这个领域的目标是在低碳技术方面具备竞争力，削减煤炭进口，并且净化城市空气。专家一般认为中国给太阳能发电和风电制定的装机目标非常惊人。可即使是这些目标也完全跟不上实际情况。为了应用可再生能源，中国大力补贴生产和消费，改革市场，连接电网。事实证明，这些行动取得的成效远远超乎预料。正是这些行动比任何减排目标都更加有效地推动了进步。

（3）同侪压力还是领导能力？

对于制定了推动政策变化的那种自上而下的减排目标的国家，我们可以提问，制定这些目标是国际同侪的压力所致还是领导能力的体现？

英国有理由说自己的行动是领导能力的体现，因为英国早在2008年就颁布了《气候变化法案》，提出目标，要在2050年以前把排放量较1990年水平降低80%。在很长的一段时间里，所有发达国家中只有英国提出了符合国际社会呼声的目标，并且设计了一套立法框架，确保短期和中期的政策符合长期目标的要求。奥巴马总统任内的美国政府也算是主要由于担心气候变化的危险而采取行动的，因为它曾经顶着强大的政治阻力，强行通过减排措施。在发展中国家中，哥斯达黎加的领导层向来以重视气候变化闻名。2019年，他们制订了一套详细的计划，争取在2050年以前实现净零排放。

在许多国家，来自公民社会的压力——包括近期的小学生抗议——促使政府提出了更高的减排目标。

在欧盟内部，国际压力显然发挥了作用。欧盟成员国领导人首先商定欧盟整体的减排目标，然后协商必要的减排份额应当如何在各国之间分配。众所周知，某些成员国对此并没有很大的兴趣，所以受到了来自比较关心气候变化的较大的同侪压力。

事实证明，中国、印度和其他政策不受自上而下的减排目标推动的国家对于国际压力是有很强的抵抗力的——也正因如此，全世界未来十年的总排放目标依然是增加，而非减少的。但是上文提到的近几年争取净零排放的运动或许说明我们有了新的国际标准。我们可以据此声称同侪压力即将发挥更大的作用。

（4）《巴黎协定》或是普通的地缘政治？

气候变化领域的国际同侪压力并不单单来自《巴黎协定》或联合国谈判程序。各国领导人参加其他国际论坛也经常讨论气候变化，比如G7、G20、联合国大会以及特别召开的气候变化峰会，像是2019年和2020年联合国秘书长主办的那种。如果政府关心国际社会对本国在气候变化问题上的立场的看法，那它们也许还会受到媒体报道的影响，而媒体无论是峰会还是谈判都是不会缺席的。

这些过程里面哪些更有可能成功制造同侪压力呢？联合国谈判？激烈争论核算规则的几千名官僚大多极难影响各自国家的内部政策，但是他们谈判的结果代表了国际共识，决定了怎样的做法才是正当的。峰会？各国领导人可以在这种场合面对面交谈，但是他们有些时候只会非常简短地提及气候变化而已。媒体？媒体对政府的政策既有可能赞扬，也有可能诋毁，既有可能细致地分析，也有可能胡乱歪曲。其实，我们真的不知道。比较合理的说法大概是，实际有效的同侪压力往往是这些因素共同发挥作用的结果。

结论

总而言之，我们可以把目前的一些进步归功于《巴黎协定》，但是肯定不能说所有进步都是《巴黎协定》的功劳，而且很可能大部分进步都不是《巴黎协定》的功劳。经济发展的意外、出于气候变化以外的原因而采取的政策、领导层能力的体现以及其他事件制造的国际同侪压力都发挥了明显的作用，使得现在全球排放量的轨迹低于此前预测的结果。

没到放弃的时候

《巴黎协定》经常被看作是彻底告别了以《京都议定书》为代表的旧做法。尽管早期目标是通过共同协定确立减排目标，而且《京都议定书》至少还有表面功夫，但是《巴黎协定》公然彻底放弃了这种做法。从某个角度来看，国际社会在尝试签订范围最大的全球协定失败以后走向了另一个极端，决定采用彻底的单边主义做法。各国今后将完全独立地制定自己的气候变化目标和政策，国际协定商讨的内容只剩下了核算与通报的程序。

然而，从另一个角度来看，《巴黎协定》只不过是延续了此前尝试过的做法。国际气候变化谈判的研究者乔安娜·迪普莱奇（Joanna Depledge）已经指出，《巴黎协定》和《京都议定书》的差异在于形式，而非实质性内容。❶这两次的实际情况都是各国独立制定了自己的目标。而没有改变的重点在于，自始至终，外交的焦点都是各国经济整体的长期减排目标，而且其主要的影响力杠杆是同侪压力。在此期间发生的变化并不是那么彻底的告别，而更像是渐进的变化：不再尝试达成正式的协定，转而更加愿意接受单边主义。

这就引发了一个问题：我们是否可以尝试别的办法？

---

❶ J. 迪普莱奇（Depledge），2022。

历史告诉我们，单边主义做法是不够的：个体承诺并不等于强有力的集体行动。上一章也已经说明，我们有理由怀疑，把各国经济整体的长期减排目标这样宽泛的问题当作外交的主题恐怕会妨碍外交的效率。

我们可以争论《巴黎协定》或者过去30年的谈判对目前的进步发挥了多少积极作用——这个问题可以有很多种解读。然而不容争论的是，我们亟须大幅度提高进步的速度。大量的预测结果都是全球排放量将在未来10年继续上升。最好的情况也只是大致保持不变。但是，为了将全球变暖的幅度控制在1.5摄氏度以下，我们需要在这10年里把全球排放量减少一半。须知，过去20年全球经济的排放强度每年只下降了1.5%，而未来10年，排放强度必须每年下降大约8%——加快5倍。即使把目前的所有进步都归功于《巴黎协定》，我们也显然需要全面考虑各种可能的选项，力求加快速度。

在国际谈判程序的效率遭到质疑的时候，常见的回答是，"这是唯一的选择"。的确，这样的程序会让人走进死胡同。寻找新的合作形式困难重重。但是，面对目前的境地，贸然否决其他选择的可能性未免太过自负、危险。

我听过的另一种迟疑的理由是，"现在说《巴黎协定》是否有效还为时过早"。确实，我们要到很多年以后，甚至几十年以后才能全面评价《巴黎协定》的效果。然而这就像是当初否认气候变化的人说的，我们应该等待更加全面的科学证据，然后再采取减排措施。那时，我们有充足的科学证据来支持减排的新政策。现在，我们也有充足的历史证据——贸易、安全和环境保护领域的成功的国际合作案例——来支持采用气候变化外交的新方法。继续等待更多证据，我们就会彻底失去达成共同目标的机会。

***

在继续之前，我们还要最后一次见见我们的老朋友——那只温水里的青蛙。这回，我们发现他和另外的十几只青蛙一起在锅里。所有青蛙都从各自的科学顾问那里拿到了风险评估报告，知道自己身处险境。他们的首席经济学家已经测量了锅的侧面高度，所以他们知道自己要跳多高才能从锅里跳出去。问题在于，锅的侧面太高了：所有青蛙都跳不出去。

我们的老朋友求助于他的首席谈判代表。"我们要怎么办？"他问，"我们有办法自救吗？"首席谈判代表回答："让其他青蛙提高他们的目标。他们得更加努力。也许，只要他们足够努力，就会有一只青蛙能够跳出去，关掉天然气开关。"青蛙试着照他说的做，但是其他青蛙非常生气地告诉他，他们已经尽了最大努力，需要更加努力的不是他们，而是他自己。他们吵了起来，开始争论最初是谁提议要到锅里来的。青蛙回去问他的首席谈判代表："我们还有别的办法可以尝试吗？""没有了，"首席谈判代表说，"这是唯一的选择。而且，我们还得继续尝试才能知道这个办法到底有没有用。"

青蛙将信将疑。他对其他青蛙说，也许，除了要求彼此各自更加努力以外，他们还有更加务实有效的合作方式。要不要试着站在彼此的背上？其他青蛙大多无视了他的建议，但是也有一小部分青蛙愿意试一试。原来，只要三只青蛙坐在彼此的背上，第四只青蛙就可以跳出锅去。他勇敢地一跃，成功跳了上去，关掉了天然气开关，救了所有青蛙。

好吧，现实不会这样简单。但是在普遍条约和单边行动这两个极端之间存在很多种可能。我们未必要把覆盖整个经济体的长期减排目标当作焦点。下一章，我们会看一看什么形式的气候变化国际合作可能最有利于我们取得进展。

第十九章

系统性变化而非气候变化

1890 年前后，俄罗斯物理学家亚历山大·斯托列托夫（Aleksandr Stoletov）制造了第一块太阳能电池。六十年后，太阳能板开始在太空中得到应用，给美国的先锋 1 号卫星提供能源。苏联部长会议主席尼基塔·赫鲁晓夫给这颗卫星起的昵称是"葡萄柚"。又过了二十年，1979 年，美国总统吉米·卡特在白宫的屋顶安装了太阳能板，宣示了未来的潮流。又三十年过去，2008 年，我的父母在政府补贴的支持下，成了最早一批在自家屋顶安装太阳能板的业主。再过十年以后，太阳能和风力发电加起来占了全世界每年新增发电装机容量的一半以上。❶

过去五十年，太阳能从太空中使用的昂贵玩具逐步变成了全世界大多数地区最廉价的电力来源。

从某个角度来看，这个故事说明了技术进步的速度可以有多快。从 1957 年先锋 1 号卫星安装太阳能板以来，太阳能板的成本已经降低到不足当年的三千分之一。❷考虑到在类似的时间段

---

❶ IRENA，2019。

❷ E. 拜因霍克（Beinhocker）、D. 法默（Farmer）与 C. 赫伯恩（Hepburn），2018。

内，煤炭、石油和天然气的成本大体没有变化，这一点显得相当惊人。从另一个角度来看，这个故事也可以提醒我们改变要花多少时间。我们花了六十年才从第一次安装太阳能板来到今天这个太阳能和风力发电统治新发电厂市场的阶段。即使是现在，由于发电厂的使用寿命较长，全世界大多数电力依然来自化石燃料，同时，在我写这本书的时候，只有不到十分之一的电力来自太阳能和风力发电。

未来，我们还需要改造电网，解决可再生能源的间歇性问题。我们需要设法储存大量的电能——既是为了应对从白天到黑夜的变化，也是为了应对从夏天到冬天的变化。市场需要有不同的运转方式，鼓励消费者在供应充足时多用电，在供应不足时少用电。电器需要设计的可以智能管理能耗，让消费者不必再操心。电力产业的这一系列变化也会产生社会影响。以煤炭产业为经济活动中心的地方将来需要给当地的就业岗位、区域发展和财政收入找到新的来源。清洁能源转型依然有很长的路要走。

全球经济的系统转型

为了了解如何才能加快全球减排的速度，我们可以回去想想基本原理。我们想做的究竟是什么？政府间气候变化专门委员会对这场挑战的描述是："能源、土地、城市和基础设施（包括交通和建筑）以及工业系统的迅速而深远的转型。这些系统转型的规模史无前例，但是速度却未必……" ❶

太阳能和风力发电逐步取代煤炭和天然气的故事就是系统转

❶ IPCC，2018。

型的故事。此处的"系统"是全球电力产业。其宽泛的定义是：支撑社会中电力的生产、管理和使用的活动模式。这套系统包括那些燃烧化石燃料，将热能转化为电能的发电厂，包括远距离输送电力，将其分配给家庭和产业的基础设施网络，包括平衡供求的市场，也包括确保市场有效运转的监管机构。它也涉及煤矿工人、运营发电厂的公共事业公司以及根据预期利润在不同的技术、公司和地区之间分配资金的投资者。

"转型"不仅是用太阳能和风力发电的新技术去取代煤电和气电的旧技术。转型需要改变围绕旧技术发展起来的一切——电池、智能仪表和智能电器等相关技术、市场、基础设施、商业模式以及目前依赖旧技术的化石燃料产业和社区。为了快速实现从煤炭到清洁能源的转型，我们需要做好前瞻规划，然后采取行动，促成系统中每一个关键要素的必要变革。如果我们不想可再生能源的发展受到平衡间歇性供给和需求的技术难题的制约，那我们就最好去努力发展储能。如果我们不想地方政府因为担心失业和社会动荡而阻碍煤炭衰落，那我们就最好去找合适的方向，投资区域发展。

同时，我们也需要明白，这场转型的范围是有限的。从化石燃料到清洁能源的转型不需要我们去改变时装业、股票市场的运转或者消费文化。虽然经济、社会的一切都是互相关联的，但是我们不必为了清洁能源转型这样的具体目标而改变一切。换言之，我们可以在我们想要改变的系统的边缘画上一条界线。

"系统界线"是个值得留意的概念。正是在全球电力产业等系统的大致界线之内，新技术得以发展、扩散，消费与生产实践得以改变，市场得以改革，基础设施得以更换。在这些界线之内寻找杠杆点，我们就有相当可观的机会加快变革的速度。相比之下，如果我们的视野太过狭窄，比如只关注个别技术，那我们就很有可能忽视足以对系统转型发挥关键作用的要素。或者，如果我们的视野太过宽泛，比如在整个股票市场乃至整个经济体的层面上，那我们很可能会浪费精力，或者至少会把资源运用得太过分散，缺乏效率。

规模史无前例，但是速度却未必……

回顾历史上的系统转型，我们可以看到是哪些行动加快了转型的速度。弗兰克·吉尔斯是全世界最知名的研究过去的转型的专家之一。他的案例研究显示，尽管每一场转型都是独特的，但是就政府政策的角色而言，仍有一些普遍的经验可供学习。[1]

在转型的最初阶段，也就是所谓的"出现"阶段，创新者在寻找新技术或者新的经营方式。政府可以采取的加速手段包括投资研发和设立明确的目标，鼓励企业和私人投资者协同行动。政府也可以通过创造"缝隙市场"，为新技术提供第一块试验田来发挥关键的作用。缝隙市场就像是安全的温室，让新发明可以在这里成长、发展，直到它们足以在外面的世界对抗体量庞大的旧技术。

航空业出现的案例同时包含了这两种干预。[2]第一次世界大战期间，政府的研发投资急剧加快了飞机技术的进步速度。然后，在20世纪二三十年代，公共采购和补贴，包括受保护的美

---

[1] 这一部分总结了弗兰克·吉尔斯根据其学术论文在《加速低碳转型》（*Accelerating the Low Carbon Transition*）这篇报告中写到的对于系统转型的多个阶段的解释和几项案例研究。

[2] F. W. 吉尔斯（Geels），2006。

国航空邮件的缝隙市场为民航业的建立奠定了基础。

在转型的中间阶段，也就是所谓的"扩散"阶段，新的技术和商业模式正在激烈对抗旧时代的产物，努力在市场和社会中传播。新技术得到了自我增强反馈的帮助：技术改进导致市场份额增加，吸引更多投资，然后导致更进一步的技术改进。政府可以改造市场，让新旧技术对抗的战场变得有利于新技术，不利于旧技术，从而加快这一进程。对新技术针对性投资、对旧技术征税、修改法规、建造新的基础设施、开展公共宣传活动都是可行的手段。

20 世纪四五十年代集约农业的技术和实践在英国的扩散就得到了这样的支持。❶ 政府为购置拖拉机和土地疏浚提供了资本补贴和廉价贷款，为农民提供了培训项目，对小麦的价格加以市场控制，从而在二十年内实现了产业转型。

在转型的最后阶段，随着新技术全面确立主导地位，与之相关的所有社会和经济系统都在自我调整，以便适应这种"新的标准"。这个阶段被称为"重构"。为了加快这一阶段的进程，政府可以大力投资，广泛建设新的基础设施或者促进发展互补技术，让转型的核心技术变得更加普及。政府也可以设立新机构，推动新的行业标准出现，甚至禁用旧技术，从而彻底完成转型。从马车到汽车的转型得到了上述所有类型的支持。政府大力投资建设了公路网这种物质性基础设施，也建设了驾驶考试、车辆登记数据库和公路法规这些制度性基础设施。❷

在上述的每一个阶段，不同主体的角色都可以互相促进。呼

---

❶　C. 罗伯茨（Roberts）与 F. W. 吉尔斯（Geels），2019。
❷　F. W. 吉尔斯（Geels），2005。

吁变革的宣传者可以为有利于创新者的政策作铺垫。公布新技术的创新者为新的商业模式提供了可能。投资新商业模式的企业家给了消费者新的选项。选择了新产品的消费者则是在支持呼吁进一步变革的人士。在从污水坑到下水道的转型中，医生强调公共卫生风险，工程师开发了新的管道技术，而政府投资建设了新的基础设施网络。这些主体都推动了社会朝着新的系统转型。❶ 当各个主体都以加快转型为目标，它们通力合作能够取得的成果是远远超过各自为战的。

国际合作的益处

在现代全球经济中，资金、技术、人员、产品和知识的流动把世界各国联系在了一起。我们的投资、销售、出行和交流经常跨越国界。没有人是一座孤岛。同样，在 21 世纪，也没有哪个国家的经济是一座孤岛。在这种背景下，系统转型极有可能是在国际舞台上发生的。

前文讲述的清洁能源转型的故事就是由世界各国共同促成的。太阳能和风力发电在过去五十年的急速进步首先得到了美国和日本的早期研发支持，然后得到了欧洲对其早期应用的激励，继而得到了中国对其生产环节的大规模投资。得益于国际贸易，现在世界各地都有廉价的太阳能板和风力涡轮机。各国政府在改革市场，消除妨碍其进入市场的壁垒。企业和投资者也纷纷努力抓住这个新的机遇。

各经济体互相联系的性质意味着每个排放温室气体的产业朝

---

❶　F. W. 吉尔斯（Geels），2006。

着零排放系统转型的过程都难以脱离全球背景，而且当然必须具备全球背景，否则我们就无法实现全球净零排放。所以，气候变化外交的出发点应该是提问：各国怎样才能最有效地开展合作，加快全球经济的系统转型？

2019年，戴维·维克托、弗兰克·吉尔斯还有我尝试寻找这个问题的答案。我们把弗兰克对系统转型的理解和戴维在国际关系方面的专业知识结合在一起，再加上覆盖了全球大多数排放量的十个产业的顶尖专家的实用知识。❶ 我们发现国际合作拥有巨大的潜在益处。这些益处大致可以归为三类机遇：更快的创新、更大的规模经济和必要的公平竞争环境。

更快的创新

就像大学或公司可能会加派更多研究员来加速寻找解决办法，政府可能会给更多大学拨款来达成同样的效果，在全球层面，如果有多个国家共同努力，我们创新的速度也会因此加快。2020年至2021年新冠病毒疫苗惊人的研发速度就是很好的例证。协调多国共同研发可以更快地发现新技术。如果我们从早期测试阶段就开始分享经验，那我们就可以更快地找到可行的方法。如果我们同时给相同的新技术创造最初的"缝隙市场"，那这些市场会大于任何国家单独能够创造的规模，所以有可能吸引更多的投资，促使其更快的发展。

当然，经济充满了竞争。各国都希望本国产业取得成功。然而，从半导体到药物的各种经验说明，在"竞争之前"的阶段，

---

❶ D. 维克托（Victor）、F. 吉尔斯（Geels）与 S. 夏普（Sharpe），2019。

合作是有可能存在的。各国可以一边交流信息，告知彼此怎样的做法才是可行的，一边让公司开发自己的专利，确立自己的竞争地位。

为了避免危险的气候变化，我们迫切地需要创新。国际能源机构估计，要在21世纪中叶实现全球净零排放，大约一半的减排必须依靠目前尚未完全商业化的技术。这并不意味着我们需要等待新的"神奇技术"被发明出来。我们已经有了大多数我们需要的技术。这个估计结果意味着许多技术仍然需要经历漫长的开发过程：它们已经在概念上得到验证，但是还需要测试、完善、在产业中投入实践，然后在市场中立足。

大多数国家还几乎没有开始钢铁、水泥、塑料等能源密集型产业的脱碳进程，而这些产业加起来占了全球排放量的五分之一左右。要消灭这部分排放，我们需要用电或者氢取代燃煤和燃气，制造全新的化学原料，并且捕集碳排放，将其封存在地下。这些技术都尚未经过工业生产规模的测试，遑论商业化。第一批实验工厂都还没有建成。

农业和土地利用也同样十分需要创新。奶牛打嗝和放屁、给农作物施肥以及粮食生产涉及的大量其他活动加起来占全球排放量超过十分之一。我们急需开发低排放肥料和资源效率极高的耕作方式，同时还需要气候适应力较强的农作物和牲畜，以便在将来的极端天气事件中保住我们的食物来源。素食有益健康，但是如果我们不想放弃吃肉的体验，那我们最好赶快去开发可以替代肉类的蛋白质，节省饲养动物占用的大量土地和资源。

即使是在低碳转型进度最快的电力产业，我们也仍有尚未解决的问题。我们需要在夏天储存太阳能发电产生的电能，用来在冬天的黑夜里为我们的家园供暖。我们还需要想办法让人口密集、难以建造大量太阳能发电厂和风力涡轮机的国家拥有足够的零排放发电能力。工程师已经可以描述出这些问题合理的解决办法，但是要落实这些办法还有很多工作要做。

无论是在哪个产业，以必要的速度发展必要的技术都是相当艰巨的挑战。要实现这一点，我们需要细致、有规划地协同行动，分享知识，在彼此成功的基础上继续前进。这样团结合作的成功概率远远大于一盘散沙，各自朝着不同的方向摸索。❶

更大的规模经济

政府、企业和公民社会可以在一国之内互相促进，加快转型的速度。在国际社会上，这个道理也是成立的。在各国之间互相联系的某个经济部门里，新技术和旧技术的战斗并不局限于一国之内。假如多个国家就转型的方向和步伐发出了相似的政策信号，那么投资者就会受此激励，更快地把资本从旧技术重新分配至新技术，公司也会抛弃旧的商业模式，采用新的模式。

推动新技术在市场和社会中传播的那些增强反馈都会随着规模的扩大而变强。更大的市场可以吸引更多投资，导致新技术更快地创新、改进，从而更快地取得更多市场份额。

太阳能板、风力涡轮机和动力电池等技术的快速发展就体现了这种效应。每当这些技术的全球累计生产总量翻倍，它们的成本就会按照固定的数值下降（太阳能发电是28%左右；风电是大约15%）。粗略地说，如果有两倍数量的规模相近的国家同时应用同一项技术，该技术成本下降的速度也会是两倍。有分析显

---

❶ C. F. 萨贝尔（Sabel）与 D. G. 维克托（Victor），2022。

示，如果我们不再行动迟缓，而是迅速在全世界应用关键的清洁技术，那么其成本到2030年可能下降最多45%，到2050年则是75%。❶

这意味着，纵使我们不理会危险的气候变化，各国帮助彼此更快地推广清洁技术也仍然可以获得很大的共同利益。加快全体应用清洁技术的速度，从而降低成本对所有人都是有好处的。

就电力产业而言，许多国家面临的挑战是改革电力市场，吸引对可再生能源的投资。为了加快转型，国际合作可以注重对此类政策施以务实的援助，并且给此前依赖煤炭的社区寻找新的经济机遇。

在道路交通方面，从汽油和柴油车到电动汽车的转型正在逐渐加速，但是要达成《巴黎协定》的目标，现在的速度依然差得很远。电动汽车较高的成本是个问题，但是每当生产数量增加，它的成本就会下降，我们也就会更加接近它战胜传统汽车的临界点。汽车是在国际上互相贸易的，所以汽车制造商会及时对最大的那些市场的规则做出反应。如果这些市场的政府共同采取行动，它们可以推动这个全球产业加快投资电动汽车的步伐，提高其成本下降的速度，让全世界消费者更早用上价格实惠的电动汽车。

建筑业的脱碳比较麻烦。建筑的使用寿命很长：我在伦敦的那间隔热很差的公寓是在一百多年以前的维多利亚时代建成的，但是现在依然很结实。所以建筑很难快速更新换代。我们可以改善现有建筑——在屋顶安装太阳能板、提高隔热性能、用热泵替代燃气锅炉——但是对我们很多人而言，前期成本和麻烦的过程

---

❶ R. 韦（Way）、P. 米利（Mealy）、法默（Farmer）与 M. 艾夫斯（Ives），2021。

让人望而却步。一旦涉及住宅，政府的政策往往就显得束手束脚。和汽车不同，建筑不会被装在船上，参与国际贸易，而是会顽固地留在原地。建筑业的供应链也比较局限于当地。因此贸易很难在这个领域的转型中发挥杠杆作用。

即便如此，协同行动也依然有助于将变革传播至全世界。如果各国把清洁供暖补贴的对象定为热泵等可行的零排放技术，而不像欧洲现在那样把补贴浪费在烧木屑上，那这些技术就会快速进步，其成本也会随之降低。空调同样是参与国际贸易的商品。协同制定空调标准可以快速提高其效率，减少排放。多国共同采取类似的提高建筑能效的措施可以促使国际投资者把钱投给真正低碳的建筑，帮助更高效的设计与建造方式扩大市场。这些都是必要之举，因为现在每年全球建造新建筑的速度是跟日本增加建筑面积的速度相等的。

我们面临的挑战并不像上文描述的那样简单。对于每一个产业，每个国家的政府都有各自的难题。工程师需要学会安装热泵、维修太阳能板。我们必须为了电动汽车修建充电基础设施，同时设计可以推动旧建筑翻新的融资模式。我们还需要用新的财政收入来源替代汽油税，用新的就业岗位来源替代煤炭开采行业。但是，这一切都不影响合作具有巨大的潜在益处。零星、松散的国际行动就已经在五十年内把太阳能发电的成本降低至曾经的三千分之一。将来有针对性、高度协调一致的长期行动可以在每一个产业中大幅降低清洁技术的成本，加快转型。

必要的公平竞争环境

在几乎所有产业中，低碳技术的成本最初都是很高的。某些产业的低碳技术在可见的未来很可能维持现在的成本。在竞争激烈的国际市场上，这一点会成为巨大的障碍。如果先行者预计现在的市场主导者会发动价格战，将他们立刻挤出市场，那他们就永远不会去当这个先行者了。有几个重要产业的可持续发展转型目前面临的正是这个难题。对此，各国可以合作出台具体到每个产业的相似标准或者碳价，让企业可以放心采用可持续燃料、技术或者商业行为，而不必将自己置于弱势的竞争地位。

农产品生产尤其需要这种协同合作，因为全球超过一半的森林砍伐行为都是农产品生产所致。许多政府想要保护本国的森林，但是由于某些砍伐森林的企业可以在国际贸易中获取高额利润，因此保护森林的措施是很难执行的。跨国企业受到了消费者施加的要求可持续生产食物的压力，但是它们也面临着在竞争中失败的风险，所以很难单方面采取行动。即使某些企业的领导层魄力过人，它们也无法根本性改变导致砍伐森林的激励机制，因为它们只占市场需求的一小部分。只有协调一致的国际行动有可能解决这个问题。

航运和航空业的转型也由于国际竞争而难以推进。船上烧的油是炼油厂里最脏的残渣，几乎是其他所有人挑剩下的部分。飞机则是化石燃料密集程度最高的交通工具。航运和航空业的零排放燃料和技术都在发展，但是才刚刚开始商业化。可持续航空燃料、电动飞机还有氨动力船看起来都会在可预见的未来维持高昂的成本。这意味着，航空和航运公司用了这些技术就会在竞争中失利，同时，港口和机场一旦要求使用这些技术就有可能导致自己的运输量流失到竞争对手那里。如果缺乏协同行动，新技术就不会得到比较大规模的应用。而没有实际的应用，技术开发的增强反馈就不可能发挥作用，我们也就很难降低其成本。这样一来，我们就"卡住了"。

国际合作可以打破这个僵局。针对国际航线协同制定的标准可以要求使用可持续船用、航空燃料和技术，而不会导致其使用者在竞争中失败。合作投资充电和补充燃料的基础设施可以确保清洁能源的供给和需求同步发展，并且确保最初的这些电动飞机不至于在初次飞行之后就被迫滞留在地面。

在重工业方面，一旦可行的零排放技术问世，国际合作就会成为促成其应用的关键。粗略的估算显示，最初，零碳钢的成本可能会比现有产品高 20%~50%，而水泥完全脱碳更是可能导致其成本翻倍。在这些竞争非常激烈、对成本十分敏感的行业，这种幅度的生产成本上升简直是匪夷所思。即便你是个富有远见的CEO，相信低碳才是本行业的未来，如果当先行者的代价是立刻在竞争中输得一塌糊涂，那这种行为也就没有任何意义了。据说，引领开拓性低碳钢项目的某家瑞典公司的领导人曾经对瑞典政府说："我们肯定能实现炼钢脱碳。之后我们的钢铁产业是否还存在则取决于你们。"

国际合作可以通过在所有重工业部门协同出台标准或者碳价来确保零排放材料能有市场。这样做可以给整个行业提供关键的信心，让企业放心地投资新的生产工艺。政府采购和补贴可以让最初为数不多的试验工厂建立起来，持续运营，但是我们需要市场需求驱动的商业投资来以必要的速度扩大零排放生产的规模。第一批小规模的低碳钢试验工厂预计将在 21 世纪 20 年代前中期建成，然后每年生产几十万吨钢。在未来的二十年内，钢铁产业需要把这个产能提高一万倍才能按照《巴黎协定》的目标实现脱碳。考虑到钢铁厂的设计和建造花费的时间，我们现在就应该开始规划 21 世纪 30 年代需要的钢铁厂了。

水泥、塑料和其他能源密集型产业的脱碳难度丝毫不低于钢铁产业。显然，我们迫切需要通过国际合作来支持所有这些产业的转型。

更有针对性的气候变化外交方法

协同合作的三大益处——更快的创新、更大的规模经济和必要的公平竞争环境——大致对应图 19-1 所示的三个转型阶段。这说明，对于每个处在不同的转型阶段的产业，外交的重点都应该是不同的。

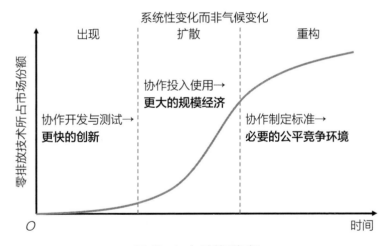

图 19-1　加速转型框架

来源：维克托、吉尔斯和夏普（2019）。系统转型通常会经历三个阶段：出现、扩散和重构。在每个阶段，可能有助于加速转型的政策和国际合作都是不同的。

此处建议的气候变化外交思路和国际社会前二十年采用的思路具有根本性差异。正是这些重要的差别使得这种方式更有可能成功。

问题的范围被缩小到了可以解决的程度。我们不再同时兼顾所有产业造成的全球排放问题，而是逐一攻克排放温室气体的产业。这样做是合理的，因为每个产业都有不同于其他产业的技术、产业和金融结构、政治经济学以及有影响力的主体。航运不同于钢铁，农业也不同于航空。如果我们理解了每一个产业的独特结构，然后着重处理其具体的挑战和机遇，我们就有更大的概率推动转型进程。

涉及的时间有所缩短：我们不再尝试商定长期目标，转而主要关注确定眼前的近期行为。把合作的焦点从未来转移到现在有助于增强各国达成目标的信心。我们比较了解的都是自己现在能做到什么，而不是十年以后能做到什么。而我们现在的所作所为又会极大地影响未来可供我们选择的道路。

关注各个经济部门的具体行动有利于我们实现上文提到的协同合作的益处。这些益处可以为国际合作的参与和遵守提供一种形式的激励，因为它们涉及一些重要的利益，比如，能源安全、低成本交通和工业岗位。如果合作关注的是整个经济体的减排目标，那这种激励就不存在了，因为这种情况唯一涉及的利益就是避免危险的气候变化——而众所周知，单凭这一点通常是很难促成行动的。对于存在"搭便车"问题的少数产业，在国际贸易中合作建立公平竞争环境可以有效惩罚不参与、不遵守协定的行为。

最后，把全球排放问题分解到各个产业意味着我们可以就每个产业找到影响最大的那些国家。这一点非常有利于解决气候变化外交的参与问题。我们没必要召集所有的国家和地区。❶ 少数

---

❶ 批准《联合国气候变化框架公约》的 197 个国家和地区包括所有联合国会员国、联合国大会观察员国巴勒斯坦和梵蒂冈、非联合国会员国纽埃和库克群岛。欧盟也是《联合国气候变化框架公约》的缔约方。

国家和地区进行合作就足以加快新技术的开发。参与方数量足够就可以让新技术快速传遍全球市场。

就电力产业而言，全球规划中的燃煤电厂项目超过一半属于中国和印度这两个国家。再加上五个国家（土耳其、越南、印度尼西亚、孟加拉国和埃及），这个份额就会上升到四分之三。❶只要给这些国家提供恰当的支持，我们应该就可以迅速取消全球的大部分新燃煤电厂规划，转而追加对清洁能源的投资。

在农产品方面，印度尼西亚和马来西亚一共生产了全世界超过 80% 的棕榈油，而欧盟、印度和中国的进口额占了全球的一半。巴西和美国加起来生产了全世界 70% 的大豆，而中国和欧盟的进口额远超全球总额的一半。科特迪瓦和加纳生产了全世界超过一半数量的可可豆，而欧盟和美国占了全球进口额的三分之二以上。这些少数的生产方和消费方携手合作就足以推动全球市场朝着有利于这些农产品可持续生产的方向转变。

在交通方面，欧盟、中国和美国加利福尼亚主宰了全球汽车市场的一半以上。这三方协同行动足以影响全世界所有汽车制造商。在航空和航运方面，有很多国家是国际航线网络的节点。排名前二十的港口仅分布在十二个国家和地区，控制着全球集装箱航运货物的 45%。由于战略位置特殊，荷兰与新加坡对航运业的影响远超其本国经济体规模。全世界仅仅 5% 的机场涵盖了超过 90% 的国际航班。其中国际客运量前三的机场是迪拜、伦敦希思罗和中国香港的机场。❷

在建筑业方面，哪怕只有一小部分城市合作制定零排放建筑

---

❶ C. 希勒（Shearer），2019。

❷ CNN。《这是全世界最繁忙的机场》（*This is the world's busiest airport*）。

标准也非常有利于给高能效设计提供市场。布鲁塞尔、纽约和温哥华似乎有意向在这个领域引领潮流：这三座城市都在制定监管政策，鼓励修建符合全球气候变化目标的建筑。

重工业的低碳转型还处于极早的阶段，所以任何一个具备足够的工业能力、资源和政治意愿的国家都可以通过示范、试验零排放技术来显著推动全球重工业转型的进程。但是，要让这方面的转型积攒起强大的势头，进而影响全球市场，那就必定需要一些关键国家的参与。中国和印度的钢铁和水泥产量分别位居世界第一和第二，美国和德国则是全球化学品生产的佼佼者。

为成功而组织

对于每一个排放温室气体的产业，只要妥善规划，我们就可以经历各个转型阶段，推动国际协定逐步变得更有力度和深度，从实验主义的学习到协同行动，最后到订立契约。我们可以由此重现第十七章介绍过的安全、贸易和环境领域的国际合作成功案例。

为此，我们还需要一样关键的东西：机制，也就是各国政府可以会面、讨论、谈判、达成约定的平台。2019 年，当戴维·维克托、弗兰克·吉尔斯还有我评估气候变化外交的现状的时候，我们最惊讶的是，我们需要的机制几乎都不存在。

毫无疑问，气候变化合作是个很热闹的领域，双边项目数不胜数。既有行业领先的跨国商业集团、投资者集团、"高减排目标国家联盟"，也有大量的同盟和伙伴关系。其中许多集团的确成果斐然，取得了实实在在的进步。

但是，许多产业显然还缺乏足以真正促进合作的机构。某些产业的企业领导缺少政府的协助。还有一些产业则是西欧与美国已经有所行动，但是还需要新兴经济体也参与进来，因为后者的产业和消费者对全球市场发展的影响越来越大。由于每一个联合国气候谈判主席国都会提出一系列新的优先事项，每年的大会和某位首席执行官说的一样，更像是"提出倡议的节日"，而不是促成长期的实质性合作的机构。

土地利用领域缺少毁林相关商品的主要生产国和消费国的论坛，因此无法让他们坐在一起协商要采取怎样的行动来促使全球市场走向可持续发展。农业领域最接近这种论坛的机制是全球农业温室气体研究联盟（Global Research Alliance on Agricultural Greenhouse Gases，GRA）。顾名思义，GRA 支持研究方面的合作，但并不讨论应该怎样利用每年数千亿美元的农业补贴鼓励保护生态系统，而非摧毁生态系统。GRA 成立之时，各方决定把这种问题排除在讨论范围之外，因为各成员国认为农业政策这个话题"太敏感"。

交通领域的情况也不甚乐观。主宰半个全球汽车市场的三大区域的交通部长并没有论坛可以坐在一起定期讨论如何才能合作推动零排放汽车转型。他们从未讨论这个话题。2017 年，英国政府正在考虑要在何时禁止销售新的汽油和柴油车，某些在英国开设工厂的跨国汽车企业便威胁称，假如我们把时限定得太早，它们就要把生产转移到其他国家。如果我们当时能够和其他国家协同行动，我们也许就能让这些汽车企业无处可去，然而我们压根没有可以开展这种讨论的国际论坛。可以说，英国在气候变化外交方面是全世界最积极的国家。早在十多年前，我们就在全世界的使馆中设立了气候与能源专员。但是因为没有合适的合作机制，我们只能完全单方面地执行这项政策决定。

航运和航空业有国际海事组织和国际民用航空组织这两大历史悠久的机构。各国会在这两大组织中集体制定规则。然而，这两大组织是为了合作解决安全和保障问题而成立的。几乎所有国家都参与的情况不利于深入探讨针对性合作，推动低碳转型起步。目前，二者在气候变化方面都只促成了浅层次的合作：制定目标、提高化石燃料船舶效率的措施以及抵消航空排放量增长额的计划。供少数国家合作测试、应用这两个产业的零排放技术——促使转型开始的关键步骤——的机制尚未成立。

钢铁、水泥和塑料等重工业部门到 2019 年还没有出现有效促进零排放技术的示范和试验或者为这些技术的应用创造市场的政府间合作组织。2019 年印度和瑞典成立的产业转型领导集团（Leadership Group for Industry Transition）横跨多个产业，也有不少国家参与，或许可以成为这种论坛，但是暂时我们还无法下结论。

电力产业是气候变化合作最多的经济部门，有好几个活跃的国际组织，包括国际能源机构、国际可再生能源机构和人人享有可持续能源组织。可尽管如此，到了 2013 年至 2016 年，G20 以及受其影响的那些多边开发银行给可再生能源项目的国际资助仍然只有 250 亿美元，少于煤炭项目的 380 亿美元。而且，虽然有各种各样的活动，但是到 2019 年，依然没有哪个国际论坛致力于讨论如何逆转这种不平衡的局面，确保我们不再继续新建燃煤电厂。

只要秉持自我批判精神客观地看待，我们就会发现，自 1979 年日内瓦世界气候大会以来，气候变化国际合作已有四十年历史，但是目前的局面竟然是这样的：大多数产业缺乏必要的机制；各大经济体即使是在协同行动的收益唾手可得的领域也在各自为战；关键领域的政策被认为"太敏感"而不得讨论；促进高排放产业的针对性合作的组织才刚刚出现。委婉地说，我们似乎错失了良机。

从某些角度来看，国际社会的确在努力应对气候变化——针对全球目标培养共识、督促彼此达成减排目标、商定核算程序、投资双边合作，并且宣传、发明、交流、分享所有想得到的务实解决办法。但是从另一个角度来看——涉及有可能急剧加快全球经济变革的那种有效的合作——我们才刚刚开始尝试。

本章描述的外交方法并不容易落实。真正的合作从来都是困难重重。但是用其他的任何一种方法去追求我们共同的气候变化目标都很可能会更加困难得多，甚至完全不可能实现。

推动低碳转型就像是要让一艘油轮掉头：你必须克服强大的惯性。想要提高速度那就必须在找对方法的同时付出很大的努力。要知道，即使是低碳转型进度最快的产业，要达成《巴黎协定》的目标，我们也需要非常大幅度地提速，所以才有一些顶尖专家质疑其可能性。形势确实极其严峻，想要以足够快的速度实现全球经济所有高排放产业的低碳转型就像是要同时让一整个油轮船队掉头。至少，如果所有船员通力合作，我们或许还有一线希望。

亡羊补牢，未为迟也

在我参加的第一次联合国气候变化谈判上，主席曾经询问哪个国家愿意主办下一次大会，没有人举手。回到我们的办公室以后，我问我们的代表团团长和他的得力助手："我们怎么样——我们能办吗？"

英国是最早在联合国呼吁应对气候变化的国家之一，英国科学家也是建立 IPCC 的主力。也是英国经济学家率先论证了采取行动的成本低于不作为的成本。当时，在发达国家中，只有英国履行了承诺，将国民总收入的 0.7% 用于国际发展援助，而且其中有不少是用来帮助各国应对气候变化的。世界各国广泛承认英国外交部门应对气候变化的态度是全世界最积极的。英国的很多大使馆都有专门的气候与能源专家。但是，英国为什么不主办气候变化大会呢？

"你疯了吗？"他们回答，"绝对不行！"主办联合国气候变化"缔约方大会"（Conference of the Parties），也就是"COP"的成本很高。组织这样的会议极其烦琐，外交方面的不利因素也多于有利因素。只要与会的将近 200 个国家和地区没能达成共识，主办国——谈判的主持方——就很有可能遭到指责，就像 2009

年大家普遍认为哥本哈根会议失败以后，丹麦受到指责那样。
与此同时，谈判取得的任何成果也很有可能遭到怀疑和批评，
因为和严峻、紧迫的气候变化危机相比，任何成果都难免显得
无济于事。

各国可以为了促进气候变化国际合作而主动承办 COP，同
样也可以为了阻碍合作而主办大会——利用主席的身份降低自己
不愿意看到的结果出现的可能性。或者，各国也可以为了证明自
己在国际舞台上的重要性而承办大会。这方面有点像是举办奥运
会。这些理由曾经都不足以说服英国主动报名。

到了 2019 年，有两件事发生了变化。首先，英国国内的气
候变化政治变得更加积极了。社会的担忧程度日益上升，相关的
社会活动愈发流行。就连孩子们都走上了街头，参加抗议，响应
格蕾塔·通贝里的未来星期五运动。民调显示，女性和年轻人尤
其重视气候变化，想要政府对此有所作为。另外，在国际上，英
国脱欧的决定使得许多人质疑我们是否还奉行多边主义。要重新
展现英国对于解决国际问题的积极作用，气候变化基本就是最合
适的问题了——在这个问题上，英国的战略利益是明确的，英国
在国内采取的措施有目共睹，同时英国的国际关系也相对良好。

COP 的主办权是在地区间轮换的，2020 年轮到"西欧及其
他"——这个名称可能听起来比较模糊，但是在联合国官僚机构
的地图册里有明确的定义。意大利已经主动报名，但在政府换届
之后有些迟疑。英国报名较晚，但是理由充分。即使是受够了脱
欧闹剧的欧洲国家也认为让英国的外交机器来负责这次普遍认
为相当重要的气候大会是有好处的——这将是各国第一次接受考
验，履行《巴黎协定》中每五年提高一次减排目标的承诺。于
是，在有些含糊地表示英国将与意大利联合主办以后，各国决定

由英国来举办《联合国气候变化框架公约》第二十六次缔约方大会"COP26"。

将理论付诸实践

COP 主办国的正式职责是组织一场大会，并且主持《联合国气候变化框架公约》谈判。而私底下，同样重要的是，主办国还有机会影响这次气候变化国际谈判。主办国有大于普通国家的召开会议的权力，并且可以利用这种权力发起一些新的国际讨论，提议发表联合声明或者倡议就本国关心的气候变化问题开展务实合作。

在确认将担当下一届主席国以后，英国很快就决定，除了正式的职责以外，还要开展五大"运动"，促使各国尝试加大力度应对适应和复原力、能源、自然、交通和金融这些实际问题。

这样做有两大原因。负面原因使我们不得不分散下注。我们会在正式谈判中尽最大努力促成协定，但是我们无法保证自己不会重蹈前两次 COP 的覆辙，未能就《巴黎协定》实施细则达成共识。我们也会不屈不挠地劝说各国在各自的国家自主贡献中提出更高的减排目标，然而我们的影响力是有限的。最终的目标很有可能平平无奇。我们需要用多方下注的方法尽量确保我们能够取得某种形式的成功。

正面原因则是我们对下一阶段的气候变化外交的设想。此前数年，我们一直在发展"弃用煤炭发电联盟"，想要通过这一国际运动逐步淘汰煤电。这场运动已经说明，务实合作、明确的表述、针对性政治参与，再加上企业、投资者与非政府组织的协同行动可以取得显著的成效。我们也在"创新使命"（Mission

Innovation）的秘书处主持工作。"创新使命"是大约二十个国家组成的集团，致力于合作研发清洁技术。集团官员之间的话题越来越不仅仅局限于研发方面的合作，而是逐步开始设想给新技术创造、扩大全球市场。最后，我们已经修订了国际气候变化战略，采用了上一章介绍的那种方法。我们明确了全球温室气体排放是系统转型问题，认为必须在每个排放温室气体的产业中开展针对性合作才能加快进程。更有针对性的国际合作同样有助于解决适应和复原力问题，引导全球资金流动更好地支持国际社会达成气候变化目标。

我不会介绍英国在适应和应对或者金融方面的努力，因为我的工作重点，同时这本书的重点都是全球温室气体排放问题。作为英国政府"COP26 小组"的一员，我的工作是针对全球经济中排放温室气体的三大产业开展运动。接下来的三章就会介绍这些运动的具体情况。

我们把目标局限在三个排放温室气体的产业是因为过度分散政治资本有害无益，我们必须集中力量才有希望取得进展。我们选择产业有三条标准：占全球排放量的比例、通过国际合作加速进步的潜力以及从我国的国内政策和国际关系来看，英国担当号召者的说服力。这三个集合的交集就是电力产业（"能源"）、道路交通和土地利用（"自然"）。

新型冠状病毒大流行导致 COP26 延期一年。所以，原本预计为期一年的运动有了两年时间。相比过去四十年气候变化外交缓慢演化的大背景，这只是非常短暂的一小段时间。想要充分了解有针对性的国际合作对系统转型的影响，我们所需的时间很可能要长得多。但是，我希望在不过度解读我们这段时期的经历的同时，我们朝着这个方向做出的尝试可以为将来提供有用的经验——无论是成功经验还是反面教训。

需要说明的是，我不是在说英国是第一个想到气候变化领域的务实合作会有良好效果的国家。早在联合国谈判的一开始，欧盟就曾经倡议商讨每一个产业的具体政策、措施，但是这个方法遭到了美国的强烈反对，也没能获得其他大多数国家的支持，只得到了小岛屿国家的赞成。●2010 年，美国自己（另一届政府）牵头组织了清洁能源部长级会议（Clean Energy Ministerial），邀请各大国在完全与联合国谈判无关的体系下会面商谈务实合作。

为什么这些努力此前没能成为主流？在早期的谈判中，许多国家很担心自己会被迫采取某些具体政策。● 在包含全世界所有国家，并且同时讨论所有产业的谈判中，这种方法是不太可能成功的。哪怕参与谈判的国家数量较少，各方也需要花时间建立互信和理解才能协同行动。后来，同侪压力和整个经济体的减排目标成了举世瞩目的外交焦点。这种方法随即具有了自我增强的惯性。政府和公民社会中某些强烈支持应对气候变化的人甚至对尝试务实合作的做法产生了戒心，认为这样会分散大家的注意力，妨碍制定重要的整个经济体的减排目标。美国的乔治·W. 布什政府这样的政府的自私举动助长了这种忧虑，但是结果非常不幸：为了避免大家分散注意力，不去执行一种效率低下的方法，我们没有集中力量执行一种原本可能卓有成效的方法。

随着英国在 2020 年年初成为 COP26 主席国，一些重要的背景因素发生了变化。在 21 世纪中叶前后实现"净零"排放的目标开始成为所有国家的共识——这股新潮流或多或少可以归功于

---

❶　奥伯图尔（Oberthür）与奥特（Ott），2011。

❷　同上。

IPCC 和联合国谈判进程。虽然近期的排放目标仍旧是上升而非下降的，但是对于最终目标的共识的增强为探讨"我们要怎样达成目标"创造了更大的政治窗口。在联合国谈判中，"必须从谈判到实施"已经成了老生常谈。或许最重要的是，太阳能发电、风电还有电动汽车的迅速进步证明了清洁技术可以变得更加廉价，并且在某些方面胜过化石燃料技术。这就让协同行动的收益变得比过去更加清晰可见。如果说在气候变化外交中采取有针对性的方法的理由和过去一样充分，那么这些背景变化则进一步增大了这种方法成功的可能性。无论如何，只要这种方法最有可能成功，那就是亡羊补牢，未为迟也。

2021 年 11 月，COP26 终于到来，全世界所有国家的代表会聚在格拉斯哥的克莱德河岸边庞大的会议中心里。一群群官员在走廊上一边赶路，一边仓促地吃三明治。产油国和重视声誉的企业集团在奢华的展览会上炫耀自己最新的技术。执着的活动人士则冒着寒冷的雨水，在竖着路障的街头游行。会议中心外面显眼地立着一辆古老的起重机的巨大残骸，它曾经负责把蒸汽发动机运到船上。这次联合国谈判的媒体报道最显眼的背景则是破旧的基础设施。相比之下，不太明显的是，在更低一些的地方，新的基础已经打下。

从煤炭到清洁能源

在 COP26 的各国代表齐聚克莱德河畔的两百年前，这里曾经是全世界造船业的中心。煤炭动力船舶从这里出发，横跨大洋，将煤炭动力火车和这场化石燃料驱动的工业革命生产的其他机器运往全世界所有大陆。这里完全有资格自称参与孕育了全球经济和高碳化石燃料之间的纠葛。直至今日，二者才刚开始分离。2021 年，同样是在这里，全世界所有国家第一次共同讨论了淘汰燃煤发电——目前占比第一的发电方式。

＊＊＊

电力产业——发电——是消耗最多煤炭、排放最多温室气体的经济部门，占全球排放量的大约四分之一。就应对气候变化而言，其重要性甚至大于这个比例，因为其他许多产业很可能要用清洁电力来替代一部分化石燃料，包括交通、工业和供暖。

尽管太阳能和风力发电在世界各地取得了惊人的发展，但是电力产业的全球排放量依然是上升，而非下降的。这是因为经济增长导致了电力需求增长的速度大于电力供应脱碳的速度。煤炭是问题的关键，它是高碳化石燃料，每单位能量排放的碳最多。全球电力产业超过 70% 的碳排放源于煤炭。

要把煤炭赶出电力产业，我们就必须完成两件事情。首先是要停止雪上加霜。大约有四十个国家和地区仍有计划新建燃煤电厂。这些新的燃煤电厂会在未来几十年内喷云吐雾，产生更多排放。虽然可再生能源现在成本更低，但是某些国家依旧看中了煤电规模大、融资成本低、供电稳定的优势。其次是淘汰现有燃煤电厂，将其替换成某种清洁能源。这项任务在以煤炭为当地经济核心的地方尤其难以执行，因为当地往往有大量就业岗位甚至很高比例的地方政府收入都离不开煤炭产业。

我们的运动目标和这两个问题是对应的。为了阻止新建燃煤电厂，我们需要确保，在所有国家考虑新建燃煤电厂的时候，清洁能源投资的选择都更有吸引力。我们最好可以截断新建燃煤电厂的国际融资渠道，降低这个选择的吸引力。为了淘汰现有燃煤电厂，我们需要发达国家以身作则——它们有这样做的道义责任，同时也由于其电力需求几乎不会增长而更有相应的能力。为了帮助新兴经济体也朝着相同的方向前进，我们不仅需要为其电力市场改革提供技术援助，而且需要帮助其克服转型中现实的社会和资金障碍。在英国担任主席国的两年间，我们就围绕着这四条行动路线组织了运动。

让清洁能源成为最有吸引力的选择

负责"人人享有可持续能源倡议"的联合国秘书长特别代表达米洛拉·奥贡比伊（Damilola Ogunbiyi）是我在运动期间最早见到的人之一。其实她当时在会见英国驻联合国大使，我是恰好在附近才加入的。英国大使按照伦敦官员发给她的简报询问达米洛拉，我们怎样才能说服非洲国家应该和其他所有国家一样，在

COP26 召开之前提出更高的减排目标。达米洛拉强硬地把球踢回到发达国家这边：非洲的人均排放量非常低，而且这块大陆的贫穷人口已经深受气候变化的危害，为什么世界上其他地区不能多承担一些责任？我尝试提出我们的运动目标：如果我们设法确保所有考虑新建燃煤电厂的国家都能得到足够的援助和投资，让清洁能源变成更有吸引力的选择呢？达米洛拉精神一振，在座位上向前靠过来："对！这就是我们该做的。"走出大使的办公室以后，她看见一间没人的会议室，建议我们再坐下来谈谈。"来，"她说，"我是个务实的人。我们来谈谈这件事该怎么办吧。"

把这个想法付诸实践的工作过程让我想起了据说是作家波尔·安德森（Poul Anderson）说过的那句话："无论原本多么复杂，我从未见过哪个问题在用正确的方法看待以后不会变得更加复杂。"清洁能源转型的国际援助已经非常丰富。从某些角度来看，问题反倒是援助太多了。在我们研究的十五个发展中国家中，我们发现有六百多个正在进行的电力产业国际援助项目。受援国政府显然很难搞清楚这么多互相重叠的项目的情况。援助国政府也往往很难得知项目的进展如何。很多耗资数千万美元的项目仅在技术层面与政府合作，并不开展政治对话，讨论清洁能源转型的速度问题。

我们肯定不是最早发现需要统筹协调的人，但是我们的确看到了前人的努力还有更上一层楼的空间。国际社会想来应该可以提供更加协调一致的援助，提出更加明确的政治要求，并且促进需要援助的国家和愿意提供援助的国家开展更加有效的对话。其他人看起来也同意，所以我们为此成立了能源转型委员会：旨在通过合作加快清洁能源转型，由主权国家、多边开发银行和具备能源方面专业知识的国际组织组成。

达米洛拉和即将召开的 COP 的主席阿洛克·夏尔马（Alok Sharma）一同被选为能源转型委员会的共同主席。她有接受发展援助的经验，所以非常适合领导委员会的工作。她曾经是尼日利亚农村电气化局的负责人，需要优惠融资来着手将家庭和村庄与清洁能源连通。她有八年时间多次去华盛顿为了一点微薄的资金大量填写表格，最后才得到有实际意义的援助。其他发展中国家的部长告诉她，他们也苦于申请援助的复杂流程、不确定性和延误。于是，我们设立了委员会的快速反应机制。参加委员会的国家和组织专门划拨了一部分资金和专家。每当有发展中国家求助，委员会都能在几周之内，最多几个月内提供援助，而不必耗费数年之久。这只是一小笔基金，但可以帮助各国从更大的基金那里获得援助。

委员会耗时数月在发展中国家举行了一系列深入讨论。这个过程中我们发现的奇特之处在于，虽然所有国家都是从煤炭到清洁能源这场全球转型的参与者，但是每个国家都既有自己独特的推动全球转型的方式，也有自己具体的援助需求。

摩洛哥修建了全世界第一座集中式太阳能发电厂，并且对其丰富的阳光资源充满信心，所以打算成为最早一批实现 100% 可再生能源的国家，承诺到 2030 年达成该目标。摩洛哥需要智能电网方面的帮助，以便将太阳能生产的电力都整合起来。孟加拉国已有相当可观的太阳能发电装机容量，但是其国土面积有限，所以希望得到帮助，创造海上风电的市场。越南也有此意，因为越南的电力需求正在快速增长，同时越南的海岸线很长。老挝没有海岸线，但是其境内的高山与河流蕴藏着丰富的水电资源。在雨季，老挝可以对邻国出口电力，但是到了旱季则只能进口，所以当务之急是改善区域电网互联条件。

尼日利亚用不上电的人口几乎是全世界最多的。他们想通过大规模太阳能住宅项目来改善这种状况，这样就不必开采本国丰富的煤炭储备了。印度尼西亚已经建造了很多燃煤电厂，但是现在有意加以改造，比如可以利用本国异常丰富的地热能资源。巴基斯坦已经做出了领先世界的承诺，宣布不再新建燃煤电厂。为此，他们希望得到储能方面的援助，用以维持清洁能源的基载电力。

最好的讨论需要参与者——友善、尊敬地——把彼此调动起来。国际援助国询问是否真有必要新建那些规划中的燃煤电厂。发展中国家质疑它们得到的援助是否真的有效。专家分辨了真正的问题和想象中的问题。当地非政府组织分辨了国家利益和企业利益。各方一起更加确定了真正的障碍究竟何在，无论是政治、资金还是技术方面的障碍。然后，我们就能采取行动，快速跟进，或是通过快速反应机制，或是借助于进行中的更大的项目。

快速跟进不仅是送上及时雨，可以产生实际的好处，而且可以建立各方对于对话的信心，证明能源转型委员会不是只会空谈的机构。

后来，我们把这些国家和组织召集起来一同评估进展。我们发现，讨论的形势有了明显的转变。起初，绝大多数国家只愿意讨论增加清洁电力的问题，一般是在请求帮忙调动私人投资。现在，许多国家也在敞开讨论弃用煤炭的问题。经济情况正在转变：在最先进的市场中，新建太阳能发电厂和风力发电场的成本日益低于继续往既有发电站运输煤炭的成本。有些国家希望得到帮助，重新协商长期购电协议，以便弃用煤电，采购可再生能源生产的电力。还有国家积极赞成亚洲开发银行设立新基金资助燃煤电厂提前退役的构想。也正是因此，COP26上公布了亚开行和印度尼西亚、菲律宾签订的全世界最早的一批资助燃煤电厂提前退役的协议，树立了全球清洁能源转型的新里程碑。

另一件不太热门的事情是电网互联的经济情况也有所转变——国际电力贸易的基础、连接各国能源系统的高压电缆。随着高压电缆的技术改进，远距离连接的经济成本越来越低。这种电网连接有潜力帮助我们平衡充满了各种可再生能源电力的电网，降低储能需求。

有很多国家想要抓住这个机遇，但是兴趣最浓厚的当属印度。印度总理纳伦德拉·莫迪有一个他称作"一个太阳、一个世界、一个电网"的构想：既然太阳每时每刻都照射着地球的某些区域，那为什么不在所有地方都修建太阳能发电厂，然后用一张巨大的电网把所有电厂都连接起来呢？第一步可以是把阳光充足的阿拉伯半岛的太阳能发电厂和南亚缺乏电力的人口密集地区连接起来。我的同事威尔·布莱思（Will Blyth）同时抱着对宏大远景的追求和官僚的渐进作风，在世界银行的支持下发起了可行性研究的委托，想要评估这第一步究竟是否可行。研究显示，从理论上看，这的确是可行的。与此同时，非洲和亚洲开发银行确定了本区域内存在许多改善电网互联条件的机遇，但是也发现，这些机遇大多面临政治参与不足的障碍。这些讨论的最终成果就是COP26上提出的新的全球"绿色电网倡议——一个太阳、一个世界、一个电网"。该倡议得到了八十多个国家和地区的支持，将同时运用政治、资金和技术杠杆，促使全球电网更加互联互通。❶

---

❶ COP26。《绿色电网倡议——一个太阳、一个世界、一个电网：一个太阳宣言》（ Green Grids Initiative – One Sun One World One Grid: One Sun Declaration ）。

尽管这些工作都会持续扩大清洁电力的规模，但是我们也需要截断国际资金流向新建燃煤电厂的渠道。公共投资危害尤甚，因为公共投资可能会让投资新建燃煤电厂和双边外交关系联系起来，导致一个国家更难改变主意。在英国刚当上 COP26 主席国的时候，只有中日韩还在给新建燃煤电厂提供跨国公共投资。到了 COP26 召开之时，它们都已承诺要终止这方面投资。

看起来，最后的成果要归功于专家之间的私下讨论和国际峰会召开前的同侪压力。中日韩三国的专家互相做出了某种程度的保证，说他们都在朝着同一方向前进：如果有一个国家进度更快，其他两个国家不会抢占商机。峰会是各国展现领导层能力的机会，同时也有可能导致某些国家遭到孤立。韩国选择了前者，在 2021 年 4 月美国主办的峰会上宣布不再给煤电提供国际投资。❶一个月后，日本迫于压力，在 G7 环境部长会议上接受了各国对该问题的共识。❷2021 年 9 月，习近平主席在联合国大会上宣布中国"不再新建境外煤电项目"。

我们的运动顺应了转型的潮流，在我们力所能及的地方额外推了政界一把，增强了技术和经济变革的势头。想到国际能源署明确声称所有国家都应该效仿巴基斯坦领先世界的"不再新建燃煤电厂"的承诺，我们着手联系了尽可能多的伙伴，希望他们也宣布要贯彻这条简单的原则。不知是因为清洁电力的经济情况有所改善还是因为煤电项目无法再获得廉价的融资，抑或还有其他

---

❶ 《韩国总统文在寅承诺停止资助海外新建煤炭项目》（*S. Korea's Moon vows to end new funding for overseas coal projects*）。

❷ Climate Home News。《G7 承诺，为"保住 1.5 摄氏度的可能性"，2021 年开始不再投资未减量煤炭》（*G7 commits to end unabated coal finance in 2021 to "keep 1.5C within reach"*）。

独特的原因，一系列"不再新建燃煤电厂"的承诺开始出现。巴基斯坦之后是菲律宾，然后是印度尼西亚，再是马来西亚，接着是斯里兰卡和智利，最后则是大约二十个国家在 COP26 上做出承诺。某些承诺还有保留条件（印度尼西亚的承诺要到 2023 年才生效，而菲律宾对承诺的描述是"暂停"），但是显而易见，一种新的全球标准正在形成。

弃用煤炭发电

虽说全世界在取消新建燃煤电厂管道方面取得了进展，然而更大的挑战却是淘汰现有燃煤电厂。我们的分析显示，发达国家想要达成气候目标就必须在 2030 年之前彻底淘汰煤电。这也正是我们提出的要求。

弃用煤炭发电联盟从 2017 年开始就在朝着这个目标努力，并且已经说服了不少国家、州、城市、公共电力事业公司、银行和投资者。在 COP26 前夕，联盟继续发展壮大。新加入的成员包括智利、克罗地亚、秘鲁、新加坡、西班牙、汇丰银行和瑞士再保险公司。到 COP26 闭幕之时，联盟成员已经涵盖了经济合作与发展组织与欧盟中将近三分之二的成员，同时也包括遍布所有大洲的发展中国家以及资产超过 17 万亿美元的多家金融机构。❶

然而最需要争取的是 G7：这七个国家占全球经济的将近一半。其一举一动举足轻重，代表着发达国家领导层的判断。要让 G7 承诺到 2030 年逐步淘汰煤电确实是非同小可，但是既然英国

---

❶ PPCA。《PPCA 新成员在 COP26 上共同行动"让煤炭成为历史"》（*New PPCA members tip the scales towards "consigning coal to history" at COP26*）。

这时候同时是 G7 和联合国气候谈判的主席国，我们觉得不妨试一试。我们知道 G7 当中有三个国家比较难做出这种承诺。德国已经承诺要逐步淘汰煤炭，但是他们定的时限在 2038 年。这个时间是多方对话的结果。参与者包括采煤社区、工会、气候科学家、企业以及地方和联邦政府。除非德国面临遭到孤立的风险和巨大的压力，否则他们不太可能把时间往前提。日本虽然已经在名义上承诺了要在 2050 年以前实现整个经济体净零排放，但是在可见的未来，他们仍旧打算使用大量的煤电。日本面对的难题是核电应用充满了不确定性。核电曾经是日本的计划中的核心，但是 2011 年福岛发生灾难以后，公众对核电的态度急转直下。要说服日本，我们必须和美国齐心协力，一同施压。

在美国，尽管特朗普政府竭尽全力鼓励煤炭复兴，但是特朗普总统任内美国燃煤电厂关闭的速度甚至超过了奥巴马总统执政时期。煤电遭到了廉价的可再生能源和廉价天然气的两面夹击。2020 年 11 月拜登当选总统让我们非常希望美国政府会再次发挥积极的作用。

拜登曾在竞选时承诺要在 2035 年以前实现 100% 清洁电力。那我们自然可以推测煤电的淘汰要早于这个时间（除非辅以碳捕集与封存，这是我们始终要考虑的）。不幸的是，2020 年选举以后，民主党与共和党在美国参议院分别占有 50 个席位，所以只要有一个民主党参议员选择反对，拜登政府就无法通过立法。美国的气候政治因此变得十分微妙。来自西弗吉尼亚州的民主党参议员乔·曼钦（Joe Manchin）的家族企业是向发电厂出售煤炭的。❶他已经相当充分地表明了自己的立场。美国政府不希望

---

❶ Z. 阿利姆（Aleem），2021。

大量投资发展清洁经济的提议遭到反对，所以决定不冒险给出淘汰煤炭的明确时间。因此，G7 明确承诺淘汰煤电的时机未到。2021 年，我们能在 G7 那里得到的最接近的承诺是"在 21 世纪 30 年代"实现"电力系统基本脱碳"。可见转型确实可能遭到各种各样的因素的阻挠。这种时候应该让比尔·克林顿的竞选负责人说："这就是政治经济学，笨蛋。"

公正转型计划

大多数大型新兴经济体还没有准备好讨论淘汰煤电的问题，但是它们至少在准备减少使用煤炭。中国和印度应用可再生能源的目标越来越高。两国都有兴趣不张扬地讨论如何处理失去数百万煤炭产业工作岗位的问题。这个过程在所难免，而且已经开始。2021 年 10 月，面对煤炭供应短缺问题，中国进行了电力市场化改革。煤电价格可能会因此上升，甚至高于可再生能源电力。❶

南非比较特殊，因为他们已经准备好认真探讨煤炭转型，并且强烈呼吁国际社会认真地为其提供支持。南非的情况非常紧迫。南非的国有公共事业公司电力供应委员会（Eskom）生产了南非 95% 的电力，但严重亏损，债台高筑，所以高盛说它是"南非经济的最大风险"。由于缺乏投资，老旧的燃煤电厂也不可靠，南非经常停电，国内的各行各业都深受其害。南非某些最贫穷的地区严重依赖煤炭产业提供就业岗位，但是机械化采矿已经引发

---

❶ Carbon Brief。《分析：电力短缺可能会怎样"加快"中国的气候行动》（*Analysis: How power shortages might "accelerate" China's climate action*）。

了长期的下岗潮。

2019年9月，南非总统西里尔·拉马福萨向国际社会提出挑战。在联合国秘书长主办的气候峰会上，他对全世界宣布，为了接下来十年的减排，南非拟制定"公正转型计划"。计划包括混合金融工具和公正转型基金，并且要涉及弃用旧燃煤电厂、显著增加可再生能源发电装机容量、资助大规模区域发展项目和电力产业的金融稳定。❶ 在此之前从未有任何国家领导人提出如此大胆的淘汰煤炭的构想。此外，这项计划明确呼吁国际支持。

拼图的碎片已经齐全，我们可以想见它们会怎样组合在一起。优惠融资有助于可再生能源发电取代燃煤电厂。更廉价的可再生能源发电有助于电力供应委员会扭亏为盈。赢利能力提升有助于重新融资，清偿旧债，而且新债的利率有可能更低。储蓄金或利润的一部分可以再投资区域发展项目，为放弃煤炭的社区提供新的就业岗位。这项计划是有道理的，但是其中涉及的各方都面临着政治和金融风险。在两年时间里，南非和少数援助国之间的谈判时起时伏。至少对英国而言，我们愿意继续的原因是我们觉得要尽可能实现全球电力产业脱碳，那就必须抓住问题的要害：债务、工作岗位和以煤炭为中心的地方政治。而且，既然南非总统有勇气提出一项计划，请求帮助，那国际社会最好迎难而上。

最终，我们达成了一项可以在COP26上公布的协定。在与南非的"公正能源转型伙伴关系"中，英国、法国、德国、欧

---

❶ 《2019年9月23日南非总统西里尔·拉马福萨在联合国秘书长的气候峰会上的声明》(*Statement by H.E. President Cyril Ramaphosa of South Africa to the United Nations Secretary-General's Climate Summit, 23 September 2019*)。

盟和美国承诺初期拨款 85 亿美元，并且提供优惠融资，支持拉马福萨提出的全面转型方案。❶ 拉马福萨本人称之为"分水岭"。"南非，"他说，"一贯强调发达经济体必须支持发展中经济体的公正转型。（这）是前所未有的伙伴关系，可以将这些承诺变为现实，并且给全球类似的合作形式树立榜样。"❷ 庆祝还为时过早：细节仍有待商榷，而且落实伙伴关系很可能不会一帆风顺。但是这项协定几乎肯定是拓宽了我们的思路。除拉马福萨以外，还有其他人也认为该协定确立了值得效仿的先例：我们刚从格拉斯哥回来就有另一个大型新兴经济体联系了我们的大使馆，询问应该如何商谈类似的协定。

比较不为人知的是，为了孕育出第一个致力于帮助世界各国加速弃用煤炭的全球项目，英国和其他的少数援助国也在支持六家多边开发银行（MDB）的合作倡议——气候投资基金。这项基金旨在支持经济与社会发展规划、劳动者再培训以及包括土地和发电厂在内的煤炭基础设施的重新利用。❸ 印度、印度尼西亚、菲律宾和南非在格拉斯哥被公布为第一批参与该项目的国家。这个项目的规模和南非的公正转型计划不同，但是它可以给未来更加宏大的计划打好基础——尤其是考虑到多边开发银行可能会因此把数额远大于清洁能源融资的一般开发贷款用于帮助最依赖煤炭的那些社区抓住新的经济机遇。

---

❶ 欧盟委员会（European Commission），2021。

❷ 《南非 85 亿美元融资方案为放弃煤炭树立榜样》（*South Africa $8.5bn finance package offers a model for ending reliance on coal*）。

❸ 气候投资基金（Climate Investment Funds）。《加快煤炭转型》（*Accelerating Coal Transition*）。

格拉斯哥，受挫但是仍有希望

气候变化政策是在持续变化的。大多数国家不会等到国际会议召开以后才去制定政策。话虽如此，只要事先做好准备，全球参与的活动依然可以在某些时候充当强迫机制。随着我们的运动步入最后阶段，我们希望利用COP26来尽可能让全球领导人做出更多的政治承诺。我们无从得知各国还有多少加快从煤炭到清洁能源转型的政治意愿。唯一的办法就是提议发表声明。

发表联合声明的艺术在于把握合适的难度。太难则没有国家会支持；太简单则缺乏意义。在我们的《全球煤炭向清洁能源转型声明》中，我们把淘汰煤电的时间定为"主要经济体在21世纪30年代（或此后尽快）、全球在21世纪40年代（或此后尽快）"。[1]这个目标略微低于达成《巴黎协定》的气温目标所需的水平，但大幅高于大多数国家此前做出的承诺。我们听说这项声明至少引发了一个大型新兴经济体的总理和能源部长的争论，所以我们觉得这个目标是合适的。我们也允许各国部分赞同这项声明。这样一来，那些无法承诺淘汰煤电的国家至少可以承诺"不再新建燃煤电厂"。

COP26召开的两周前，我们仍然不确定是否会有足够多的国家签署声明，让声明具备公布的意义。然后，到了最后一周，我们收到了格外多的确认赞同声明的电子邮件。"能源日"的前一天，波兰加入了。长期以来，波兰一直因为本国经济依赖煤炭而对欧盟的气候政策兴趣寥寥，所以波兰的加入堪称一大胜利。接

[1] COP26。《全球煤炭向清洁能源转型声明》(*Global Coal to Clean Power Transition Statement*)。

着，更加让人意外的是，新建燃煤电厂项目位居世界第三的越南同时承诺要淘汰煤炭，并且不再新建煤电项目。在我们的签名截止日期已过，而且我们的新闻稿都已经发出去以后，仍旧有更多国家陆续加入。印度尼西亚是在深夜加入的。韩国则是在"能源日"当天的早餐时间加入的。最后，一共有四十六个国家支持这项声明。其中超过二十个国家是第一次承诺要逐步淘汰煤电，而且里面有五个国家是全世界排名前二十的煤电生产国。

《中国日报》（China Daily）报道称这是"COP26 与会国承诺要'让煤炭产业成为历史'"。著名非政府组织专家、淘汰煤炭运动参与者克里斯·利特尔科特（Chris Littlecott）说此举"绝对是一大进步，而且在一两年前是根本无法想象的"。❶ 这肯定是超出了我们的预料。看起来，这是转型中自我加速的势头、政治运动、务实援助还有 COP 的强迫作用共同产生的结果。

有了这次成功的鼓励，我国谈判代表决定尝试另一件原本无法想象的事情，把承诺淘汰煤电写进正式的谈判文本，征求全世界所有国家的同意。这样做简直有些荒唐。三十年来，联合国谈判产生的所有文件都从未提及煤炭。G20 中就有成员试图商定逐步淘汰煤炭的提议迅速遭到否决。果然，这样的草案是行不通的，一些国家不予赞成。但是有一瞬间，形势看起来还是有一丝希望的。在最后的文本中，世界各国承诺"逐步减少"煤电。这是史无前例的一大进步。

并非所有人都感到满意。对于 COP26 在煤炭方面的成果，主要有两种批评。其中一种比较有参考价值，可以指导未来的行

---

❶ 《卫报》。《超 40 国同意淘汰燃煤发电》（More than 40 countries agree to phase out coal-fired power）。

动。另一种则差一些。

第一种批评是这些承诺还不够。在商定的文本中，世界各国并没有同意逐步淘汰煤电。我们这些在这场运动中努力过的人可能会想问一句，既然长达三十年的气候外交都缺乏成效，难道真能指望我们在短短两年时间内就取得多大的进展吗？但是这种反问无济于事。我们还没有解决气候变化问题。全球电力产业脱碳还有很长的路要走。为了完成目标，我们需要不断想办法提速，取得更大的成果。

第二种批评是联合声明"缺少让各国政府承担责任的机制"。这也是事实，但是在我看来，这种批评所指的方向不值得我们在意。不必去想怎样的"机制"才是实际有效的。迄今为止，电力产业转型的问题从来不是没能达成目标。截至 2020 年，全世界的太阳能发电装机总量已经达到了十五年前各国政府承诺的十倍以上。在《巴黎协定》达成之时，各国政府打算新建 2000 吉瓦的燃煤电厂，几乎和全世界已有的煤电装机容量相当，但是到了现在，它们已经改变了主意，取消了其中超过四分之三的计划新增装机容量。❶可见，只要采取正确的行动，目标根本不是问题。

所以，关键与其说是让彼此负责，不如说是互相帮助，给予彼此更大的信心、更多的选择。如果我们希望全世界以更快的速度进步，那就应该帮助印度实现洲际电网互联的梦想，并且帮助美国的某个人想办法把乔·曼钦赶出参议院。与此同时，我们还可以帮助 7.7 亿用不上电的人享受到清洁电力的好处，因为这现在已经是有史以来最廉价的电。

---

❶ 《客座文章：全世界的煤电管道是怎样锐减四分之三的》（*Guest post: How world's coal-power pipeline has shrunk by three-quarters*）。

进步固然重要，但是更加关键的是学会向前奔跑。为了提高效率，我们需要充分利用各种机构。我们在 COP26 上承诺要让能源转型委员会继续运行至少五年，并且让委员会和一个新的大型慈善基金形成伙伴关系。后者旨在帮助多边开发银行提高行动效率，迎接更大的挑战。2021 年早些时候，参加创新使命的二十多个国家也承诺要继续合作五年，而且英国、中国和意大利同意共同领导"创新使命"，展示 100% 依靠可再生能源运行的高效、安全的电力系统。我们的努力重点就应该是帮助诸如此类的倡议取得成功。

如果未来五年我们能够取消剩下的新建燃煤电厂项目，同时帮助世界各国增加清洁能源发电量；如果我们能够达成更多像南非那样的协议，支持大型新兴经济体更快地淘汰煤炭；如果我们能够示范储能、电网互联和灵活电网整合大量可再生能源电力的能力，那么到 21 世纪 20 年代下半叶，随着太阳能和风力发电加速爬上 S 曲线最陡峭的部分，我们还算有可能见到全球电力产业转型的进度符合《巴黎协定》的要求。毫无疑问，那是我们必须争取实现的目标。

从燃油到电动汽车

　　道路交通大约占全球温室气体排放量的十分之一，所以是排放量最大的产业之一。除此之外还有两大因素进一步增加了道路交通对扭转全球排放曲线的意义。道路交通正在逐步成为全球最大的电池市场。电池可以通过大规模生产改进质量，降低成本，进而可以通过储存风力和太阳能发电生产的电能来帮助电力产业脱碳。同时，道路交通也是全球最大的石油市场。如果我们能够快速缩小这个市场，那石油和天然气公司就不得不认真考虑多样化投资，在清洁经济中寻找新的机遇。

　　这些机遇使道路交通领域非常值得开展运动。可尽管如此，这个领域得到的关注却是比较少的。非政府组织更喜欢鼓励大家走路、骑自行车或者在有必要的时候坐公交车。国际气候资金援助国更喜欢把资金用于排放量更大的电力和土地利用领域。对于道路交通，他们提供的资金寥寥无几。导致这种现状的原因之一看起来是很多人认为零排放汽车转型会自然而然地发生。我已经多次听到有人断言政策对解决这个问题毫无意义。"业界正在引领这场转型，不是吗？政府很难跟上脚步！"

　　这种论调大错特错。没有政府的政策，路上不会有哪怕一辆电动汽车。电动汽车的生产成本依然高于汽油或柴油车，而且至少到最近为止，主要的汽车制造商出售的每一辆电动汽车都是亏本的。特斯拉的市值或许超过了福特或通用汽车公司，然而它当初是靠着美国能源部的贷款才起步的，现在能赢利也是因为加利福尼亚州的补贴。无论是在欧洲、美洲还是亚洲，汽车公司都是在政策的强制要求之下才向市场供应电动汽车的。

汽车公司的行为很容易迷惑旁观者。它们不是投入了大量的资金去研发电动汽车技术吗？它们不是一直都在推出新型电动汽车吗？对，没错。政策已经决定了转型在所难免，所以汽车公司要为将来做准备。没有哪家公司想落在其他公司后面。然而与此同时，大多数公司都在尽量延缓转型。从它们的视角来看，能够利用现有技术赢利的日子当然是越久越好。

汽车公司在布鲁塞尔争取欧盟放松市场监管力度的历史相当漫长。在英国，当我们考虑要明确规定在某个时间以后只许出售零排放汽车的时候，至少有两家跨国汽车制造商威胁要搬走目前在英国的工厂，解雇所有工人，并且公然把责任推给政府的政策。（幸好我们的各位大臣戳穿了它们虚张声势的把戏）在美国，当加利福尼亚州不顾特朗普总统领导下倒行逆施的联邦政府，执意推进转型的时候，通用汽车、菲亚特克莱斯勒、丰田和业界其他的很多公司都支持特朗普起诉剥夺加利福尼亚州自行制定标准的权利。❶

好消息是，管制可以产生强大的效果。欧洲的油耗标准已经严格到传统汽车很难达到的水平，这就强制推进了汽车电动化。

---

❶ 《洛杉矶时报》（*Los Angeles Times*）。《通用汽车、克莱斯勒和丰田在特朗普与加州的排放标准之争中支持特朗普》（*GM, Chrysler and Toyota side with Trump in emissions fight with California*）。

2020 年 1 月，欧盟最新监管政策的推行使电动汽车占汽车销量的份额从 2019 年的 3% 上升到了这一年的 11%。❶ 加利福尼亚州强制规定每家公司必须有固定份额的销量属于零排放汽车。加利福尼亚州的电动汽车占汽车销量的比例因此达到了全美国的四倍之高。❷ 中国各大城市也出台了强有力的政策。2019 年年初，上海街头行驶的电动汽车数量超过了整个英国。北京则超过了整个德国。❸

更好的消息是，这些主要市场的监管政策对其他市场也产生了深刻的影响。汽车是年产值 2 万亿美元的全球产业，由跨国公司主导，有高水平的国际贸易，还有复杂的跨国供应链。汽车制造商必须关注最大的市场的动向，并且加以应对。众所周知，日本公司再无成功的汽车设计就是因为它们不再符合欧洲的政策要求：不能卖到欧盟的汽车是不值得在全球生产的。

这个全球产业的未来掌握在少数监管机构手中。有十个国家占全球汽车销量的四分之三。如果这十个国家中足够数量的国家协同制定政策，推动电动汽车销量早日达到新车销量的 100%，那它们就很有可能改变整个产业的投资方向，促使电动汽车的产量快速提升，形成规模经济，进而快速降低全世界电动汽车的成本。

这就是我们的运动想要实现的协作收益。在我们刚刚开始的时候，最乐观的预测声称，到 2040 年，全球大约会有一半的新车销量属于零排放汽车。而分析显示，要让汽车产业符合《巴黎协定》的目标的要求，到 2040 年，零排放汽车必须占新车销量的 100%。我们想要尽可能说服更多的主要市场和全球汽车产业

---

❶　崔洪阳、D. 霍尔（Hall）、李晋与 N. 勒奇（Lutsey），2021。
❷　国际清洁交通委员会（International Council for Clean Transportation），2019。
❸　彭博新能源财经（BloombergNEF），2019。

这个生态系统当中其他的主体，让它们根据这个目标调整自己的目标和行动。

运动期间，我最早参加的会议是 2020 年 1 月北京的电动汽车大会。我见到了中国、美国和欧盟的监管人员，逐一询问了他们是否在考虑制定目标，争取在 2040 年或者更早的时间以前让零排放汽车占汽车销量的 100%。三方都给出了否定的答复。主要原因何在？成本。虽然电动汽车的成本正在下降，但是大多数人依然负担不起，而且三方政府都认为自己无法让消费者接受如此快速的转型。我又分别询问了他们的政府可曾构建模型，预测这三个全球最大的市场联合起来努力推动转型会对电动汽车的成本造成怎样的影响。他们再次给出了否定的答复，但是他们都认为这是个有趣的问题。

另一个问题的答案我早就知道：负责给这三个全球最大的汽车市场制定规则的各位部长可曾一起坐下来讨论，为达成《巴黎协定》的目标，转型的速度应该是怎样的？他们没有讨论过。目前存在一些集团可供各国交流零排放汽车政策的实践经验，但是它们召开会议的频率不高，讨论的重点也是技术而非战略问题，而且参与者大多是欧洲小国和进步的北美各州，大型新兴经济体则参与较少。

为了填补这块空白，我们成立了零排放汽车转型委员会。这个委员会听起来可能像是能源转型委员会——这是有意为之，因为这个机构同样是具体到产业的诸边集团，致力于加快转型——但是其成员和重点都有所不同。因为这两个产业的杠杆点不同，所以能源转型委员会的首要着力点是给发展中国家提供务实援助，而零排放汽车转型委员会优先追求的目标是各大主要市场的监管趋同。委员会的创始成员包括欧盟、美国、印度、日本、墨西哥和大约十个其他成员国，总共覆盖全球汽车市场的一半左右。德国很快也加入了。美国是在拜登政府上台以后加入的。而中国虽然最初有些谨慎，但是最终也以观察员的身份加入，使得这个集团覆盖全球汽车市场的比例稳稳地超过了四分之三。

转型的速度

对参加零排放汽车转型委员会的各位部长来说，最重要的话题就是转型的速度。为此，我们尽力搜集了最有说服力的证据。英国的气候变化委员会是负责监督我们是否脱离碳预算轨道的独立机构。他们帮忙做了一些有用的计算和建模工作。出发点很简单：为了达成《巴黎协定》的目标，各大主要经济体需要最迟在2050年前后实现净零排放。一辆汽车的正常使用寿命是十五年，所以除非你想花钱让大家不开有污染的汽车，否则你最好要求零排放汽车占新车销量的比例在2035年之前达到100%。

气候变化委员会说明了慢速转型并没有多少收益可图。假设某国的目标是在2050年以前实现净零排放，放慢道路交通领域的脱碳速度只意味着其他产业要提高脱碳速度，而这样做的难度和成本是更高的。就算是没有净零目标的约束，气候变化委员会也说明了，对英国来说，快速实现零排放汽车转型的成本是低于放慢速度的。这是因为，虽然电动汽车的购买成本高于汽油或柴油车，但是它们的运行成本却低得多，而且其生命周期成本（把购买成本和运行成本加起来）也已经逐渐变得更低了。一旦超过了这个临界点，那么一个国家越早全面转向电动汽车，其节省的成本就越多——这个结论至少大体上是正确的。对于中国、印度、日本、欧盟和英国等石油净进口国或地区而言，尽早完成电动汽车转型也是非常有利于实现能源安全和改善国际收支的。

如果说从国家的角度来看，快速转型的成本低于慢速转型，那么从全球层面来看，结论就更是如此。电动汽车的成本高于汽油或柴油车的原因在电池。电池的成本和太阳能板或者风力涡轮机一样遵循莱特定律：每当全球累计生产量翻倍，其成本就会按照固定的数值下降，在这里是 20% 左右。研究者丹尼尔·卡门（Daniel Kammen）与塞尔希奥·卡斯特利亚诺斯（Sergio Castellanos）通过对比说明，到 2030 年，和最悲观的缓慢全球转型的情境相比，符合《巴黎协定》目标的快速全球转型中的电动汽车存量会达到前者的大约 2.5 倍。❶ 这意味着，在快速转型中，到 2030 年，电池的成本应该会更低 20%。到 2040 年，电池成本可能会比慢速转型低三分之一还多。

毫无疑问，对绝大多数参加零排放汽车转型委员会的部长来说，本国汽车产业的竞争力是首要的关注点。他们知道转型的领先者最后在全球汽车市场中的份额很可能会大于落后者。他们最担心的就是强迫消费者购买昂贵的汽车会损害自己的政治前途。协作收益分析显示，只要我们全体努力实现快速转型，所有人都可以享受到更低的成本。我们完全可以一边竞争，一边合作扩大零排放汽车的全球市场。

当我们在零排放汽车转型委员会中讨论这个话题的时候，我们已经为此开展了一年多的运动。我们已经在双边交流或者多边会议上分享了我们的分析，提出了我们的理由。我们经常得到国际清洁交通委员会（ICCT）的专家的支持。这是少数在道路交

---

❶ 快速转型情境中的电动汽车数据来自《指数路线图》（*Exponential Roadmap*），慢速转型的数据则来自国际能源机构。该对比并未发表。

通脱碳方面具有深厚的专业知识的非政府组织之一。美国加利福尼亚州最先行动，在 2020 年 9 月承诺 2035 年以后销售的所有新车都要实现零排放。两个月后，英国把本国禁售传统汽车的时间从 2040 年提前到了 2030 年，并且要求 2035 年以后销售的所有新车都必须是完全零排放的汽车。这意味着委员会已经得到了一个大市场的支持。此外，挪威、荷兰和瑞典虽然市场较小，但是提出的目标却更高。它们已经领先于我们。

委员会的反应当然是复杂的。已经有较高的零排放汽车目标的国家发言支持了各位专家。几位部长承认了分析的结果，但也表示本国产业很难完成如此快速的转型。还有一些人拒绝直面该问题，顾左右而言他，说起了他们自己的政策。没有人质疑基本的计算结果。很多人看起来对节省成本的可能性抱有不小的兴趣。我们的运动还在继续。

外交领域向来很难理清原因。我们永远也不知道我们的运动是否产生了成效，但是几个月后发生的一件事我们认为可以算作一场大胜。欧盟委员会终于给出了让欧盟的汽车法规符合 2050 年净零排放目标的提议，其中的关键提议正是我们的运动争取的目标：到 2035 年，零排放汽车占新车销量的 100%。另一个重要的市场加拿大也在大约同一时间提出了同样的目标。

COP26 召开之前，我们准备好了关于加快零排放汽车转型的联合宣言，想要稍微尝试一下进一步培育让转型的速度符合《巴黎协定》目标的共识。一些友好国家、非政府组织以及其他一些人都在帮助我们游说各方。最后，超过 35 个国家，6 大汽车制造商，43 个城市、州和地区，28 家拥有车队的大公司，15 家金融机构和一些投资者都同意承诺要争取到 2035 年前实现主要市场销售的所有新汽车和货车都是零排放车辆，并且到 2040 年前在全球实现该目标。❶ 虽然我们觉得最好还能取得更多国家的支持，但是此前没有哪份文件曾经如此明确地指出必要的转型速度。因此，这项宣言应该可以在政府决策者、投资者和制造商接下来决策的时候影响他们的预期。

和煤炭向清洁能源转型的声明一样，了解这个产业的人会对这次的进步感到满意，而不太了解的人态度会比较趋于批评。有一个指标最适合衡量这次的进步幅度：所有承诺或者提议在 2035 年以后销售的所有新车均为零排放汽车的国家此时占全球汽车市场的 20%，而在 2019 年，这个数字仅为 5%。这个提升是相当可观的，但是也正如许多人所说，我们要做的工作还有很多。

欧盟委员会的提议还需要得到成员国的同意。美国政府承诺到 2030 年实现 50% 零排放汽车销量。未来，这些国家和其他很多国家一样都需要更多的鼓励。

另一件和电力产业类似的事情是，同样有人批评这些承诺缺乏"问责"或者强制力。在我看来，这种声音有点没能抓住问题的关键。2016 年，最乐观的预测是，到 2040 年，电动汽车将占全球新车销量的 35%。❷ 五年以后，同一批分析师预测到 2040 年会占 70%——他们此前的估算值翻了一番。❸ 各国政府、业界还有分析师似乎都在一次又一次地低估技术发展与扩散的增强反馈。恐怕很少有政府会完不成自己制定的零排放汽车目标。如果说公民社会要让政府对转型负责，那最好的做法应该是少关注政

---

❶ 《COP26 关于加速向 100% 零排放汽车和货车转型的宣言》（*COP26 declaration on accelerating the transition to 100% zero emission cars and vans*）。

❷ 彭博新能源财经（BloombergNEF）。《到 2040 年，电动汽车将占全球新车销量的 35%》（*Electric vehicles to be 35% of global new car sales by 2040*）。

❸ 彭博新能源财经，2021。

府和目标之间的距离，多关注政府的行动：政府今天是不是在为正确的政策而努力？

如果我们希望这些主要市场提出更高的目标，并且完成目标，那我们就应该鼓励它们协同行动，实现巨大的协作收益。此外，我们当然也应该支持它们开展高质量的交流，分享成功经验。

就像 ICCT 的专家对零排放汽车转型委员会中的各位部长介绍的那样，转型提速需要管制政策、激励、基础设施投资和公共传播的共同支持。但是如果要说事实证明效率最高的政策，那就是零排放汽车规定：强制要求每一家汽车制造商不断提高零排放汽车的销量占比。这种法规最直接地提高了零排放汽车的产量，直接促进了各种反馈，降低了成本，提高了需求，刺激了进一步的投资。零排放汽车规定还有效迫使汽车制造商为了合规而交叉补贴，用传统汽车赚取的利润去研发零排放汽车，降低后者的成本。这就减少了政府征收不受欢迎的税的需求，同时减少了环境部去说服财政部出资提供公共补贴的需求。尽管事实证明了这种政策卓有成效，但是迄今为止，只有美国加利福尼亚州、中国和加拿大的少数省份实施了这种政策。如果我们将其运用到更多地区，全球转型的速度还有机会大幅提升。

讨论这方面话题是不能不提汽车制造商的。尽管我们并不指望有多少制造商会支持我们，但是我们依然觉得应该尽可能鼓励一些制造商站出来公开承诺支持快速转型。联合国高级别气候行动倡导者、前汽车产业从业者奈杰尔·托平（Nigel Topping）非常积极地支持我们的运动。

某些汽车公司的确表现出了真正的领导能力。最突出的就是沃尔沃。沃尔沃不仅承诺要在 2030 年以前彻底完成汽车电动化，而且签订了采购零排放钢铁的协定。其他公司则表现出了快速适应不断变化的政治环境的惊人能力：拜登取代特朗普入主美国白宫的八天以后，通用汽车公司便不再起诉加利福尼亚州，转而宣布引领减排潮流，成为最早承诺到 2035 年实现 100% 生产零排放汽车的跨国制造商之一。在 COP26 上，福特、捷豹路虎和梅赛德斯奔驰等公司支持我们的零排放汽车宣言，加入了沃尔沃和通用汽车公司的行列。到这个时候，承诺到 2035 年实现 100% 零排放汽车的制造商已经覆盖了全球汽车市场的大约三分之一。而仅在一年以前，这个比例还几乎为零。

一些不太愿意做出这种承诺的公司决定早早提出反驳。COP26"交通日"的两天之前，大众、丰田和宝马向《金融时报》解释了它们不打算支持零排放汽车宣言的原因。大众声称自己拒绝签名是因为中国并未承诺逐步淘汰煤电，并且在 COP26 闭幕后写信给《泰晤士报》，详细地阐释了他们的看法，表示只要电力产业尚未脱碳，汽车电动化就没有意义。这种论调刻意不提即使在电力系统煤炭密集程度最高的国家，汽车电动化也已经产生了减排效果，因为电动汽车的效率明显要高得多。❶众所周知，丰田向来积极游说发达国家减慢转型速度。丰田说自己不能承诺的原因是非洲和拉美市场可能要花更多时间才能赶上进度。宝马则是把责任归于缺少基础设施，并且声称他们相信——罔顾目前的种种证据——内燃机汽车退出历史舞台的速度会比预想的更慢。❷

我已经说得很明白，我不认为游说汽车公司是最适合用来加快这场转型速度的杠杆点。我们不必说服所有公司。非政府组织应该去游说各国政府出台更加强有力的政策。政府则应该通过监管，让

---

❶ F. 克诺布洛赫（Knobloch）、S. 汉森（Hanssen）、A. 拉姆（Lam）等人，2020。

❷ FT.《COP26：汽车巨头拒绝签署，到 2040 年消灭汽车排放的协议悬而未定》（*COP26: Deal to end car emissions by 2040 idles as motor giants refuse to sign*）。

市场的力量驱使各家公司为了在转型中抢占先机而努力竞争，不要拖延时间。然后就看汽车公司要如何决定自己的命运了。话虽如此，假如那些不太热衷于转型的公司的投资者不希望持有搁浅资产的股份，那他们也应该去找这些企业的首席执行官好好聊一聊。

技术选择

继转型速度之后，各国要讨论的第二重要的话题是技术选择。只有世界各地的不同市场共同开发同一种零排放汽车技术才能实现最大的规模经济和最快的成本降低速度。而且，要实现零排放，这种技术必须是真正的零排放技术。

脱颖而出的技术似乎可以说是显而易见的：在写作本书之时，道路上行驶的电动汽车已经超过了一千万辆，而氢燃料电池汽车只有几万，同时，其他潜在的选项看起来都不太可靠。但是，业界的游说可能会推动政策拐入奇怪的方向，而且那些最大的汽车市场的政府对待技术的看法依然是有差异的。

各位部长在零排放汽车转型委员会中看到的 ICCT 的分析兼顾了这些选项。只有两项技术有切实的希望让汽车零排放行驶：动力电池汽车与氢燃料电池汽车。二者都是不错的选择。在实践中，由于动力电池技术已经在市场当中遥遥领先，同时，电力基础设施存在而氢能基础设施较少，"技术中立"的汽车产业零排放政策在事实上有利于发展动力电池。（卡车或许是例外：氢能在这一块可能有优势）同时使用电力和燃油驱动的混合动力汽车显然无法实现零排放。虽然丰田竭尽全力想说服我们到 21 世纪 40 年代也继续使用 20 世纪 90 年代的混合动力技术，但是这显然不是我们该走的路。

最差的选择是生物燃料：因为要生产生物燃料就势必要砍伐森林，所以使用这种技术可能反而会产生比燃油还要高的排放量。全世界真正可持续的生物燃料供应必须留给那些别无选择的产业，比如长途航空和塑料。

最后一个选项是用氢气和二氧化碳生产合成燃料。只要通过可再生能源电解水制氢，这项技术就可以实现零排放。然而，该技术天然效率低下：只有 16% 的太阳能或风能可以被转化，用来驱动车轮，而动力电池汽车的效率是 72%。❶ 这意味着合成燃料永远都会贵很多。保时捷等少数汽车制造商喜欢合成燃料是因为内燃机可以烧合成燃料，但是出台政策鼓励这种行为并没有什么意义，只会拖慢必要的资本重新配置的速度，妨碍业界把资本从生产内燃机的工厂那里重新配置到生产电动汽车的工厂里。

在委员会里把这项证据摆在各位部长面前当然没能形成共识。有几个国家对这个问题的看法非常接近它们国内主要的汽车制造商。不过，在虚拟的会议桌旁互相讨论难免会听到彼此的计划。既然主要的出口对象国政府不打算允许消费者购买混合动力、生物燃料或合成燃料汽车，那鼓励本国汽车产业生产这些汽车就没有多少意义了。政府一般不会很快改变主意，但是我相信这种讨论是有价值的，而且我们应该继续公开或者在私底下讨论，直到达成共识。

一百多年以前，当"无马之车"第一次开始在这个世界上行驶的时候，我们面对的技术选择是要用电力、燃油还是蒸汽驱动。当时，赛车在这个选择过程中扮演了重要的角色。虽然电动汽车的初期速度最快，但是燃油汽车在长距离比赛中表现更好，

---

❶ 《合成燃料救不了内燃机》(*E-fuels won't save the internal combustion engine*)。

这一点帮助后者确立了统治地位。❶ 如今，我们再次走到了选择的岔路口，运动比赛可以再次发挥作用。有些全世界最大的汽车制造商把 F1 赛车当作了技术试验场，因为激烈的比赛有助于推动快速创新。这项运动最近的一些创新，比如制动能量的回收与再利用已经在帮助我们推进道路交通脱碳。

在我们的运动早期，我接触了一些 F1 赛车圈子里的人，想要知道他们认为 F1 赛车会在零排放道路交通转型中扮演怎样的角色。首先，我了解到这项赛事已经决心要实现后勤零排放——很好，然而这不是重点。接着，我得知 F1 赛车会在 2030 年以前用上零排放汽车。具体要用哪一种技术还没有决定。唯一确定的是不会用电动汽车。看起来，广大赛车爱好者实在是太过喜欢化石燃料燃烧的声音，所以拒绝接受安静的电动汽车。

我本人正好也是赛车爱好者，但我觉得这种看法是很荒唐的。我在勒芒见过一辆一千马力的混合动力汽车凭借电力赶超燃油汽车。它只发出了很有威慑力的嘎吱声和嗖的一声。我热爱F1 赛车，但是这项运动不能继续这样可悲地运营下去了。它应该给自己制定任务导向的目标：在接下来的五年之内，让电动汽车打破现有燃油汽车的圈速纪录，并且使其能够在一次充满电池或者在多次 20 秒休息充电以后跑完 200 英里的比赛。这样做非常有利于我们战胜气候变化。如若不然，这项运动会留下怎样的遗产，拥有怎样的未来？如果 F1 赛车把目光集中在只能为道路交通脱碳提供些许帮助的技术上，那除了无助于社会进步，它还会失去汽车制造商的青睐。和汽车制造商一样，这项运动既可以选择引领潮流，也可以选择步人后尘。

---

❶　F. 吉尔斯（Geels），2005a。

更多问题需要解决

除了给主要市场的汽车设置恰当的调控轨迹，我们还需要解决其他几个大问题才能让道路交通脱碳的速度提高到足以避免危险的气候变化。

发展中国家在这场转型中需要援助。我们可能需要帮助它们筹措资金，修建充电基础设施。我们还需要处理掉目前还在大量使用的高污染的汽车。改装也许是不错的选择：只要这方面的大众市场建立起来，把老发动机拆掉，换上电池和电动机的成本应该是远远低于另买一辆全新的汽车的。我们可以出台政策，要求从现在开始，所有汽车都要准备好改装。电池本身也必须是可持续的：我们需要制定规则，限制其生命周期排放，而这种规则需要多个主要市场共同实施才会有更好的效果。重型货车的全球排放量很快就会高于普通汽车。我们需要逐步改用零排放卡车。在这个方面，多国采用相同的技术选择同样有助于实现更大的规模经济。

在下列的每一个领域中，多国合作都会胜过单打独斗：引导全球汽车产业的资金流动、降低成本以及营造有必要的公平竞争环境。在 COP26 上，零排放汽车转型委员会公布了 2022 年行动计划。委员会成员同意围绕这几个问题开展合作。[1]美国宣布将和英国一道担任委员会共同主席，进一步增强了大家对委员会持续发挥作用的信心。目前，零排放汽车转型委员会依然只是一家刚刚起步的机构。很难想象，竟然要经历三十年的气候变化国际

---

[1] 《零排放汽车转型委员会：2022 年行动计划》（*Zero Emission Vehicles Transition Council: 2022 action plan*）。

谈判，监管全世界最大的汽车市场的部长们才终于坐在一起讨论全球道路交通转型。为了确保成功，我们需要所有人持续不断地支持和监督。

找准角度

气候变化是个庞大而复杂的问题，所以有很多角度都有助于解决这个问题。如果你想参与其中，做出贡献，那无论你是政府、非政府组织还是心怀世界的公民，你都必须找准角度。你不可能同时面面俱到。

在我们的道路交通运动期间，我们经常要面对两个选择。二者都对其他领域同样具有参考价值。

大多数非政府组织没有大力支持我们的运动，因为（也有像ICCT这样的例外）它们不赞成我们执意紧盯汽车产业。很多非政府组织劝我们多讲讲步行和自行车。在我看来，这里需要注意的原则是，任何主体都应该了解自己的杠杆点。如果你是在地方上具有较大影响力的非政府组织，那你或许很适合鼓励大家多走路、多骑车或者坐公交车。如果你是城市规划师，那你也许可以重新规划你所在的城市，方便市民步行、骑车、坐公交。如果你是负责举办气候变化国际大会的政府，那你就需要思考怎样才能充分利用号召各国举行会议的权力。少数国家通过少数决定就可能大幅改变一个占全球排放量十分之一、占全球石油消费量大约一半的全球市场，这是非常了不得的杠杆点。我们没有同样强大的机制足以让步行或骑车的习惯在全世界传播开来。我们所有人都必须了解我们在系统中所处的位置提供的机遇，然后尽量加以利用。

　　另一个选择是应该专注化石燃料的供给还是需求。由于我们越来越确定地下蕴藏的化石燃料远超我们可以安全使用的数量，"将它们留在地下"的呼声得到了越来越多的支持。从理论上说，这个口号是没有问题的。但是在实践中，拥有蕴藏着化石燃料的土地的人往往有很强的动机去把化石燃料挖出来卖掉。只要这世界上还存在化石燃料的市场，这一点恐怕就不会改变。英国政府在担任 COP26 主席国期间两度遭到强烈的批评，因为我们首先批准了开采一处新的煤矿，然后又批准开发了一块新的油田。这两个决定无疑影响了我们的运动，但是至少开发油田的决定不算是意外：英国对北海石油和天然气的政策是利用这些资源"最大限度实现经济复苏"——也就是说，能卖多少就开采多少。丹麦声称不会再出售化石燃料，并且因此得到了称赞，但是丹麦这样做只是因为他们的化石燃料已经消耗殆尽。

　　相比之下，使用化石燃料的人——我们所有人——只要能得到想要的商品和服务，那就往往不是很在乎我们用的究竟是哪种能源。因此，要把煤炭留在地下，改用可再生能源比强迫煤矿关停要简单得多。同样，要把石油留在地下，改用电动汽车比要求石油公司不要出售他们拥有的最有价值的东西要简单得多。所有形式的运动都是有意义的，但是既然我们只有很少的时间能够用来解决这个问题，那我们当然应该把最大的努力用在最强大的杠杆点上。

从砍伐森林到再生式发展

目前，全世界森林面积减少的速度令人担忧：每两秒就有一个足球场大小的森林遭到砍伐。更加令人担忧的是，和能源与交通转型不同，这一领域有不利于我们的强大的增强反馈。随着全球变暖，病虫害的影响范围也有所变化，提高了树木死亡率。更加炎热的空气和更加干燥的土地导致森林火灾变得越来越频繁，也越来越严重。树木减少则空气中被吸收的二氧化碳随之减少，更多二氧化碳被留在大气层中，于是全球气温进一步上升。这个过程持续得越久就越难停止。

因此，土地资源可持续利用转型分为两个同时进行的部分：我们必须尽快改变我们的经济系统，以求防止自然系统的改变。在电力产业的转型中，可再生能源的发展给煤炭产业带来了熊彼特所说的"创造性破坏"。这种破坏是一股难以约束的力量，但是它至少在推动我们走向可持续发展。而在土地利用方面，气候变化在我们的生态系统中释放出了类似的力量，然而我们并不希望它们肆意横行。

政治情况也有所不同。在能源和交通领域，低碳转型可以遵循过去多次技术革命的通用模式：发源于世界经济的产业核心，然后向外传播。经济规模最大也最先进的那些国家足以完成大部分困难的工作，推动转型起步。但是说到森林，由于地理和历史的偶然，面积最大、吸碳能力也最强的森林——为了避免危险的气候变化，我们最应该保护的对象——集中分布在当地居民大多比较贫穷的地区：亚马孙盆地、东南亚和中非。这些地区的森林砍伐主要是农业扩张所致，而这种扩张往往又是为了生产国际贸易的商品。

2018 年晚些时候，英国超市"冰岛"与非政府组织绿色和平组织合作推出了一条广告，重点宣传自己承诺要去除其所有产品中的棕榈油。广告中有一头红毛猩猩非常悲伤，因为人类为了生产棕榈油而粗暴地摧毁森林，夺走了它的家园。监管机构禁止电视播放这条广告，因为其中的政治意味太强，但是这条广告在网络上十分流行。和很多父母一样，我发现我还在上小学的女儿都来告诉我不应该再去"冰岛"以外的超市了。对我们这些生活在欧洲或北美的人来说，这个故事里面的好人和坏人看起来或许不难分辨。但是对东南亚人而言，这个问题就不一样了。我们似乎忘记了很久以前，我们也为了发展农业而砍伐过我们自己的森林；我们似乎并不关心那些为我们生产棕榈油的众多贫穷的农民；我们似乎不知道棕榈油的单位土地面积热量比我们自己种植的很多农作物都要高得多。

富裕国家抵消排放的热情在某些方面恶化了森林砍伐问题的政治环境。虽然森林繁茂的国家通常欢迎外界出资帮助它们保护本国森林，但是假如碳强度较高的国家和公司迟迟不肯做出艰难的决定，推动自己的脱碳进程，只想花一点小钱请其他国家帮忙抵消，那这种行为是非常不讨人喜欢的。2016 年航空业的国际协定就是这种逃避责任行为的典型案例。各国在这项协定中同意航空业继续增

加排放量，但是除了花钱抵消，它们什么也不打算做。❶

出于上述种种原因，阻止并扭转全世界森林减少的趋势这项对我们的气候目标至关重要的任务具有独特的难点。过去二十年间，全球热带森林减少的速度几乎丝毫未变，甚至反而有所上升。❷ 这一点虽然令人沮丧，但不算意料之外。

解决方法的多种要素

过去应对森林砍伐问题的经验教训让我们逐渐了解了哪些措施是必不可少的。早期的尝试集中在供给侧：鼓励可持续利用土地、完善立法和森林所在地区的执法。事实证明，这样做还不够。生产过程对热带森林威胁最大的多种农产品的贸易价值是专门用于保护这些森林的资金数额的一百倍左右。❸ 双方差距太过悬殊。只要全球市场对砍伐森林仍有如此力度的刺激，纵然是设计最精良的国家治理体系也很难有效制止。

第二阶段的重点逐渐转移至如何用需求侧的行动配合森林茂盛的国家内部采取的措施。2014 年，在非政府组织的压力之下，许多大量买卖或消费农产品的企业承诺最迟到 2020 年将消除其供应链中砍伐森林的行为。❹ 但是到了 2020 年，森林减少的速

---

❶ Carbon Brief。《国际航空碳抵消和减排计划（Corsia）：联合国"抵消"航空业排放量增长的计划》（*Corsia: The UN's plan to 'offset' growth in aviation emissions*）。

❷ 《图表反映全球森林减少现状》（*These charts show what forest loss looks like across the globe*）。

❸ F. 豪普特（Haupt）、C. 斯特雷克（Streck）、I. 舒尔特（Schulte）与 T. 查加斯（Chagas），2017。

❹ 《纽约森林宣言》（*New York Declaration on Forests*），2014。

度还是一如既往。虽有个别进步案例，但是这个系统性问题显然还没有解决。多家企业对我国政府解释称，单靠它们自己是不可能大幅推动可持续发展的，必须由政府出台政策确保业界的所有人，包括新兴市场的消费企业在内都遵守同样的规则。

巴西的一次试验已经说明，在政府支持下，同时针对供给侧和需求侧的强力措施可以在国家层面取得显著的成效。始于2006年的"大豆禁令"涵盖了多家主要的大豆贸易商。它们同意不购买在巴西的亚马孙流域砍伐森林开垦出来的土地上种植的大豆。业界、非政府组织与政府合作伙伴共同开发了一套卫星与空中监测系统，用以督查禁令的执行。在禁令实施期间，通过砍伐亚马孙森林而增长的大豆产量占总增产量的比例从将近30%下降到了大约1%。❶

欧盟出台的一项政策又证明了国际合作的价值。森林执法、治理和贸易（FLEGT）倡议包括禁止进口非法采伐的木材，支持生产国建立执照和追溯制度，并且帮助后者达到国际贸易的合格标准。这项政策以及美国、澳大利亚、日本、韩国，还有后来中国禁止非法采伐的木材进入本国市场的措施导致多个国家境内的非法采伐行为明显减少。❷

FLEGT是个值得参考的案例，但是它至少有两大不足。其中之一是参与问题。FLEGT的效力是在伙伴关系中产生的：欧盟和印度尼西亚这样的木材生产国协商确定双方愿意接受的条件，然后以此为根据，管理生产和贸易。之后，供给侧和需求侧的措施会互相促进。问题在于，欧盟不是仅有的主要消费市场。

---

❶ H. 吉布斯（Gibbs）、L. 劳施（Rausch）、J. 芒格（Munger）等人，2015。
❷ C. 奥弗德维斯特（Overdevest）与 J. 蔡特林（Zeitlin），2017。

其他消费市场并未参与 FLEGT。印度尼西亚的木材出口固然得到了欧洲市场的认证，但是其他主要市场没有类似的认证，所以在这些市场中，印度尼西亚和其他没有那么负责任的生产国相比并不具备多少经济优势。第二大不足之处是范围。森林砍伐问题并不都是木材产业导致的，这个问题的很大一部分要归因于大豆、棕榈油、牛肉和可可豆等农产品的生产。

这些经验和问题本身的逻辑说明解决方法必须包含某些要素。针对砍伐森林的措施必须覆盖所有威胁森林的主要商品。措施必须同时针对供给侧和需求侧：既管理贸易，也管理生产。措施也必须得到合作伙伴的同意，而且为求切实有效，这种合作应该是多边伙伴关系，把相关商品的最大生产国和消费国都囊括在内。措施的实施需要共同认可的追溯与透明制度，以便所有人都能看出哪些商品符合标准，又有哪些商品不符合。此外，我们还要援助农民，尤其是缺乏资源的小农。我们需要帮助他们达到全球市场的预期标准。

在实践中组织 FACT

尽管三十年来的气候变化外交对森林砍伐问题做了不少有益的努力，但是那些有机会通过合作彻底解决这个问题的国家——各类农产品的主要生产国和消费国——还从来没有坐在一起讨论这个话题。显然，要把解决方法的各个要素组合起来，各国需要持续不断地交流，但是此前并没有国际论坛可以给这种交流提供场所。

为此，我们组织了森林、农业和商品贸易（FACT）对话。英国作为即将召开的 COP26 的主办国的身份让我们有了一些召集各国的正当性。在专业的非政府组织热带森林联盟（Tropical

Forest Alliance）的建议下，我们慎重地制作了谈判邀请函，希望表达出我们尊重所有与会国利益的诚意。我们声明此次对话的目的不是"拯救雨林"，而是既保护森林，也促进发展和贸易。与会国包括全世界主要的棕榈油出口国印度尼西亚和马来西亚，主要的大豆和牛肉生产国巴西和阿根廷等国家，主要的可可豆出口国加纳和科特迪瓦以及大型消费市场欧盟、中国、日本、韩国和美国。

早期在拉美、东南亚、西非和中非召开的会议说明了各个国家想要在谈判桌上讨论的是哪些利益。主要出口国当然担心任何形式的贸易限制。有些国家怀疑可持续发展会被用作贸易保护主义的借口。很多国家在这方面的利益非常重要。印度尼西亚的棕榈油产业占 GDP 的 4.5%，占出口的 15%，并且是三百万人的就业依靠。科特迪瓦的可可豆产业占 GDP 的 10%~15%，占出口收入的将近 40%，并且给五六百万人提供了生计，几乎达到全国人口的五分之一。相比之下，我们在国际贸易谈判中十分重视的金融服务业占英国经济产出的大约 9%，占就业岗位的 3%。这些国家里面有一部分已经在世界贸易组织起诉了欧盟，因为它们觉得自己的农产品遭到了歧视。只要有必要，它们会毫不犹豫地再起诉一次。

与此同时，也有一些国家觉得自己保护森林的措施胜过了大多数国家。它们呼吁在全球市场中营造公平竞争环境，确保没有那么负责任的生产国无法给出比可持续生产国更低的价格。另外，有几个出口国要求各消费国统一标准：仅满足一套标准比分别满足多个海外市场的多套标准要简单得多。最为重要的是，各国愿意讨论贸易问题的前提是我们已经共同决定，任何措施都应当经由协定推行，不能仅由消费国单方面实施。

另一大关注重点是小农。有数百万参与生产棕榈油和可可豆的劳动者只具备最基本的耕作方法所需的技能和设备，他们没有任何融资渠道可以提高生产率。对这些人来说，在既有的农田肥力下降以后去森林里清理出一块新的农田有时候就是唯一可行的维持生产的办法。如果我们制定了他们无法达到的标准，那这些农民就会被赶出全球市场。除了加剧贫困问题，如果非法砍伐森林和贸易的利益刺激仍然很强，那这种做法只会事与愿违。因此，参与对话的很多国家明确表示，援助小农必须是我们集体行动的核心内容；否则，任何解决方法在政治或者经济上都是行不通的。

这些早期讨论大体证实了专家们根据过往经验对这个问题形成的看法，并且让人愈发关注可能的解决方法。

当我们第一次把将近三十个对话参与国召集起来的时候，一个完全出乎意料的问题差点让我们偏离了主题。我们原本把我们的讨论过程叫作土地可持续利用和商品贸易对话。这个名称可以准确地反映谈判的内容，但是我有一些同事认为这个名称的首字母缩写"SLUCT"听起来太过不雅。我不确定他们是觉得这听起来像鼻涕虫（slugs）还是荡妇（sluts）。我说起无聊的名字有助于让大家严肃地对待，而且反正不同语言的首字母缩写是不一样的。但是他们并没有接受我的观点。我们改换了更好听的森林、农业和商品贸易对话：FACT。我们都没有考虑其他国家可能会怎么想。结果，对一个重要的对话参与国而言，我们无意间暗示重点转移的行为可能会导致他们觉得有必要换一个政府部门来负责，进而又有可能导致他们不参与此事。因此，我们这场对话的第一次"全球"会议之初，我们就因为协商不足而遭到了斥责。这件事早早地预示了我们处理的这个问题极其敏感，我们必须万分小心。

为了建立互信，我们决定首先优先商定机制内部的"合作原则"。经过几轮讨论和反复起草，我们得到了一张清单，上面的内容包括伙伴关系原则、合作与援助、利益相关者参与和尊重国际承诺。❶ 其中还有两项涉及核心问题："主权"和"协同效应"。前者是指每个国家都有权利自行出台政策。后者则是我们理应遵守的原则，是指我们要"协同行动，包括讨论共同的政策和标准，让我们集体的影响大于各部分相加之和"。寻找切实有效的方法，调解这两条原则之间固有的矛盾是协同行动成功的关键。没有人会觉得这是多么惊天动地的原则。可以说，这两条原则很容易得到认同。但是，它们给这个机制确定了职权范围，而且，这也是所有人印象里巴西和挪威这两个在砍伐森林问题的国际政治中处在对立的两个极端上的国家第一次把各自的国名写在同一份涉及该问题的声明里。

除了商定原则，对话的第一次部长级会议还确定了各国将来要开展合作的四大领域。其中三块领域紧贴最初的构想：贸易和市场、追溯和透明以及援助小农。第四块领域是研究和创新，强调了对森林茂盛的国家而言，土地可持续利用转型就和其他产业的低碳转型一样，一定要通往更加繁荣的未来。这个道理浅显易懂，但是西方政治家或者非政府组织进入"保护自然"模式的时候很容易忘记这一点。无论是在哪个还有森林的国家，可持续发展这个政治话题都不能只谈保护，不谈发展。

接下来五个月内，我们在努力商讨共同的《路线图》，想要确

---

❶ 《关于森林、农业和商品贸易（FACT）对话中的合作原则的联合声明》[*Joint statement on principles for collaboration under the Forest, Agriculture and Commodity Trade (FACT) Dialogue*]。

定对话中所有国家未来要共同采取的行动。我们有一个专家组负责提供建议。组内成员包括了来自非政府组织、企业、当地居民团体以及在这一领域具有丰富经验和广泛联系的国际组织的代表。

讨论一直在互相尊重的氛围中展开，有时富有真知灼见，还有许多时候困难重重。所有参加气候变化国际谈判的人都会多次见到某个与会国代表不正面回答本应讨论的具体问题，转而罗列本国的政策和成就。有些时候，这种情况是因为我们没能给出实质性内容够多的提议，所以讨论失去了焦点。还有一些时候，这当中有拖延时间、妨碍讨论的因素。大多数情况下，我相信出现这个问题是因为各国还没有养成与其他国家严肃讨论气候变化的实质性内容的习惯或能力。因为没有国际论坛可供讨论就排放温室气体的主要产业展开合作的问题，大多数政府在相关政策领域都没有了解这种国际交流的人才。

另一种经常阻碍我们前进的常见现象在我这里叫作"联系博弈"，因为有人会问："你考虑过和 × 的联系吗？" × 是某个其他的国际进程或事件。这个问题往往还会附带严肃的警告，要我们避免不必要的重复，或者避免采取"孤立的"做法。其言下之意一般无非是我们还需要进一步考虑才能确定要采取行动。这种联系博弈可能是出于好意，是为了真的确保我们对某个问题采取协调一致的行动。然而当事人也有可能是感觉利益受到了威胁，所以才以此为借口，阻挠我们前进。又或者，当事人只是想不到更好的说辞了。要是这三种人都出现在一场会议上，那这次会议就会迅速变成国际协定版宾果游戏。《联合国气候变化框架公约》打个钩。《联合国生物多样性公约》打个钩。可持续发展目标打个钩。世界贸易组织、克罗维尼亚对话、联合国粮食系统峰会……钩、钩、钩。联系博弈可以让任何一次会议都变成白费力气。我同样相信，气候变化谈判中不断地出现这个问题的根本原因在于缺少合适的机制。所有排放温室气体的产业都没有得到认可、授权的权威机制来统筹推进系统转型的行动，所以我们每次试图开展有效的合作都难免陷入这种尴尬的境地。

尽管我们必须克服种种困难，但是参加 FACT 对话的各个国家终于还是拿出了可以在 COP26 上公布的《路线图》。其内容包括承诺要探讨国际市场应该如何认证各国提供可持续性保证的方法、改善小农的融资条件、为各国政府分享商品供应链数据制定共同准则、增强各国构建国际研究伙伴关系的机制能力。❶ 由于我们不可能就所有问题达成共识，《路线图》是以主席声明的形式公布的。英国和印度尼西亚是对话的共同主席。哥伦比亚、加纳、马来西亚和巴西分别是各个工作组的主席。《路线图》总结了讨论的情况，概述了将来前进的方向。

我们当中许多人希望加快前进的脚步。气候变化并不是唯一紧迫的问题。对这个产业的很多人来说，经济因素也在催促我们前进。成功的例子已经摆在眼前：企业圆桌会议主动对棕榈油和大豆制定了严格的可持续性标准；荷兰、印度尼西亚、马来西亚和尼日利亚的伙伴关系正在卓有成效地帮助小农；加纳和科特迪瓦提出了倡议，要可持续地提高可可豆产量，并且恢复退化土地。和这些正在快速推进的倡议相比，我们的谈判往往显得进度迟缓，令人沮丧。

我因此反思了政府和外交工作为何进展缓慢。政府的决策通常比企业或非政府组织更慢，因为政府的决定会影响很多人，所以必须谨慎平衡各方利益。而外交甚至更慢，因为外交要平衡多个国家

---

❶ FACT 对话（FACT Dialogue），2021。

的利益，但是除了特定领域，没有国家掌握最终决策权。外交少不了建立互信和施加影响的过程，而这两件事很难一蹴而就。

外交必须权衡广度和深度。想要达成强有力的全球协定，那一般最好从比较低的起点出发，逐步增加参与度、范围和承诺的约束力。如果想要加速经济转型，那就格外需要注意这一点，因为转型越深入，各个主体就有越多的利益和转型捆绑在一起。对于所有排放温室气体的经济部门，我们都应该根据这种认识开展国际合作。就威胁森林的商品而言，这意味着我们必须不断地努力寻找合适的工作目标：为了让合作具有实质性意义，不能过快地提高参与度，同时，为了产生系统性影响，关注的目标不能太过狭隘。

无论这个过程多么令人沮丧，我们都一定不能放弃。一国单独行动是不可能推动全球商品市场走向可持续发展的，而两百个国家在多边论坛上哪怕谈判十年也有可能连议程都确定不了。必须由足够分量的国家采取行动。迄今为止，只有 FACT 对话试图联系足够分量的多个国家，让它们到谈判桌上开展这项战略讨论。目前，各国已经互相示以善意和信任，并且规划了未来可以共同采取的行动。将计划落实还需要恰当的技巧和持续的努力。我希望各国政府、企业和非政府组织将来会各尽所能，帮助我们的计划走向成功。

阻止和扭转

关于森林，COP26 最引人瞩目的成果不是 FACT 对话《路线图》，而是《关于森林和土地利用的格拉斯哥领导人宣言》。在这项联合声明中，占全球森林面积超过 90% 的 141 个国家和地区承诺要"共同努力到 2030 年实现阻止和扭转森林减少与土地退化，并实现可持续发展和促进农村包容性转型"。❶ 这是各国提前展开漫长的协商过程才取得的成果。首先参与协商的是森林和土地面积最大的国家，然后才是其他所有国家。

该宣言的重点是明确共同目标，确定议程，以便逐步达成目标。我们觉得能够明确 2030 年的目标是有好处的。毕竟，其他排放温室气体的产业都没有像这样几乎全世界所有国家协商确定的必要的转型速度。声明的签署国在正文中承诺要合作解决贸易、金融、鼓励可持续农业以及原住民和当地社区权利等问题。我有一位在非政府组织方面经验丰富的朋友告诉我，这样的文件有可能会给接下来十年森林和土地利用方面的运动确定议程。

因为所有重要的森林茂密的国家都签署了这项声明，批评的声音针对的是其可信度。有很多国家曾经在 2014 年的《纽约森林宣言》中承诺过类似的目标，但在那之后似乎也没有取得可观的进展。有什么理由让人相信这次会有所不同呢？尤其是，就连许多人认为是在肆无忌惮地破坏亚马孙雨林的巴西总统雅伊尔·博索纳罗都签了名，这次的《宣言》怎么可能值得相信？我们再次遭到了质问：我们怎么能确保各国负责？

我也抱有这种担忧。我肯定不会说，因为我们有了政治声明，所以一切都会顺利。比起清洁电力或者交通，森林问题更加不容乐观，因为我们不能依靠增强反馈来帮助我们超额完成目标。我们现在可以用卫星精确监测森林减少的情况。各国政府一方面会受到本国民主制度的制约，另一方面也要考虑国际压力。但是这些并不足以确保成功。

---

❶ COP26.《关于森林和土地利用的格拉斯哥领导人宣言》（*Glasgow Leaders' Declaration on Forests and Land Use*）。

和其他产业的情况一样，只要求彼此负责是不够的，我们还必须互相帮助。要记住，当你在欧洲吃到用巴西大豆喂养的中国猪肉，你的这顿晚餐消费就属于一套全球体系的一部分。这套体系唯有各国合作才能改变。如果要说我们现在有理由比 2014 年更加乐观，那仅有的理由就是我们集体争取系统变革的努力变得越来越认真了。FACT 对话是其中的一项。此外，多家金融机构在 COP26 上承诺要从投资组合中去掉涉及砍伐森林的活动；威胁森林的商品的贸易额占全球总额过半的一些公司承诺要协同规划可持续供应链；政府和私人机构承诺要投资恢复退化土地、完善治理体系、促进原住民和当地社区的土地所有权。❶ 如果我们想更有信心在 2030 年之前达成阻止和扭转森林减少的目标，那这些就是我们需要继续努力的方向。

至于巴西，我们必须记住，和其他所有国家一样，巴西不是只有一套利益的单个实体，而是拥有互相竞争的多种利益的许多主体的集合。既有非法砍伐森林的矿工，也有重视国际市场的农业综合企业。既有企业的说客、环保运动人士，也有在国家和地方层面上活动的形形色色的政治家。既有公务员，也有选民。

在 COP26 的前一年发表的一篇论文中，学者米夏埃尔·阿克林（Michaël Aklin）和马托·米尔登伯格（Matto Mildenberger）认为，我们几十年来根本没有找到气候变化外交的症结所在。❷我们以为世界各国不采取更加强力的行动是因为担心其他国家不会承担应负的责任。这就形成了"囚徒困境"。每个国家都选择

---

❶ 《世界领导人峰会"关于森林和土地利用的行动"》(*World Leaders Summit on 'Action on forests and land use'*)。

❷ M. 阿克林（Aklin）与 M. 米尔登伯格（Mildenberger），2020。

了自私的行为。结果是所有国家都损失了利益。然而，这两位学者声称，没有证据可以证明事实就是这样。反而有证据证明，无论在哪个国家，应对气候变化的行动的力度都主要取决于其国内支持或反对低碳转型的利益群体之间的斗争结果。这的确符合我在英国的所见所闻，也符合我过去十年在我曾经接触的其他国家见到的所有情况。这种解释对外交的启示是，我们构建的国际合作应当有利于壮大支持转型的利益群体的力量。我们不应该把某个国家当作朋友或敌人，而是应该寻找和我们目标一致的利益群体，帮助彼此在各自的战斗中取胜。

阿克林和米尔登伯格给他们的论文起的标题是《错误困境中的囚徒》，意思是，如果我们仍然不能找到气候变化外交的症结所在，我们会继续被困在错误的道路上。他们说得没错。我们当了太久的囚徒，现在应该打破困境，或者向前突破，找到新的范式。

突破议程

企业知道涉及排放量的政策是针对具体的经济部门的。英国的电力公共事业公司没有在《气候变化法案》通过以后，或者在我们第一次给我国经济制定五年一度的减排目标以后突然开始把燃煤电厂换成太阳能发电厂。促使它们采取这些行动的原因是碳税导致煤炭无利可图、补贴增加了可再生能源的吸引力还有监管措施改变了市场，使得从煤炭到清洁能源的转型变成了大势所趋。

这并不是气候变化界人尽皆知的事实。至少，他们经常表现得像是不知道。三十年来的国际谈判太过重视整个经济体的减排目标，以至于对参加谈判的中心人物而言，这些目标简直成了唯一的重点。在抱有这种观点的人看来，涉及具体产业的倡议就像是锦上添花、可有可无的附赠品。他们往往认为这些倡议只不过是公关行为，是用来"展示实体经济的进步"的。与之并行的还有另一种常见的看法：所有具体到产业的倡议都必须由企业主导，因为政府间外交的本职工作是讨论整个经济体的减排目标。

我们必须改变这些观点。本书讨论的具体到产业的挑战都不是可有可无的。如果不给煤矿工人提供新的经济机遇，电力产业的温室气体排放是不会消失的。如果不用政策强行改变汽车产业的投资方向，然后对卡车、船舶和飞机如法炮制，交通产业的排放量只会继续上升。如果不转向可持续生产农产品，我们的森林还会继续消失。现实世界的经济不会单单因为我们制定了减排目标就自动替我们完成所有的这些工作。我们必须面对现实。政府是经济中不可或缺的主体。想要减少全球排放量，我们就必须扎扎实实地做好这些工作。这不是在展示进步，而是在取得进步。

外交要回答的问题是外交的作用有多大。长期以来，给排放温室气体的产业辛辛苦苦改革法规的决策者，以及这些产业中的企业一直觉得气候变化外交进程对他们来说意义甚微。如果我们还想实现国际会议确定的目标，避免危险的气候变化，那我们就不能放任这种情况继续下去了。

根据国际能源机构的估算，如果没有国际合作，全球净零排放转型可能会被拖延数十年之久。❶ 外交很有潜力造成巨大的影响。协同行动有助于带来更快的创新、更大的规模经济、更强的投资激励以及有必要的公平竞争环境。这一切都可以帮助各国更快、更容易、更廉价地实现减排，并且获得更大的收益。我们的所有排放都是跨越国界的多种全球经济活动系统的产物，合作有助于我们更快地改变这些系统。

造就气候变化外交的新范式是我们想要借助 COP26 实现的目标之一。我们在担任主席国期间针对电力、道路交通和土地利用开展的运动具有双重目的：尽量在这些领域取得进步，并且展示新的工作模式——让世人看到在产业中认真开展合作的样子。不过，我们知道这样做很可能是不够的。我们的运动很容易被当作临时之举。短短两年时间很难取得任何进步。因为我们有意只

---

❶ IEA，2021。

召集了和每个产业关系最密切的国家，所以参与了某一项运动的国家可能和其他的运动毫不相干。为了建立互信，很多讨论是不对外公开的，所以我们很难建立强大的媒体叙事。在这些具体的运动的基础上，我们还需要想办法概括这种新方法。

2020 年 12 月，COP 候任主席阿洛克·夏尔马在给一次世界领导人气候变化峰会作闭幕演讲的时候提出了概括性叙事，阐述了 COP26 的"四个目标"。其中三个目标已经写在《巴黎协定》里，并且可以追溯到 1992 年《联合国气候变化框架公约》："减缓"（指减排）、适应和融资（援助发展中国家）。没有人会质疑这三个目标。第四个目标是"合作"。加强国际合作是以必要的速度实现转型的唯一途径……通过合作，我们可以加速创新。我们可以形成规模经济，并且更加有力地鼓励投资。但是，要获得这些收益，我们就必须专门制定针对每一种挑战、每一个产业的方法。这就是我们的 COP26 运动的目标……所有运动的目标都是在促进减排的同时满足其他需求，比如价格合理的能源、清洁交通和绿色工作。这样的针对性务实合作非常重要。我们未来十年的努力应当以这种合作为核心主题。❶

在接下来的几个月内，我们通过所有可用的渠道表达了这一观点：双边会议、部长级会议、创新使命和清洁能源部长级会议等已经在务实合作的多国集团以及排放量最大的国家之间私下展开的专家会谈。有不少人支持我们，尤其是那些在这个方面经验比较丰富的官员或专家。在 2021 年英国和国际能源署共同主办的一次会议上，有二十三个国家同意我们的看法，赞成这条原则：各个产业需要更加强力的国际协调机制作为达成净零目标的

---

❶ A. 夏尔马（Sharma），2020。

重要手段。 **❶**

也有人对此漠不关心，因为他们认为这种务实合作是锦上添花、可有可无的附赠品。还有一些人心怀疑虑。这些怀疑者主要有两种批评论调。第一种批评论调是"合作"听起来像是"绝对正确的废话"——正确性太过不言而喻，所以根本就不必多说。就我们表达观点的方式而言，这种批评不无道理。于是，我们思考了怎样才能最恰当地描述我们提倡的做法。然而，我们不认为这种论调足以构成对实质性内容的有效批评。每个产业可能获得的协作收益是真实存在的。各国需要通过特定的合作方式才能实现这些收益。就当时而言，各国还没有开展这些特定方式的合作。

第二种批评论调则是说，想要在产业和地缘政治上都存在竞争的国家间就每个产业的转型细节开展合作是太过天真。同样，这种说法也不无道理。国家之间的防备心态的确会给合作增添困难。但是合作的必要性并不会因此减少。事实恰好相反：正是因为钢铁、水泥、航运和航空等清洁技术成本高于化石燃料的产业存在国际竞争，所以我们才需要国际竞争确立公平竞争环境，刺激投资。只要开展恰当的合作，产业竞争非但不会阻碍进步，反而可以加快进步。

赞同我们的看法的人想知道接下来该怎么做。除了支持各项运动外，他们还能怎样支持把未来十年气候变化外交的核心内容改为产业内部的合作？

我们首先想到的是尝试与各国就每个排放温室气体的产业商定主要的合作论坛，比如电力产业的能源转型委员会、道路交通

---

❶ IEA。《实现净零的七条关键原则》（*Seven Key Principles for Implementing Net Zero*）。

领域的零排放汽车转型委员会等。然而我们发现这是不可能的。讨论的时机尚不成熟，或者也可以这样说，大多数政府还没有想过应该以怎样的标准评判一家支持在排放温室气体的产业内部开展有效的国际合作的机构。一个根本性问题在于，大多数国家的政府里面没有人专门负责制定全球减排战略。有官员负责国内减排，有首席谈判代表负责参加联合国的正式谈判进程，还有气候特使负责在本国认为重要的气候变化问题上代表自己的国家。但是大多数大国都没有人专门负责思考战略，想办法让全球排放量不再上升，转而下降，并且和其他国家就此展开合作。

2021 年，英国恰好也是 G7 的主席国。在这七国集团内部，英国能够取得的最大成果是让七国全体承认了这是一个问题，并且同意要开始合作解决这个问题。G7 的各位环境部长在联合公报中声明：

我们承认，实现并加快全球经济净零转型需要更大规模的国际合作。为此，我们应该构建并巩固恰当的机构体系……我们将在 COP26 之前及以后召开会议，查看每个产业的转型速度是否足以达成《巴黎协定》的目标，查看旨在推动排放温室气体的主要产业脱碳的国际机构和国际产业论坛促进关键产业合作的效果。❶

这固然是进步，但是显而易见，我们无法在 COP26 召开以前给所有产业协商确定推动转型的主要机制。更何况光靠 G7 是不够的：我们的新型合作必须包括中国和印度等重要的新兴经济体；否则，它们恐怕不会有参与的动力。

除了利用 COP26 这个政治时机来推进上面的议程外，我们

---

❶ 《2021 年 5 月 21 日伦敦七国集团气候与环境：部长公报》(*G7 Climate and Environment: Ministers' Communiqué, London, 21 May 2021*)。

还决定劝说各国同意提出一系列目标。这些目标不是我们早已在各项运动中游说各国同意的那种目标，比如，到 2030 年逐步淘汰煤电或者到 2035 年实现零排放汽车占新车销量 100%。这里的目标是只有通过国际合作才能达成的那种，这些目标会在国际共识允许的前提下尽可能接近临界点——清洁技术胜过化石燃料的节点。这样做可以让国际合作致力于为加快进步速度营造最有利的条件。

对于个别排放温室气体的产业，我们借助既有或新成立的国际论坛，联系了一些原本就对合作抱有极大兴趣的国家，制定了相应的目标。在电力产业和道路交通领域，我们的目标是在 2030 年以前让清洁能源和零排放汽车在全世界所有地方都成为最实惠的选择。我们还要争取在同期让近零排放钢铁成为全球市场的优先之选，并且让全球都能用上价格实惠的可再生氢。农业方面的目标则是在 2030 年以前让气候适应型可持续农业成为全球农民最欢迎也最广泛采用的选择。❶

COP26 召开之前，我们请各位总统、总理签署了一项声明，承诺各国将按照这种方式合作。为了避免声明变成有名无实的表面功夫，每个国家必须在签名的同时具体表明至少一项自己要努力达成的目标，并且参与至少一项在候选名单上和该目标相关的国际合作倡议。

我们担心这个提议太过复杂，各国缺乏足够的考虑时间。然而，我们发现每一个国家都从中看到了可以获得的潜在收益。印

---

❶ 《世界领导人加入英国的格拉斯哥突破议程，加快全球清洁技术降低成本》（*World leaders join UK's Glasgow Breakthroughs to speed up affordable clean tech worldwide*）。

度发现电力产业的目标符合莫迪总理"一个太阳、一个世界、一个电网"的构想，也符合最近我们共同领导的全球绿色电网倡议。中国认为我们的提议和创新使命构建的伙伴关系是一致的，并且对氢能方面的合作特别感兴趣。美国很希望合作推进重工业脱碳。他们早在英国担任 G7 主席国的时候就曾经催促我们对此采取更有力的行动。欧盟委员会正在筹备一揽子政策提议，想在2030 年以前减少欧盟 55% 的排放量。他们明白，与其他主要经济体合作是有利于这些政策得到通过和落实的。尼日利亚认为这种做法有助于给发展中国家带来力度更大、更有规划的援助。能源转型委员会就是他们亲身体会过的例子。

最后，占全球 GDP 超过 70% 的四十多个国家的领导人在声明上写下了本国的名称，共同启动了我们所称的《突破议程》。这是在坚定地支持正和外交的构想，间接地抛弃了几十年来的负和外交，不再继续为如何分配持续缩减的全球碳预算而无休无止地争吵，并且从纯粹单边主义的《巴黎协定》出发，向前迈进了一步。各国将"在每一个产业中合作……让全球清洁经济转型对所有人而言变得更快、更廉价也更简单，并且让适应的方法变得成本更低、更有包容性"。我们面临的挑战不是分担责任，而是分享机遇：为达成发展、健康和气候变化的目标而加快全球清洁经济的市场和就业岗位的增长速度。其核心是一项任务说明，和肯尼迪总统著名的"登月"计划一样雄心勃勃：各国将合作"让清洁技术和可持续解决方案"在 2030 年以前，"在全球所有排放温室气体的产业中成为最实惠、最方便、最有吸引力的选择"。❶

---

❶ COP26。《COP26 世界领导人峰会——〈关于突破议程的声明〉》（*COP26 World Leaders Summit – Statement on the Breakthrough Agenda*）。

在 COP26 召开之初的世界领导人峰会提出了这一构想以后，持续两周的大会期间的种种事件为构想补充了实质性内容。我们针对电力、道路交通和森林开展的运动树立了各国务实合作、解决问题、尽可能实现进步的范例。着眼于金融、适应和复原力的运动也说明了政府和私人产业主体越来越愿意通过国际合作促成系统性变化。

其他排放温室气体的产业也有所进步。有十四个国家参与了一项特殊的目前规模最大的全球倡议，同意要合作让能耗最高的多种电器的能效倍增，包括照明、冰箱、空调和工业电机系统。这听起来或许平平无奇，但是这四种电器总共占了全球电力消费量的 40% 以上，所以让它们的能效翻倍可以在节省电费的同时大幅减少全球排放量。❶ 因为这些电器是参与国际贸易的，所以这些国家的协同行动可能会在事实上给全球制定标准，把能效最低的那些产品赶出市场。如果朱棣文注意到了，我希望他去从他高能效的冰箱里拿出一瓶啤酒，庆祝一番。

在农业领域，有一些国家不仅约定要在研发方面开展合作，而且要把补贴和其他形式的公共政策支持也转而用于鼓励可持续发展转型。❷ 目前每年 7000 亿美元的农业补贴只有大约 5% 是用来鼓励恢复生态系统的，其余的不少补贴仍旧在鼓励破坏生态系统。

在工业领域，一小部分国家同意要在公共采购低碳钢和水泥

---

❶ IEA。《英国政府和国际能源机构发起全球最大倡议，旨在提高产品能效》（*UK government and IEA spearhead largest ever global initiative to make products more energy efficient*）。

❷ COP26。《国家和企业承诺实现可持续农业和土地利用》（*Nations and businesses commit to create sustainable agriculture and land use*）。

方面协同行动。❶ 这有可能成为推动这些产业开始转型的关键一步。用化石燃料生产钢铁和水泥的工艺现在依然是最廉价的，所以只有政府向企业保证低碳但是成本更高的产品未来会有市场，企业才会大力投资低碳的生产设备。在参加这项倡议的那些国家——印度、德国、加拿大、英国和阿拉伯联合酋长国——公共采购占其国内钢铁和水泥市场的 25%~40%。协同行动有助于这些国家一道给低碳产品创造足够大的市场，为必要的工业投资提供足够的激励。

就连气候变化外交长期进展迟缓的航运业也终于出现了一丝曙光。只有航运和航空这两个产业有广受认可的国际权威机构可以讨论脱碳进程。不幸的是，航运业的这种机构——国际海事组织——是为其他目的而成立的，而且参加机构的成员极多，所以非常不适合用来开展范围较小的深入合作，进而推动技术转型起步。迄今为止，各国只通过国际海事组织商定了提高航运业化石燃料使用效率的措施。由此减少的排放量很可能会跟航运业的发展产生的排放量抵消。况且，这种做法根本无助于开启必要的零排放技术转型。

要推动转型起步，就必须创造缝隙市场：供新技术第一次投入使用的场所。之后，增强反馈会发挥作用，让新技术变得更好、更廉价、更普及。和钢铁产业一样，航运业是个竞争激烈的产业，而且化石燃料仍将享有一段时间的成本优势，所以我们需要用政策措施创造缝隙市场，为第一批零排放船舶提供试验场。两百年前，从帆船到蒸汽船的转型首先始于在运河与港口充当拖

---

❶ UNIDO。《联合国工业发展组织在 COP26 上：工业发展和气候变化》(*UNIDO at COP26: industrial development and climate change*)。

船的蒸汽船，然后是英国政府提供了补贴，用远洋航行的蒸汽船来运输邮件。❶ 现在，专业的非政府组织的分析显示，零排放航运最可行的缝隙市场是高市场集中度（而且需要主要的航运经营者愿意与政府合作）的子部门。所用的航线要容易获取丰富、廉价的可再生能源，用以生产绿氨（一种新的零排放船舶燃料）。同时，航线连接的国家应当拥有相同的气候政策承诺，并且在航运业拥有共同利益。

这一构想由非政府组织提出，尤其是全球海事论坛（Global Maritime Forum）和能源转型委员会，同时也得到了马士基公司等行业领跑者的支持。在COP26上，包括美国、英国、日本、智利、澳大利亚和马绍尔群岛共和国在内的二十二个国家承诺要将这一构想付诸行动。在《克莱德班克宣言》（Clydebank Declaration）中，它们公布了目标，计划到2025年建立至少六条"绿色航运走廊"，并且将来继续建立。❷ 这正是开启航运转型所需的必要之举。在理想情况下，我们早就应该这样做了。

英国在这些倡议中多次扮演积极的发起者，但是我们不能独占功劳，美国和欧盟领导多国做出了减少甲烷排放量的承诺。甲烷是一种在大气层中存在时间比二氧化碳要短的温室气体，但是它造成的升温效果非常明显。90%食品供应来自进口的阿联酋说服许多国家再次支持推动创新，发展气候适应型可持续农业。

在许多产业中，也包括《突破议程》本身，我们是和联合国高级别气候行动倡导者以及他们的团队建立了伙伴关系的。智

---

❶ F. 吉尔斯（Geels），2002。

❷《COP26〈克莱德班克宣言〉宣布建立绿色航运走廊》（*COP26 Clydebank Declaration for green shipping corridors*）。

利的贡萨洛·穆尼奥斯（Gonzalo Muñoz）和英国的奈杰尔·托平等"倡导者"拥有联合国授予的职责，要把政府、城市、地区、企业、投资者与非政府组织的工作结合在一起，形成更加强力的应对气候变化的行动。要把如此多样、分散的主体组织在一起本应是不可能完成的任务，但是贡萨洛和奈杰尔提出了一个整体构想。在排放方面，这个构想促使所有主体制定了净零目标，并且合作推动各自产业的系统性变化。他们的团队中来自世界各地的非政府组织活动人士要求银行不再给煤电融资，要求汽车公司给燃油车确定逐步淘汰的期限，要求超市为砍伐森林问题做出自己的贡献。看起来进步最大的领域往往有证据说明，在这方面，政府、企业和公民社会配合得很好。

仍然有一些人觉得这一切不过是公关行为。一位非政府组织评论员称："英国政府巧妙地把各种声明安排在这两周内发布，营造出快速取得进展的表象。"❶ 但是更普遍的看法则认为事情在往好的方向发展。就像世界自然基金会日本办事处能源与气候主任山岸尚之说的那样："COP 的意义正在转变，它不再只涉及正式决定。我们正在见证《巴黎协定》从制定规则转为实施的阶段。"❷

COP26 最让我印象深刻的则是各位活动人士、企业家和决策官员的话。他们告诉我，他们已经为特定产业的脱碳努力多年，直到现在，他们才终于感受到这方面工作得到了重视。我听到有人说，这次是"第一届完全围绕能源的 COP""第一届以自然为主题的 COP""第一届重视交通的 COP"。这还没有算上其他的

---

❶《卫报》。《渐变、逐步减少与脆弱的协定：COP26 的一步步进展》（*Ratchets, phase-downs and a fragile agreement: how COP26 played out*）。

❷ Carbon Brief。《COP26：格拉斯哥联合国气候谈判取得的关键成果》（*COP26: Key outcomes agreed at the UN climate talks in Glasgow*）。

很多赞美之词。有些人看出了其中的原因。这是一届重视经济、重视系统变革的 COP。

历史会不会也得出这样的结论？那大概要看我们接下来怎么做了。按照关于《突破议程》的声明的要求，各国同意委托独立的专家每年提交报告，对每一个产业给出加快进步速度的合作建议。各国部长将开会讨论其研究结果。英国已经承诺要把各个产业的不同倡议汇总起来，给第一份专家报告提供资料，并且承诺要和国际合作伙伴把这种做法定为每年的惯例——其目标是"将此作为这十年的国际政治议程的重中之重"。[1]

要达成这个目标必须得到广泛的支持。如果我们和抗议现场的标语牌上写的一样，想"要系统变化，不要气候变化"，那我们就要培养前所未有的深刻共识，确定我们想要改变的是哪些系统，并且应该如何改变。我们需要政府给每个排放温室气体的产业任命专员，负责国际交流，打破国内政策与国际政策之间的隔阂。我们需要非政府组织来督促政府和企业。非政府组织不仅要监督它们是怎样达成自己的目标的，还要注意它们在每一个产业中与其他主体的相互作用对加速转型产生了怎样的影响。我们需要学者、慈善家、记者还有各行各业的领跑者把这种务实、正和的诸边合作视为我们达成共同目标的最大希望。

经济的惯性决定了 COP26 几乎肯定无法成为全球排放量从上升转为下降的拐点。但是如果我们能让 COP26 变成我们改变合作方式的拐点，那或许不久之后，我们就能看到排放曲线也迎来了拐点。

---

[1] COP26。《突破议程——在 2022 年开启一年一度的全球检查点程序》（*Breakthrough Agenda – launching an annual global checkpoint process in 2022*）。

连锁反应

在关于外交的这一部分中，我介绍了一种更加有助于我们取得成效的新方法：在每一个排放温室气体的产业内部开展针对性合作，让所有国家的低碳转型变得更快、更简单、更廉价。正如前一章所述，这种方法近来在我们早先努力奠定的基础之上得到了一些支持。然而，这种方法需要多国政府通力合作，也需要气候变化界的全面支持。而这两点我们目前还远远不能给出定论。

在格拉斯哥的 COP26 上，除了务实合作方面的新尝试外，各国也两头下注，延续了自《巴黎协定》以来主导气候外交的单方面制定目标的做法。各国同意，由于它们在 2021 年提出的 2030 年的减排目标总体说来远远不够，所以它们会在 2022 年重新考虑目标。舆论大多表示称赞，并且希望每年都能重新考虑目标，而不像之前设想的那样每五年一次。这件事让人对同侪压力和过程效应产生了更大的信心。后者是指各国政府会因为国际进程促使它们去思考减排目标而提出更高的目标。

过程效应或许确实有用，但是我们必须承认，它产生的作用是提醒而非推动。把闹钟设置成每五分钟响一次，起床也不会变得更加简单。每年都要制定新的减排目标并不等于减排会变得更加容易。

　　有些时候，风险管理中最大的失败是想象力方面的失败。如果我们不认为某个灾难性事件有可能发生，那我们就不会采取预防措施。同样，想象不到某种好事发生的可能性或许也意味着我们会错过将其实现的机会。在这关于外交的最后一章中，我想阐述一种我能想象出来的我们达成国际商定的气候变化目标的方式。这种方式比较困难——这是难免的，毕竟我们很晚才开始严肃对待这个问题。它听起来或许缺乏事实依据，而且或多或少确实如此。但是我迄今还没有发现另一种在我看来比较合理的可能性。我在这里把它讲述出来是因为，如果以此为目标，即便我们没能将其完全实现，这样做也对我们大有帮助。

连锁变化

　　第十五章叙述了经济存在临界点的证据——在这种节点上，微小的投入可以产生不成比例的巨大反响，让系统发生质变。我们看到了英国发生了全世界最快的电力脱碳进程，而挪威发生了全世界最快的零排放汽车转型。二者的成功都有很大一部分要归功于超过了临界点。

　　我第一次了解临界点要感谢埃克塞特大学全球系统研究所所长蒂姆·伦顿（Tim Lenton），他是研究气候系统临界点的专家。2020 年春天，我去见他的时候，他告诉我，他正在越来越多地思考连锁反应的可能性。我们意识到这个概念对全球经济和全球气候可能是同样适用的。下文的基础就是我们一起写的一篇关于这个话题的论文。❶

---

❶ S. 夏普（Sharpe）与 T. 伦顿（Lenton），2021。

有些时候，在互相联系的复杂系统中，一个临界点的激活会增大触发另一个临界点的可能性，而后者也会增大另一个临界点激活的概率。综合起来，这就是"连锁反应"。最直观的比喻就是一连串的多米诺骨牌在第一张骨牌被推倒以后接二连三地全部倒下。连锁反应未必完全和多米诺骨牌一样——每次跨越临界点可以增加下一个临界点激活的概率就足够了。

在多米诺骨牌的例子中，每一个临界点产生的影响和前一个临界点是相同的——因为所有骨牌都是同样大小的。但是更加复杂的系统却未必如此。连锁反应过程中发生的变化既有可能逐渐变大，也有可能逐渐变小。如果每次变化的规模都比前一次更大，我们就称为"递增连锁反应"（upward-scaling tipping cascade）。

这个词或许会让同时在意词源和重力的人感到别扭："cascade"来自拉丁文"casicare"，意思是"掉落"，而掉落一般不是从下往上（upward）的。但是蒂姆和我想不出更好的术语了。另外一个可以作为辩解的理由是，在这个语境下，"规模"（scale）可以分为多种角度：时间（更加持久）、空间（影响更大的地理区域）或者系统界线（比如，从一个产品到一个经济部门，再到包含多个经济部门的一个经济体）。

递增连锁反应可以造成非常大规模的迅速变化。例如2008年的全球金融危机就符合这种模式：房贷违约导致债务抵押债券贬值，再导致银行和保险公司破产，继而导致信贷紧缩、经济萧条和至今都留有影响的其他后果。在生态系统中，发生递增连锁反应的原因可能是某一个"关键物种"的消失或出现——比如，美国黄石国家公园重新引进了狼导致多种动物和植物的种群数量发生了一系列变化，并且导致整个生态系统出现了恢复的迹

象。❶ 蒂姆·伦顿的研究还发现，气候系统中也可能存在递增连锁反应。❷

同样，历史上有几次"社会技术转型"就始于小规模的缝隙市场中破坏性的技术创新。这些技术创新越过一系列临界点，逐步发展为波及整个社会的变革。比如，蒸汽机的发明和改良导致采煤业大规模扩张，也导致铁路交通网络诞生，推动了英格兰的工业革命。20世纪初，美国的城市在短短十余年间就完成了从马车到化石燃料汽车的转型。其实，历史上每一次涉及主要燃料供给——从木柴到煤炭，再到石油和天然气——的转型都是这样的。

新技术在市场和社会中扩散的过程往往会受益于很多种增强反馈。其中包括在实践中学习（某样东西生产得越多，质量就越好）、规模经济（生产得越多，成本就越低）和互补技术的出现（某样东西用得越多，就有越多可以提升其价值的技术出现）。因此，技术扩散会自我生成，自我加速，并且随着时间流逝而变得越来越不可逆转。所有可以给一项新技术提供巨大的新优势——比如更大的市场份额、更好的融资条件或者更加广泛的社会接受度——的临界点都有可能强化这些增强反馈，进一步增大其效果。

技术扩散反馈可以和社会感染相互作用——影响标准、行为和新产品在社会中传播的增强反馈和临界点。其中包括社会惯例方面的临界点。持有小众观点的群体在达到足够的数量之后便有可能颠覆大众的共识。

这一切说明，为了加快低碳转型，减少全球排放量，除了临

❶ W. 里普尔（Ripple）与 R. 贝施塔（Beschta），2012。
❷ T. 伦顿（Lenton），2020。

界点外，我们还可以有意识地激活连锁反应。从决策者的视角来看，既然临界点就足以让微小的投入产生不成比例的巨大效果，那么递增连锁反应从理论上说更是极其"物超所值"。

蒂姆和我大致描绘了一条或许可行的路线。按照这条路线前进，我们找到的两个国家层面的临界点都有机会变成递增连锁反应。

从汽车开始的连锁反应

我们在第十五章看到了挪威利用税收和补贴政策使电动汽车的购买价格低于同等水平的燃油车，跨越了一个消费者行为的临界点，促使挪威的电动汽车占汽车销量的份额几乎超过其他任何一个国家的 10 倍，高于全球平均值的 20 倍。

倘若有大国政府效法挪威，在本国市场激活这一临界点，扩散反馈就会得到极大的增强：业界会更多地投资电动汽车技术，导致后者更快地降低成本，进而扩大市场份额。假设汽车市场规模最大的那些国家一起行动，比如，协同设置零排放汽车逐步占据所有新车销量的调控轨迹，它们可以取得非常大的效果，对全球市场的投资方向产生决定性的影响。这样做可以提前激活第二个临界点：即使没有政策扶持，电动汽车的购买价格也低于同等水平的燃油车的节点。

第二个临界点会比第一个更加持久。当消费者还是因为有补贴才优先购买电动汽车的时候，一旦补贴取消，我们取得的进展就会付诸东流。但是假如电动汽车的成本即使没有政策扶持也能和化石燃料汽车持平，那这项新技术不断增加的收益就会主导系统的活动方式。消费者会越来越倾向于购买电动汽车，制造商会倾向于生产电动汽车，投资者也会更加愿意投资充电基础设施。想让整个系统回到过去使用化石燃料的状态很快就会变成一种匪夷所思的妄想。

第二个临界点也会导致更大的地理空间上的变化。随着电动汽车变得越来越比化石燃料汽车更加廉价、更有吸引力，哪怕是根本不关心气候变化的政府也会有理由支持本国的转型。转型仍旧需要投资，但是对大多数国家而言，减少石油进口带来的经济收益会远远超过转型的投资成本。然后，我们在挪威看到的那种消费者行为的临界点会接二连三地在各个国家出现，只不过这一次不需要税收或补贴的扶持。

跨越第二个临界点还可以增大激活其他产业的重要临界点的可能性。第一，汽车产业的电池和电力传动技术的大规模发展会降低零排放卡车、公交车和其他大型汽车的成本，最终导致它们的成本低于化石燃料汽车。第二，道路交通领域的快速转型会导致石油公司失去最大的市场，强烈刺激它们多样化投资，而它们潜在的投资方向就包括氢能或合成燃料——工业、航空业和航运业脱碳的关键。第三，电池产量的快速增加和电池成本的快速下降会导致电力产业的储能成本也随之下降，从而提高电力系统整合可再生电力的性价比，促使电力产业——现在电力产业的排放量依然在增加——开启不可逆转的转型。图 25-1 就说明了这种连锁反应。

从电力产业开始的连锁反应

我们在第十五章看到了跨越两个临界点帮助英国实现了全世界最快的电力产业脱碳——大约是全球平均速度的八倍。首先，

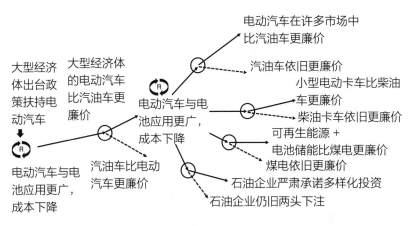

图 25-1　从汽车开始的连锁反应

来源：爱思唯尔科学与技术，S. 夏普与 T. 伦顿，2021。《通过递增连锁反应达成气候目标：抱有希望的可靠理由》。《气候政策》（*Climate Policy*），21（4），第 421—433 页。

碳价使煤炭成本高于天然气，翻转了二者在"优先次序"中的位置，而正是"优先次序"决定了各种技术被用于发电的顺序。所以燃煤电厂可以产生收入的时间大大缩短。加上其他减少煤炭收益、增加其成本的因素，第二个临界点也被超过了——煤电从能够赢利变成了不能赢利。结果就是燃煤电厂加速关闭、煤炭消费量急剧下跌——五年下跌大约 75%——排放量也大幅减少。

和汽车的例子一样，这两个临界点中的第一个是可以逆转的：只要改变政策或者天然气价格高过煤炭，市场就会恢复原状。但是第二个临界点造成了更大的影响——不仅改变了电力市场，而且改变了煤电的经济情况——并且更加持久，因为其影响包括关闭、拆除燃煤电厂。

我相信，正是这些国家层面的重大成果让英国政府有了信心在 2017 年发起一项国际运动，争取逐步淘汰全球电力产业中势头正盛的煤炭——弃用煤炭发电联盟（PPCA）——并且在后来担任

COP26 主席国期间把从煤炭到清洁电力的转型定为优先事项。

PPCA 的成员逐渐增多，目前包括了经济合作与发展组织和欧盟中将近三分之二的政府以及三十三家金融机构。有理由相信，这种形势正在影响投资者和决策者对未来全球煤电的预期。此外，COP26 召开之前，随着中日韩三国相继做出承诺，全球新建燃煤电厂的项目今后再也得不到国际公共投资。全世界新建燃煤电厂的资本成本可能会因此继续上升。

同时，政策改革、金融风险管理手段和优惠贷款可以降低可再生能源的融资成本，为许多发展中国家扫除一大投资障碍，能源转型委员会也正在为此努力。如果国际社会能够在这方面提供更大的援助，受援国也更加愿意推行必要的市场改革，那么可再生能源的资本成本会在所有目前计划新建燃煤电厂的国家下降到比煤炭更低的水平（这也是很多发达国家的现状）。

煤炭和可再生能源的相对融资成本在全球发生这种质变很有可能导致各国加速取消新建燃煤电厂的计划。如果目前新增450吉瓦煤电装机容量的计划被改成增加更多的可再生能源发电装机容量，那么全球电力产业的排放量就会终于开始从上升变为减少。

同时，每有一个国家成功改革市场，加快可再生能源的发展，这种行为就会强化全球层面促进扩散的增强反馈。每当全球太阳能和风力发电装机容量增加，二者的成本就会进一步下降。它们会在更多国家和产业中具备经济优势。在某些国家，这个过程已经开始触发第四个临界点了，因为投资新建可再生能源项目的成本已经开始低于继续往既有的燃煤电厂运输煤炭的成本。超过这个节点以后，在燃煤电厂大可以继续运行很多年的时候将其提前关闭会变成越来越有吸引力的选择。

考虑到太阳能和风力发电目前只占全球发电量的不到十分之一，这两种技术得到大规模应用并且进一步降低成本的潜力仍然是巨大的。极低成本的清洁电力可以大大促进交通、供暖和制冷以及工业的脱碳。当这些产业都取得进步以后，我们就可以开始站在经济体的高度上设想全球的低碳转型了。

全方位连锁反应

对于很多产业，我们可以预见到清洁技术或可持续解决方案的成本低过现有的化石燃料技术的临界点。对于其他产业，我们可以设想有足够数量的国家制定法规要求使用清洁技术，从而触发投资方面的临界点。

虽然每个产业各有不同之处，但是在全球经济中，它们都是互相联系的，所以连锁反应有很多潜在的发生方向。我们经常用饼状图展示不同的产业占全球排放量的比例，但是为了更加直观地理解连锁反应的潜在可能性，我们最好不把产生排放的各种原因看成一张饼，而是看作多种成分汇聚而成的一条河流：源自一次能源，首先被转化为多种形式的可用能源，然后变成材料或产品，最后变成对人有用的最终服务。图25-2就以桑基图的形式展现了这种情况（土地利用例外，没有被包括在内）。

我们可以想象这张包含能量、技术、产品和服务的图上有可能发生多种方向的连锁反应，比如：

垂直：储存、运输和管理能源的技术很可能对许多产业的转型具有重要意义。如果某一个产业中的行动扩大了这些技术的生产，提高其质量，并且降低其成本，那这些技术就可以更好地加速其他产业的转型。就像前文所举的例子，普通汽车的动力电池

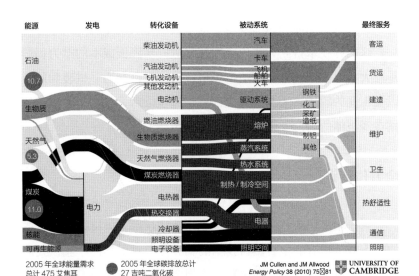

图 25-2　描绘 2005 年全球经济中能量流动情况的桑基图

注：单位为艾焦耳（exajoules，10^{18} 焦耳）。每条线的厚度表示能量流的规模。圆圈中的数字是 2005 年全球年度直接碳排放，单位为吉吨（gigatonnes，十亿吨）二氧化碳。获准转载。

来源：J. 卡伦（Cullen）与 J. 奥尔伍德（Allwood），2010.《高效利用能量：追踪从燃料到服务的全球能量流动》.《能源政策》（Energy Policy），38（1），第 75—81 页。

的进步有助于电力产业的转型。而电力产业用于管理能源的"智能系统"的进步又或许有利于建筑脱碳。

从右到左：如果产品或服务脱碳的难度低于供应这些产品或服务的产业脱碳的难度，我们可以让"使用端"产业的行动反过来催化整个供应链的改变。例如，建筑物或汽车的生命周期排放标准会限制二者在建造、生产过程中产生的排放量。这种标准或是有助于给脱碳钢铁、水泥和塑料创造市场，或是可以促使业界采用能源密集程度更低的材料。

从左到右：为了零排放能源供应而发展新技术，降低新技术的成本可以推动很多产业的转型。零排放电力有助于轻型汽车和供暖的大幅度脱碳。可能首先在化肥和炼油领域发展起来的低成本零排放氢能有助于卡车、航运和其他许多工业部门的脱碳。可持续的生物燃料或者合成燃料可以对航空和塑料的转型发挥重要作用。

促成连锁反应

这些连锁反应绝不是必然发生的，它们面临很多需要努力克服的阻碍。我们需要做的不是推测这些连锁反应是否存在，而是努力去促使其发生。用这种方式直观地展示出潜在的连锁反应可以帮助我们找到最适合我们每个人参与其中的位置。

想要参与引发连锁反应的政府可以首先思考哪些产业的转型最符合本国的利益，同时，本国在哪些地方具有最强的全球影响力——源自该国的技术能力、市场支配力或者战略位置。然后，政府可以去寻找和本国相似的国家以及在这些产业中活动的机制，和它们逐步构建有效的合作关系。

如果针对的产业具有以下特征，那么外交很可能极其有效：很高比例的全球排放量基本来自一种产品（比如电力或汽车）；转型符合利益的可能性较高（在图25-2中比较接近右侧而非左侧，因为右侧的消费者基本不关心能源从何而来，但是左侧的化石燃料拥有者非常需要出售化石燃料）；国际联系紧密（比较接近左侧而非右侧，因为左侧的商品、产品是参与国际贸易的，而右侧的，比如城市规划决策具备固有的本地属性，航空、餐饮方面的社会标准也很难对外输出）。把这些条件综合起来，我们会发现，最适合我们开展国际合作，尝试在全球经济中引发连锁反应的大概主要是图25-2的中右部区域——为了制造或使用某种

产品而消费能源的产业。❶

我们在上一章已经提到，国际组织、非政府组织和慈善家都可以帮助建立并维持用以开展有效的国际合作的机制体系。这些体系运转得越有效就越有机会在全球经济中引发一连串的变革。

企业可以寻找自己在系统中产生的杠杆作用最强的地方，然后思考如何参与引发全球经济的连锁反应。某些企业有能力开发出具备竞争优势的新型低碳技术或产品，从而改变自身所在的产业。其他很多企业则更应该利用购买力帮助其他产业转型，从而发挥杠杆作用。许多企业已经加入了"RE100"、"EV100"和"EP100"倡议，承诺电力供应只用可再生能源，企业车队只买电动汽车，并且要把自己的能源生产率提高一倍（比如通过利用热泵之类的技术）。这些倡议都可以强化相关的增强反馈，让这些低碳技术在各自的产业中占据更大的市场份额。同样，货运行业的企业联盟也可以利用自身的购买力，帮忙创造最初的零排放航运需求；经常订购商务舱机票的公司也可以对航空业产生同样的作用。（这种做法的正面效果远远胜过购买碳抵消额度）另外，虽然图 25-2 中没有显示，但是买卖农产品的公司可以为保护森林发挥重要的作用。

相比中央政府，城市通常掌握不同的杠杆，拥有不同的利益。在中国，北京和上海等城市已经为零排放汽车转型做出了巨大的贡献。它们通过政策，让居民购买、登记、驾驶零排放汽车的难度低于汽油或柴油车。在汽车产业对中央政府的影响力较大的国家，和这些既得利益集团的地理位置相距较远的城市或许更有机会出台强力的政策，推进转型。城市也许还可以发挥出特殊

---

❶ D. 维克托（Victor）、F. 吉尔斯（Geels）与 S. 夏普（Sharpe），2019。

的杠杆作用，因为它们可以采用零排放公共汽车。这有可能是最适合氢能技术起步的缝隙市场之一。氢能技术可以由此传播至重型货车和工业。当然，城市规划也可以帮助人们采用更加低排放的出行方式，比如步行和骑车。有些城市有权力制定建筑规范，从而扩大热泵的市场，着手压缩天然气的市场。

在这个过程中，专家可以努力确定临界点的基本特征和位置，找到最有可能激活临界点的政策。临界点是个容易理解的概念，但是这并不意味着临界点总是很容易找到。最能激活临界点的政策往往不同于抱有均衡思想的经济学家推荐的政策。即使在电力和交通领域，英国和挪威的经验也是例外，而不是常态。工业或农业部门的临界点可能会更加难以确定、难以激活。

专家也可以规划涉及多个产业的连锁反应的发生路径。这项工作对包括电解水制氢和氢燃料电池在内的多种零排放氢能技术具有特别重要的意义。目前已有很多人意识到，在零排放经济中，氢能有潜力成为仅次于电力的第二大能量载体。但是要快速发展"氢经济"，我们就必须清晰地确定将其投入实践的第一批缝隙市场，并且为了氢能可能引发的全球连锁反应而大力投资这些缝隙市场，不能只盯着短期可能实现的减排效果。就长期而言，生物能碳捕集与封存也存在类似的挑战。大多数经济—气候模型都默认 21 世纪下半叶我们会大规模应用这项负排放技术（该技术可以把碳从大气中剥离），因为如果不这样做，它们就算不出依然可能实现的 2 摄氏度或 1.5 摄氏度的全球排放路径了。但是这种技术究竟可以在哪些产业中成为一项在经济上可行的技术呢？它又会怎样得到发展？

非政府组织和其他活动人士可以在这个系统的很多节点上发挥作用。许多人很擅长寻找自己的杠杆点。为了增大引发连锁反应的可能性，他们可以拥护那些有助于造成转型变革，而非边际变动的政策。有些非政府组织仍旧支持限额交易体系——创建新体系，或者把既有体系扩张至更多产业。就推进低碳转型而言，无论是从政治还是从经济上看，这都是最缓慢、最低效的手段之一。更好的做法是把开展运动的资源用来呼吁政府做出战略性投资或者修改政策，把资源转移至零排放技术，加快其发展速度。如果专家已经确定临界点的所在，非政府组织就应该强烈要求政府推行最有利于激活临界点的政策。

作为公民，我们每个人都可以根据我们的专业知识、社会关系或者民主权利寻找最适合我们发挥作用的地方。

全球性相变

随着全方位连锁反应不断地改变全球经济，不同领域的低碳转型会逐渐互相重叠。我们会越来越多地见到横跨多个产业的零排放技术、商业惯例和社会规范把不同领域的转型衔接起来，组成一张网络。随着这种互相联系的程度越来越高，整个经济体也越来越有可能发生变革。

经济学家埃里克·拜因霍克用下面的这个例子说明了多重网络发生快速变革的潜在可能。[1]"想象有一千颗纽扣散落在硬木地板上。再想象你手里有很多线。然后，你随便捡起两颗纽扣，用线把它们串起来，再放回地上。一开始，你每次捡起来的大概率都是没有被串起来的纽扣，所以你会制造出很多组一对一连接的

---

[1] E. 拜因霍克（Beinhocker），2010，引用了斯图尔特·考夫曼（Stuart Kauffman）的作品。

纽扣。然而，你迟早会捡到一颗已经和另一颗纽扣连在一起的纽扣。于是，你会给它们加上第三颗纽扣。最后，因为没有被串起来的纽扣越来越少，你会制造出越来越多由三颗纽扣组成的纽扣串。接下来，四颗纽扣、五颗纽扣的纽扣串也会出现，就像是散布在纽扣的海洋中的一座座小岛。之后，随着你不停地串纽扣，一个个互不相连的纽扣串会突然开始组成庞大的超级纽扣串——两个五颗纽扣的纽扣串会组成一个十颗纽扣的纽扣串，十颗的又和四颗的组成十四颗的，以此类推。"

拜因霍克用水在 0 摄氏度变成冰，在 100 摄氏度变成蒸汽的例子说明了这种"相变"现象。相变就是指一个系统的性质发生的突然变化。在水的例子中，系统内部的纽带是分子间的联系。为了举出一个发生变化的过程或许类似于经济的例子，他提到了互联网：20 世纪 60 年代互联网被发明出来以后，它"默默无闻地传播了二十年，主要为学者所用"。但是随后，因为有了更快、更廉价的调制解调器和更加完善的用户界面，对互联网感兴趣的人越来越多。用互联网来互相联系的人和企业越多，互联网对其他人而言就越有用。在 20 世纪 90 年代末，也许是因为这种互相联系的密度超过了关键的阈值，互联网在社会、经济中的普及程度突然暴增，迅速变得无处不在。

我们可以推测，在朝着可持续发展转型的路上，全球经济或许也会发生相变。我们已经开始改变化石燃料经济的构造。我们可以想象以太阳能、风能、氢能和再生农业为中心的零排放经济。未来，我们或许可以想象，在某种经济中，除了所有能源外，所有的材料也都来自源源不断的可再生资源，而不再源于有限的储量，而且自然资源储量不仅能得到保护，而且会得到再生。在朝着这个方向前进的途中，我们的众多可持续发展的孤岛是否也会突然联系在一起，组成庞大的多重网络？甚至，这些庞大的多重网络是否也会互相连接？等到最后有一条线把所有纽扣都串在一起，让人能把所有纽扣都同时拿起来，这整个系统是不是会开始团结一致地走向持续再生的新状态？

我们曾提问地球系统是否存在一个"追悔莫及的临界点"，当我们超过这个临界点以后，气候变化会具备足以自我维持的动力，把地球变得越来越不适合人类生活。科学家并不确定。大多数科学家认为不太可能有这样的单个节点，但是他们也不能完全排除这个可能性。与此同时，他们相信有许多临界点是存在的，而且随着全球变暖不断加剧，我们有可能会跨过越来越多的临界点。在不断变暖的世界里，增强反馈看起来是多于平衡反馈的。它们会不断促进变化。或许正是因此，地球系统对气候变化的反应比我们预想的更加敏感。

我认为我们应该用同样的方式看待经济。我们不知道是否只要超过某个关键节点，再生经济转型就会具备自我维持的动力，但这是有可能的。我们可以相信经济存在很多临界点，而且随着低碳转型不断推进，我们有可能会跨过越来越多的临界点。在转型的早期阶段，增强反馈多于平衡反馈。它们会帮助我们前进。也正是因此，全球经济对政策变化的反应比我们预想的更加敏感——太阳能发电装机容量的增长速度超过预期十倍，而且，风电、电池和电动汽车也都超出了我们的预期。

所以，我们正在赛跑。在本书第一部分提到的气候变化风险评估报告中，我的同事们和我在结尾部分是这样说的："气候变化的风险可能比人们通常意识到的程度更高，我们应对气候变化的能力也是如此。实事求是的风险评估并不是宿命论的借口。如果我们克服惰性，发挥创造力，将反馈作用相匹配，找到并跨过非线性变化的边界，那么未来保持安全气候的目标就不是遥不可及的。"

要赢得这场赛跑并不容易。更加有效的国家政策和针对性外交是否能够给予我们足够的推力，让我们完成全球经济脱碳速度提高五倍的必要目标？我不知道。也许，勉强足够。既然有发生大规模、快速的经济变革的先例，而且我们的确有可能再次促成这样的变革，那我觉得，我们还是有可靠的理由抱有希望的。

致 谢 ACKNOWLEDGEMENTS

我要深深地感谢众多学者、专家不吝惜他们宝贵的时间，把他们的知识分享给我，并且解答我的疑惑。其中很多人不仅仅是为了履行职责才这样做。我对他们的公益精神和他们分享的知识抱有同样深刻的感激之情。

有三个项目的成果为本书的内容提供了大量的资料，所以我要特别感谢所有为这三个项目做出贡献的朋友和同事。感谢戴维·金、丹尼尔·施拉格、周大地、齐晔、阿鲁纳巴·戈什，还有其他许多参与了我们 2013 年至 2015 年气候变化风险评估项目以及后续项目的朋友。感谢戴维·维克托、弗兰克·吉尔斯，以及来自能源转型委员会的朋友们和其他给我们 2019 年的报告《加速低碳转型》提供过专业意见的朋友。感谢弗朗索瓦·梅屈尔、迈克尔·格拉布，以及来自牛津和剑桥的朋友们和正在"能源创新和系统转型经济学"项目中工作的来自中国、印度和巴西的合作伙伴。尤其感谢我在中国的合作伙伴：朱松丽、张希良、韩战钢以及他们的团队。同样，我要感谢玛丽安娜·马祖卡托和创新与公共目的研究所的团队在关于英国的产业战略的工作中与我们合作。我还要感谢布里妮·沃辛顿（Bryony Worthington）、埃里克·拜因霍克、蒂姆·伦顿和奥利弗·贝蒂斯（Oliver

Bettis）多次为我提供灵感。

我也从在英国政府工作的同事们身上学到了很多东西。我要感谢他们的同志之情、奉献精神和耐心的品格，我要尤其感谢我不辞辛劳的 COP26 运动团队以及所有在运动中与我们合作的伙伴。我也要诚挚地感谢其他国家的政府里的朋友愿意秉持开放的心态，在各种政治条件下共同努力，推进事业。

我要感谢我的代理人玛吉·汉伯里（Maggie Hanbury）和我的编辑马特·劳埃德（Matt Lloyd）帮助我完成本书。我还要特别感谢我的父母。他们的思想对这部作品造成了远超其他人想象的巨大影响。我最需要感谢的是我的妻子和女儿，这个项目占用了我们大量宝贵的假期时光，但是她们依然非常支持我。

Simon Sharpe 夏明

参考文献

Adger, W. N., Pulhin, J. M., Barnett, J., et al., 2014. Human security. In: *Climate Change 2014: Impacts, Adaptation, and Vulnerability. Part A: Global and Sectoral Aspects*. Contribution of Working Group II to the Fifth Assessment Report of the Intergovernmental Panel on Climate Change [Field, C. B., V. R. Barros, D. J. Dokken, et al. (eds.)]. Cambridge University Press, pp. 755–792.

Aichele, R. and Felbermayr, G., 2013. The effect of the Kyoto Protocol on carbon emissions. *Journal of Policy Analysis and Management*, 32(4), 731–757.

Aklin, M. and Mildenberger, M., 2020. Prisoners of the wrong dilemma: why distributive conflict, not collective action, characterizes the politics of climate change. *Global Environmental Politics*, 20(4), 4–27.

Aleem, Z., 2021. *Joe Manchin's coal ties are worse than we thought-yet legal*. [online] MSNBC.com.

Ambec, S., Cohen, M. A., Elgie, S., and Lanoie, P., 2011. The Porter Hypothesis at 20: can environmental regulation enhance innovation and competitiveness? Resources for the Future Discussion Paper No. 11–01. *SSRN Electronic Journal*.

Anderson, P. W., 1972. More is different. *Science*, 177(4047), 393–396.

Andrews, O., Le Quéré, C., Kjellström, T., Lemke, B., and Haines, A., 2018.

Implications for workability and survivability in populations exposed to extreme heat under climate change: a modelling study. *The Lancet Planetary Health*, 2(12), e540-e547.

Appleyard, D., 2014. *Comparing the costs of biomass conversion and offshore wind*. Arthur, W. B., 2013. *Complexity economics: a different framework for economic thought*.

Australian Financial Review, 2015. *Climate change model environmental damage claims are just smoke*.

Bank of England Prudential Regulation Authority, 2015. *The impact of climate change on the UK insurance sector*.

Barrett, S., 2008. Climate treaties and the imperative of enforcement. *Oxford Review of Economic Policy*, 24(2), 239−258.

Barrett, S., 2014. *Why have climate negotiations proved so disappointing?*

Beinhocker, E., 2010. *The Origin of Wealth*. Harvard Business School Press.

Beinhocker, E., Farmer, D., and Hepburn, C., 2018. *The tipping point: how the G20 can lead the transition to a prosperous clean energy economy-G20 insights*.

Bettis, O., 2014. *Risk management and climate change: risk of ruin*.

Betts, R., 2018. *Hothouse Earth: here's what the science actually does-and doesn't-say*.

Black, J., 2003. *A Dictionary of Economics*. Oxford University Press. BloombergNEF, 2019. *EV Outlook 2019*.

BloombergNEF, 2021. *EV Outlook 2021*.

Boers, N. and Rypdal, M., 2021. Critical slowing down suggests that the western Greenland ice sheet is close to a tipping point. *Proceedings of the National Academy of Sciences*, 118(21).

Boulton, C., Lenton, T., and Boers, N., 2022. Pronounced loss of Amazon rainforest resilience since the early 2000s. *Nature Climate Change*, 12(3), 271−278.

Brulle, R., 2013. Institutionalizing delay: foundation funding and the creation of U.S. climate change counter-movement organizations. *Climatic Change*, 122(4), 681−694.

Chappin, E., 2011. *Stimulating Energy Transitions*. PhD thesis, TU Delft, pp. 101−114.

Chatham House, 2021. *Climate change risk assessment 2021*.

Church, J. A., Clark, P. U., Cazenave, A., et al., 2013. Sea level change. In: *Climate Change 2013: The Physical Science Basis*. Contribution of Working Group I to the Fifth Assessment Report of the Intergovernmental Panel on Climate Change [Stocker, T.F., D. Qin, G.-K. Plattner, et al. (eds.)]. Cambridge University Press, pp. 1137−1216.

Climate Action Tracker, 2015. *Climate pledges will bring 2.7°C of warming, potential for more action*.

Climate Action Tracker, 2021. *Glasgow's one degree 2030 credibility gap: Net Zero's lip service to climate action*.

CNA Military Advisory Board, 2014. *National security and the accelerating risks of climate change*.

Committee on Climate Change, 2017. *UK climate change risk assessment 2017*.

Cui, H., Hall, D., Li, J., and Lutsey, N., 2021. *Update on the global transition to electric vehicles through 2020*.

Cullen, J. and Allwood, J., 2010. The efficient use of energy: tracing the global flow of energy from fuel to service. *Energy Policy*, 38(1), 75−81.

De Meyer, K., Howarth, C., Jackson, A., et al., 2018. *Developing better climate mitigation policies: challenging current climate change risk assessment approaches*. UCL Policy Commission on Communicating Climate Science Report 2018−01.

Department for Business, Energy & Industrial Strategy, 2017. *Industrial Strategy: Building a Britain Fit for the Future*. HM Government, UK.

Depledge, J., 2022. The 'top-down' Kyoto Protocol? Exploring caricature and misrepresentation in literature on global climate change governance. *International Environmental Agreements: Politics, Law and Economics*.

Diamond, J., 2011. *Collapse*. Penguin, p. 436.

Dickens, G. and Forswall, C., n.d. Methane hydrates, carbon cycling, and environmental change. *Encyclopedia of Earth Sciences Series*, pp. 560–566.

Downey, E., 1910. The futility of marginal utility. *Journal of Political Economy*, 18(4), 253–268.

Drollette, D., 2016. Taking stock: Steven Chu, former secretary of the Energy Department, on fracking, renewables, nuclear weapons, and his work, post-Nobel Prize. *Bulletin of the Atomic Scientists*, 72(6), 351–358.

Earle, J., Moran, C., and Ward-Perkins, Z., 2017. *The Econocracy*. Manchester University Press.

Economists' Statement on Carbon Dividends Organized by the Climate Leadership Council, 2019. *Economists' Statement on Carbon Dividends Organized by the Climate Leadership Council*.

Environment Agency, 2012. *Thames Estuary 2100: managing risks through London and the Thames Estuary. TE2100 Plan; 2012.*

European Commission, 2021. *France, Germany, UK, US and EU launch groundbreaking International Just Energy Transition Partnership with South Africa.*

FACT Dialogue, 2021. *FACT Dialogue roadmap.*

Farmer, J. D., Hepburn, C., Ives, M. C., et al., 2019. Sensitive intervention points in the post-carbon transition. *Science*, 364(6436), 132–134.

Femia, F. and Werrell, C., 2012. *Syria: climate change, drought and social unrest.* The Center for Climate and Security.

Femia, F. and Werrell, C. (eds.), 2013. *The Arab Spring and climate change.* Center for American Progress, The Center for Climate and Security.

Friedman, M., 1966. The methodology of positive economics. In: *Essays in Positive Economics*. University of Chicago Press, pp. 3–16, 30–43.

Funke, F. and Mattauch, L., 2018. *Why is carbon pricing in some countries more successful than in others?*

Funtowicz, S. and Ravetz, J., 1994. The worth of a songbird: ecological economics as a post-normal science. *Ecological Economics*, 10(3), 197–207.

Geels, F., 2002. Technological transitions as evolutionary reconfiguration processes: a multi-level perspective and a case-study. *Research Policy*, 31(8–9), 1257–1274.

Geels, F., 2005a. *Technological Transitions and System Innovations*. Edward Elgar. Geels, F. W., 2005b. The dynamics of transitions in socio-technical systems: a multi-level analysis of the transition pathway from horse-drawn carriages to automobiles (1860—1930). *Technology Analysis & Strategic Management*, 17(4), 445–476.

Geels, F. W., 2006a. Co-evolutionary and multi-level dynamics in transitions: the transformation of aviation systems and the shift from propeller to turbojet (1930—1970). *Technovation*, 26(9), 999–1016.

Geels, F. W., 2006b. The hygienic transition from cesspools to sewer systems (1840—1930): the dynamics of regime transformation. *Research Policy*, 35(7), 1069–1082.

Geels, F., 2014. Regime resistance against low-carbon transitions: introducing politics and power into the multi-level perspective. *Theory, Culture & Society*, 31(5), 21–40.

Geels, F. and Schot, J., 2007. Typology of sociotechnical transition pathways. *Research Policy*, 36(3), 399–417.

Gibbs, H., Rausch, L., Munger, J., et al., 2015. Brazil's soy moratorium. *Science*, 347 (6220), 377–378.

Grubb, M., Drummond, P., Mercure, J. F., et al., 2021. *The new economics of innovation and transition: evaluating opportunities and risks*.

Grubb, M., McDowall, W., and Drummond, P., 2017. On order and complexity in innovations systems: conceptual frameworks for policy mixes in sustainability transitions. *Energy Research & Social Science*, 33, 21–34.

Haldane, A. and Turrell, A., 2017. *An interdisciplinary model for macroeconomics*. Bank of England Staff Working Paper No. 696.

Hallegatte, S. and Rozenberg, J., 2019. *All hands on deck: mobilizing all available instruments to reduce emissions.*

Hansen, J., 2009. *Storms of My Grandchildren*. Bloomsbury.

Haupt, F., Streck, C., Schulte, I., and Chagas, T., 2017. *Progress on the New York Declaration on Forests: Finance for Forests-Goals 8 and 9 Assessment Report.*

Henbest, S., 2020. *The first phase of the transition is about electricity, not primary energy.* [online] BloombergNEF.

Henrich, J., 2015. *The Secret of Our Success*. Princeton University Press.

HM Treasury, 2020. *Final Report of the 2020 Green Book Review.*

Hoegh-Guldberg, O., Cai, R., Poloczanska, E. S., et al., 2014. The ocean. In: *Climate Change 2014: Impacts, Adaptation, and Vulnerability. Part B: Regional Aspects*. Contribution of Working Group II to the Fifth Assessment Report of the Intergovernmental Panel on Climate Change [Barros, V. R. , C. B. Field, D. J. Dokken, et al. (eds.)]. Cambridge University Press, pp. 1655–1731.

Hoggan, J. and Littlemore, R., 2010. *Climate Cover-up*. Greystone Books.

Horton, B. P., Rahmstorf, S., Engelhardt, S.E., and Kemp, A. C., 2014. Expert assessment of sea-level rise by AD2100 and AD2300. *Quaternary Science Reviews.*

Huerta de Soto, J., 2009. *Four Hundred Years of Dynamic Efficiency.*

Huerta de Soto, J., 2014. *The Theory of Dynamic Efficiency*. Routledge/Taylor & Francis Group.

IEA, 2019. *Global EV outlook 2019.*

IEA, 2020. *Energy technology perspectives 2020.*

IEA, 2021. *Net Zero by 2050. A road map for the global energy sector.*

IMF, 2010. *Rethinking macroeconomic policy.*

IMF, 2019a. *How to mitigate climate change.*

IMF, 2019b. *The economics of climate.*

International Council for Clean Transportation, 2019. *Overview of global zero-emission vehicle mandate programs.*

IPCC, 2013. Summary for Policymakers. In:*Climate Change 2013: The Physical Science Basis.* Contribution of Working Group I to the Fifth Assessment Report of the Intergovernmental Panel on Climate Change [Stocker, T. F., D. Qin, G.-K. Plattner, et al. (eds.)]. Cambridge University Press.

IPCC, 2014a. *Climate Change 2014: Impacts, Adaptation, and Vulnerability.* Contribution of Working Group II to the Fifth Assessment Report of the Intergovernmental Panel on Climate Change [online]. Cambridge University Press.

IPCC, 2014b. Summary for Policymakers. In: *Climate Change 2014: Impacts, Adaptation, and Vulnerability. Part A: Global and Sectoral Aspects.* Contribution of Working Group II to the Fifth Assessment Report of the Intergovernmental Panel on Climate Change [Field, C. B., V. R. Barros, D. J. Dokken, et al. (eds.)]. Cambridge University Press.

IPCC, 2018. Summary for Policymakers. In: *Global Warming of 1.5°C.* An IPCC Special Report on the impacts of global warming of 1.5°C above pre-industrial levels and related global greenhouse gas emission pathways, in the context of strengthening the global response to the threat of climate change, sustainable development, and efforts to eradicate poverty [Masson-Delmotte, V., P. Zhai, H.-O. Pörtner, et al. (eds.)]. Cambridge University Press, pp. 3−24.

IPCC, 2021. Summary for Policymakers. In: *Climate Change 2021: The Physical Science Basis.* Contribution of Working Group I to the Sixth Assessment Report of the Intergovernmental Panel on Climate Change [Masson-Delmotte, V., P. Zhai, A. Pirani, et al. (eds.)]. Cambridge University Press, p. 11.

IPCC, 2022. *Climate Change 2022: Impacts, Adaptation and Vulnerability.* Contribution of Working Group II to the Sixth Assessment Report of the Intergovernmental Panel on Climate Change [Pörtner, H.-O., D. C. Roberts, M. Tignor, et al. (eds.)]. Cambridge University Press.

IRENA, 2019. *Renewable capacity statistics 2019.*

IRENA, 2021. *Renewable capacity highlights.*

Jennings, T., Andrews Tipper, H., Daglish, J., Grubb, M., and Drummond, P., 2020. *Policy, innovation and cost reduction in UK offshore wind.*

Kattel, R., Mazzucato, M., Ryan-Collins, J., and Sharpe, S., 2018. *The economics of change: policy and appraisal for missions, market shaping and public purpose.*

Kauffman, S., 2003. *Investigations.* Oxford University Press.

Kavlak, G., McNerney, J., and Trancik, J., 2016. *Evaluating the changing causes of photovoltaics cost reduction.*

Kean, T. and Hamilton, L., 2004. *Public statement on the release of 9/11 Commission Report.*

Keen, S., 2017. *Why economists have to embrace complexity to avoid disaster.*

Kelley, C. P., Mohtadi, S., Cane, M. A., Seager, R., and Kushnir, Y., 2015. Climate change in the Fertile Crescent and implications of the recent Syrian drought. *Proceedings of the National Academy of Sciences*, 11, 3241−3246.

King, D., Schrag, D., Zhou, D., Qi, Y., and Ghosh, A., 2015. *Climate change: a risk assessment.*

Knobloch, F., Hanssen, S., Lam, A., et al., 2020. Net emission reductions from electric cars and heat pumps in 59 world regions over time. *Nature Sustainability*, 3(6), 437−447.

Kriegler, E., Hall, J. W., Held, H., Dawson, R., and Schellnhuber, H. J., 2009. Imprecise probability assessment of tipping points in the climate system. *Proceedings of the National Academy of Sciences*, 106, 5041−5046.

Krugman, P., 2009. *Opinion | Fighting off depression.* [online] Nytimes.com.

Kuhn, T., 1970. *The Structure of Scientific Revolutions.* University of Chicago Press.

Lenton, T., 2011. Early warning of climate tipping points. *Nature Climate Change*, 1, 201−209.

Lenton, T., 2020. Tipping positive change. *Philosophical Transactions of the Royal Society B: Biological Sciences*, 375(1794), 20190123.

Lovejoy, T. and Nobre, C., 2018. Amazon tipping point. *Science Advances*, 4(2).

Lowe, J. and Bernie, D., 2018. The impact of Earth system feedbacks on carbon budgets and climate response. *Philosophical Transactions of the Royal Society A: Mathematical, Physical and Engineering Sciences*, 376(2119), 20170263.

Lubchenco, J., 1998. Entering the century of the environment: a new social contract for science. *Science*, 279(5350), 491–497.

Lucas, R. E., 2004. Professional memoir. In: *Lives of the Laureates*, 4th ed. [Breit, W. and B. T. Hirsh. (eds.)]. MIT Press

MacKay, D., 2015. *Why 'good energy policy' is difficult.*

MacKay, D., Cramton, P., Ockenfels, A., and Stoft, S., 2015. Price carbon-I will if you will. *Nature*, 526(7573), 315–316.

Mazzucato, M., 2018. Mission-oriented innovation policies: challenges and opportunities. *Industrial and Corporate Change*, 27(5), 803–815.

McGrath, A., 2018. *The clockwork god: Isaac Newton and the mechanical universe.*

Meadows, D., 2008. *Thinking in Systems: A Primer*. Chelsea Green.

Mercure, J., Pollitt, H., Bassi, A., Viñuales, J., and Edwards, N., 2016. Modelling complex systems of heterogeneous agents to better design sustainability transitions policy. *Global Environmental Change*, 37, 102–115.

Mercure, J., Sharpe, S., Vinuales, J., et al., 2021. Risk-opportunity analysis for transformative policy design and appraisal. *Global Environmental Change*, 70, 102359.

Mirowski, P. and Plehwe, D., 2009. *The Road from Mont Pèlerin*. Harvard University Press.

National Research Council, 2009. *Panel on Strategies and Methods for Climate-Related Decision Support*. National Academies Press.

Nelson, R. and Winter, S., 1982. *An Evolutionary Theory of Economic Change*. Belknap Press of Harvard University.

New Weather Institute, 2017. *The new reformation: 33 theses for an economics reformation.*

Nordhaus, W., 2018. *Climate change: the ultimate challenge for economics.*

O'Neill, B., van Aalst, M., Zaiton Ibrahim, Z., et al., 2022. Key risks across sectors and regions. In: *Climate Change 2022: Impacts, Adaptation and Vulnerability.* Contribution of Working Group Ⅱ to the Sixth Assessment Report of the Intergovernmental Panel on Climate Change [Pörtner, H.-O., D. C. Roberts, M. Tignor, et al. (eds.)]. Cambridge University Press, pp. 98−119.

Oberthür, S. and Ott, H., 2011. *The Kyoto Protocol: International Climate Policy for the 21st Century.* Springer.

OECD, 2012. *Environmental outlook to 2050: the consequences of inaction.*

OECD, 2016. *The economic consequences of Brexit: a taxing decision.*

Oppenheimer, M., Campos, M., Warren, R., et al., 2014. Emergent risks and key vulnerabilities. In: *Climate Change 2014: Impacts, Adaptation, and Vulnerability. Part A: Global and Sectoral Aspects.* Contribution of Working Group Ⅱ to the Fifth Assessment Report of the Intergovernmental Panel on Climate Change [Field, C. B., V. R. Barros, D. J. Dokken, et al. (eds.)]. Cambridge University Press.

Otto, F. E. L., Massey, N., vanOldenborgh, G. J., Jones, R. G., and Allen, M. R., 2012. Reconciling two approaches to attribution of the 2010 Russian heat wave. *Geophysical Research Letters*, 39, L04702.

Overdevest, C. and Zeitlin, J., 2017. Experimentalism in transnational forest governance: implementing European Union Forest Law Enforcement, Governance and Trade (FLEGT) voluntary partnership agreements in Indonesia and Ghana. *Regulation & Governance*, 12(1), 64−87.

Page, S. E., 1999. Computational models from A to Z. *Complexity*, 5(1), 35−41. Perez, C., 2014. *Technological Revolutions and Financial Capital.* Edward Elgar. Pindyck, R., 2017. The use and misuse of models for climate policy. *Review of Environmental Economics and Policy*, 11(1), 100−114.

Porter, J. R., Xie, L., Challinor, A. J., et al., 2014. Food security and food production systems. In: *Climate Change 2014: Impacts, Adaptation, and*

Vulnerability. Part A: Global and Sectoral Aspects. Contribution of Working Group Ⅱ to the Fifth Assessment Report of the Intergovernmental Panel on Climate Change [Field, C. B., V. R. Barros, D. J. Dokken, et al. (eds.)]. Cambridge University Press, pp. 485−534.

Prospect Magazine, 2017. *Dismal ignorance of the 'dismal science'- a response to Larry Elliot.*

Prospect Magazine, 2018. *In defence of the economists.*

PwC, 2013. *International threats and opportunities of climate change for the UK.*

Raworth, K., 2018. *Doughnut Economics.* Random House Business Books.

Reeder, T., Wicks, J., Lovell, L., and Tarrant, T., 2009. Protecting London from tidal flooding: limits to engineering adaptation. In: *Adapting to Climate Change: Thresholds, Values, Governance.* [Adger, N. W., I. Lorenzoni, and K. O'Brien (eds.)]. Cambridge University Press, pp. 54−63.

Ripple, W. and Beschta, R., 2012. Trophic cascades in Yellowstone: the first 15 years after wolf reintroduction. *Biological Conservation*, 145(1), 205−213.

Roberts, C. and Geels, F. W., 2019, Conditions for politically accelerated transitions: historical institutionalism, the multi-level perspective, and two historical case studies in transport and agriculture. *Technological Forecasting and Social Change*, 140, 221−240.

Rogelj, J., Shindell, D. Jiang, K., et al., 2018. Mitigation pathways compatible with 1.5°C in the context of sustainable development. In: *Global Warming of 1.5°C.* An IPCC Special Report on the impacts of global warming of 1.5°C above pre-industrial levels and related global greenhouse gas emission pathways, in the context of strengthening the global response to the threat of climate change, sustainable development, and efforts to eradicate poverty. [Masson-Delmotte, V., P. Zhai, H.-O. Pörtner, et al. (eds.)]. Cambridge University Press, p. 151.

Romer, P., 2016. *The trouble with macroeconomics.*

Ryan-Collins, J., Lloyd, T., and Macfarlane, L., 2017. *Rethinking the Economics of Land and Housing.* Zed Books.

Sabel, C. F. and Victor, D. G., 2022. *Fixing the Climate: Strategies for an Uncertain World.* Princeton University Press.

Schmidt, G., 2006. *Runaway tipping points of no return.*

Scientific Advisory Board of the United Nations Secretary-General, 2016. *Assessing the risks of climate change: Policy Brief.*

Sharma, A., 2020. *COP26 President's closing remarks at Climate Ambition Summit 2020.*

Sharpe, B., 2010. *Economies of Life.* Triarchy Press.

Sharpe, B., 2013. *Three Horizons.* Triarchy Press, p. 111.

Sharpe, S., 2019. Telling the boiling frog what he needs to know: why climate change risks should be plotted as probability over time. *Geoscience Communication*, 2(1), 95−100.

Sharpe, S. and Lenton, T., 2021. Upward-scaling tipping cascades to meet climate goals: plausible grounds for hope. *Climate Policy*, 21(4), 421−433.

Shearer, C., 2019. *Guest post: How plans for new coal are changing around the world.*

Sherwood, S. and Huber, M., 2010. An adaptability limit to climate change due to heat stress. *Proceedings of the National Academy of Sciences*, 107(21), 9552−9555.

Smith, J., 1976. What determines the rate of evolution? *The American Naturalist*, 110 (973), 331−338.

Smith, K. R., Woodward, A., Campbell-Lendrum, D., et al., 2014. Human health: impacts, adaptation, and co-benefits. In: *Climate Change 2014: Impacts, Adaptation, and Vulnerability. Part A: Global and Sectoral Aspects.* Contribution of Working Group II to the Fifth Assessment Report of the Intergovernmental Panel on Climate Change [Field, C. B., V. R. Barros, D. J. Dokken, et al. (eds.)]. Cambridge University Press.

Solow, R., 1994. Perspectives on growth theory. *Journal of Economic Perspectives*, 8(1), 45−54.

Staffell, I., Jansen, M., Chase, A., Cotton, E., and Lewis, C., 2018. *Energy revolution: a global outlook.*

Stavins, R., 2020. The future of US carbon-pricing policy. *Environmental and Energy Policy and the Economy*, 1, 8–64.

Steffen, W., Rockström, J., Richardson, K., et al., 2018. Trajectories of the Earth System in the Anthropocene. *Proceedings of the National Academy of Sciences*, 115 (33), 8252–8259.

Stern, N., 2013. The structure of economic modeling of the potential impacts of climate change: grafting gross underestimation of risk onto already narrow science models. *Journal of Economic Literature*, 51(3), 838–859.

Stern, N., 2018. Public economics as if time matters: climate change and the dynamics of policy. *Journal of Public Economics*, 162, 4–17.

Sutton, R., 2019. Climate science needs to take risk assessment much more seriously. *Bulletin of the American Meteorological Society*, 100(9), 1637–1642.

Sweet, W., 2016. *Climate Diplomacy from Rio to Paris.* Yale University Press.

Systemiq, 2020. *The Paris effect.*

The Economist. 2014a. *Rueing the waves.*

The Economist. 2014b. *Sun, wind and drain.*

Tremaine, S., 2011. *Is the Solar System stable?* [online] Institute for Advanced Study.

UK Government Cabinet Office, 2017. *National Risk Register of Civil Emergencies.*

UNEP, 2015. *Emissions gap report 2015.*

UNEP, 2020. *Emissions gap report 2020.*

UNEP, 2021. *Emissions gap report 2021.*

US Department of State, 2017. *The Montreal Protocol on Substances that Deplete the Ozone Layer.*

Van Buskirk, R., Kantner, C., Gerke, B., and Chu, S., 2014. A retrospective investigation of energy efficiency standards: policies may have accelerated long term declines in appliance costs. *Environmental Research Letters*, 9(11), 114010.

Victor, D., Geels, F., and Sharpe, S., 2019. *Accelerating the low carbon transition: the case for stronger, more targeted and coordinated international action.*

Vogt-Schilb, A., Meunier, G., and Hallegatte, S., 2018. When starting with the most expensive option makes sense: optimal timing, cost and sectoral allocation of abatement investment. *Journal of Environmental Economics and Management*, 88, 210−233.

Watson, J., 2012. *Climate change policy and the transition to a low carbon economy.*

Way, R., Mealy, P., Farmer, D., and Ives, M., 2021. *Empirically grounded technology forecasts and the energy transition.*

Weitzman, M., 2011. Fat-tailed uncertainty in the economics of catastrophic climate change. *Review of Environmental Economics and Policy*, 5(2), 275−292.

Wolff, E., Shepherd, J., Shuckburgh, E., and Watson, A., 2015. Feedbacks on climate in the Earth system: introduction. *Philosophical Transactions of the Royal Society A: Mathematical, Physical and Engineering Sciences*, 373(2054), 20140428.

World Bank, 2014. *Turn down the heat: confronting the new climate normal.*

World Bank, 2020. *State and trends of carbon pricing 2020.*

Wright, T., 1936. Factors affecting the cost of airplanes. *Journal of the Aeronautical Sciences*, 3(4), 122−128.

Wunderling, N., Donges, J., Kurths, J., and Winkelmann, R., 2021. Interacting tipping elements increase risk of climate domino effects under global warming. *Earth System Dynamics*, 12(2), 601−619.

Young, O. and Steffen, W., 2009. The Earth System: sustaining planetary life-support systems. In: *Principles of Ecosystem Stewardship*. Springer Science + Business Media, pp. 295−315.

后 记 POSTSCRIPT

我已经论证了我们应当改变对待科学、经济学和气候变化外交的方法。在这每一个领域中，我都说明了旧思想是怎样阻碍我们前进的，同时，我们需要不同的思考方式来帮助我们前进。

我提到了，没有恰当的气候变化风险评估来为各国政府首脑充分说明危险性，我们就不能指望我们的领导人拥有足够坚定的政治意愿去完成转型的艰难任务。

我提出，如果我们能更好地理解经济究竟是怎样运转的，无论我们的领导人拥有多少政治意愿，我们都能更多地推行更加有效的政策，更快地取得进步。在一些个例中，已经有国家实施了这种新的经济理解提倡的政策，让相关产业脱碳的速度达到了全球平均速度的 5 倍以上。

最后，我说明了，如果我们把外交的重点放在全球经济中所有排放温室气体的产业内部，并且小心翼翼地逐步发展国际协定，那我们就可以更加有效地处理各国多样的国家利益，大大加快全球的进步速度。

我还提到，如果我们多管齐下，那或许我们还可以勉强达成我们的总体目标——让全球经济脱碳速度提高五倍，把全球气温升高的幅度局限在 1.5 摄氏度以内，避免危险的气候变化。

　　在此期间，我们见到了抛弃旧的思考方式会遭遇的一些困难。科学界的文化价值观念非常不符合风险评估的需要。均衡经济学统治了学术期刊，关乎大学的研究经费，导致系统僵化。联合国气候变化谈判进程的惯性也是一大难题。谈判越来越复杂，对外界形成了越来越深的隔阂。在学术探究的路上，这些阻碍只是偶然事件吗？它们彼此之间是否有联系？我们怎样才能最快地将其铲除？

　　我相信，阻挠我们在科学、经济学和气候变化外交中采用新思维的这些阻碍彼此之间是有联系的，它们至少或多或少具有相同的根源。这个根源就是还原论（reductionism）：为了理解事物而将其分解为多个组成部分的方法。

　　从启蒙运动开始，还原论就统治了西方科学。它在物理学、化学和生物学领域都取得了巨大的成功，帮助我们理解了自然界。这也促使它成了主流的思考方式。把上帝当作钟表匠的思想从物理学传播到了哲学，再到经济学等。众所周知，要了解钟表，你就必须把它拆开，研究每一个部件。

　　还原论方法有很多优点，但同时也有局限性。系统的活动方式往往不能根据其组成部分的活动方式推导得知。研究一个水分子的特性无助于判断飓风形成的可能性。研究一个人的行为也无助于了解民主制度的运行方式。想要了解系统的运行方式就必须研究系统本身。

　　在本书探讨的三个领域中，我们都可以看到还原论是怎样限制我们的认知，妨碍我们有效行动的。经济学受到的限制最严重。把经济当作各个部分相加之和导致我们只能把经济当作机器，以至于无法理解所有只发生在系统层面上的动态现象，比如创新、结构性变化和技术转型——而这些现象对我们的利益影响极大。

气候变化经济学的还原论观点被带进了外交领域。世界各国被当作完全互不相干的多个实体，每个国家都完全掌控自己的排放量。这导致我们更难意识到，如果有恰当的合作，我们可以加快全球经济的系统性变革。

科学曾经带领我们走向还原论，现在又在带领我们摆脱其束缚，给予我们对复杂系统的新认识，让我们能够用新的方式全面地思考问题。但我们对气候变化风险的认识依然受到了局限，因为我们的学术机构鼓励每一位研究者专注于自己狭窄的专业领域。想要了解气候变化对全球粮食安全构成的风险，我们就不能只探究它对具体的农作物造成的影响。

把系统拆开来研究的一项副作用是我们忘记了我们自己也是系统的一部分。我们自己的行动、计划和思想都会影响系统。随着系统的演化，它也会反过来影响我们，改变我们的思想、利益和行动。为了客观，我们忘记了自己的作用。

在科学方面，这种置身事外的做法让我们无从得知我们需要了解什么。优秀的风险评估一定是从我们的切身利益出发的：了解我们希望避免什么。

在经济学方面，我们变得忽视了我们自己的作用。各国政府要求顾问们预测十年以后清洁技术的成本，就好像这件事是某种外部力量决定的。他们似乎没有意识到，他们自己的行动才是决定性因素。我们已经忘记了，路是人走出来的。

在外交方面，我们已经让自己变成了"错误困境中的囚徒"，因为我们假设我们自己的利益和其他国家中其他人的利益都是固定不变的。我们忽视了环境的变化会反过来改变我们的想法和行动。

总而言之，我们花了太长的时间研究钟表的部件。我们已经被还原论的方法给困住了，以至于忘记了怎样用钟表看时间。

思想转型

改变思考方式或许很难，但并非不可能。我们曾经改变过，现在可以再次改变。

我们需要的新思维是有现成的案例的。回想 IPCC 报告中的那项研究以珊瑚大面积死亡为出发点，非常清楚地说明了这种风险的真实性；回想挪威的政策让电动汽车变得比燃油车更廉价也更方便拥有，导致电动汽车在挪威的市场份额比其他大多数大型经济体高了十倍；回想各国参与能源转型委员会，在讨论中发现协同行动，加快全球清洁电力转型符合本国利益。这些例子说明我们的确有能力全面地思考问题，也有能力想起我们自己的作用。

问题在于紧迫性。这也是气候变化问题一贯的特色。由于我们过去几十年的行动力度不够，我们现在的处境十分危急。我们没有条件像物理学家马克斯·普朗克经他人改述的名言说的那样，等待我们的集体认知"随着每一次的葬礼前进一步"。我们需要加快进程。

我们可以把思想转型类比技术转型。毕竟，我们的心智地图和物质工具一样是持续不断的演化过程的一部分。

如果这个类比成立，那我们就应该按照同样的原则来加快思想转型。在早期阶段，我们不应该浪费太多精力批评现有的主流思想。除非见到更加令人信服的新思想，否则没有人会抛弃旧思想。我们应该集中精力创造第一批缝隙市场，让新思想能够得到展示和检验。

在科学方面，我们可以着手研究那些我们第一次确定存在值得担心的影响的具体风险，然后评估这种影响成为现实的可能性随时间变化的情况。我们掌握的这种案例越多，其价值就会变得越明显。当我们把这种具体风险的研究成果大量汇总起来，我们就可以比较轻松地做出政府首脑需要的那种全面的风险评估。

在经济学方面，我们可以寻找正面的临界点，推动政府去采取行动跨越这些临界点，然后为政府的这种举动叫好。这种例子越多，其他政府就越有动力尝试。对临界点的认识自然会使大家开阔视野，考虑复杂系统的动力，进而思考应该如何让这些动力为我们所用。

在外交方面，我们可以长期支持专注于产业内部务实合作的最有潜力的案例，直到它们产生成果。合作的收益越明显，就会有越多的国家愿意认真地投资于此。最后，当投资达到足够的力度，这种合作就会变成各国关注的焦点。实质性内容将不再被撇在一边。

新思想和新技术一样会受益于增强反馈。成功的展示会促进传播，继而促使其他人将其付诸实践。互补的思想会随之出现，巩固原本的思想。如果想要强化增强反馈，我们可以投资其中的任何一个环节：这些思想的发展、展示和传播。

如果这项工作做得比较顺利，那新的思考方式就会快速传播，最终遍布各地。新的行动方式会随之而来。向可持续的再生经济转型的速度也会随之提高。

途中，我们可能会发现我们的社会已经有所改变。如果像布莱恩·阿瑟说的那样，经济是技术的表现，正如生态系统是其中的生物的表现，那么社会或许就是思想的表现。

我在本书开头说过我们不需要道德革命来解决气候变化问题。但是解决气候变化问题或许终究会给我们带来一场道德革命。

这一点有待我们共同探索。